한 권으로 읽는 수영 만 년의 역사

헤엄치는 인류

한 권으로 읽는 수영 만 년의 역사

헤엄치는 인류
SPLASH!

하워드 민즈Howard Means 지음   이윤정 옮김

미래의창

조나단 B. 런던을 기리며

차례

흐름을 타는 모든 것이 그렇듯, 수영에도 기본적인 요소가 하나 있는데 음악적인 요소가 바로 그것이다. 그리고 수영에는 부유, 즉 우리를 떠받치고 감싸는 밀도가 높고 투명한 매질 속에 떠 있는 상태에서 느끼는 경이로움이 있다. 수영을 하면 물속에서 움직이기도 하고 놀 수도 있는데, 이는 공기 중에서는 불가능한 활동이다. 또한 수영을 통해 물의 역학과 흐름을 다각도로 탐구할 수 있고, 손을 프로펠러처럼 휘젓거나 작은 방향키처럼 조종할 수도 있으며, 작은 수상비행기나 잠수함이 되어 흐름의 물리학을 몸으로 직접 체험할 수도 있다. 이보다 더 대단한 것은 상상력을 동원한 공명과 풍부하게 잠재되어 있는 신화의 상징물이 바로 수영이라는 점이다.

– 올리버 색스Oliver Sacks

아주 먼 옛날
이집트에서는……

사막에서는 물을 찬양할 수밖에 없다.

– 마이클 온다체

수영이라는 단어는 많은 것을 떠올리게 한다. 치열한 경주나 취미, 운동 그리고 야외에 나가 헤엄칠 때 느껴지는 여유, 피부 노출 또는 수면 아래서 온전히 혼자가 되는 시간 같은 것들 말이다. 수영은 정밀한 기술인 동시에 행위 예술이다(수중 발레에서 보듯이). 수영은 물속을 헤집고 다니거나 첨벙거리기, 뛰어들기, 엎드려서 떠다니기, 물속 술래잡기, 스노클링, 보디서핑을 의미하며 수영장이나 해변 또는 호숫가에서 보내는 낭만적인 여름날도 떠올리게 한다. 수영할 때의 감각은 무중력 상태인 우주 공간에 떠 있는 느낌과도 비슷하다. 그리고 물에 빠질 때 느끼는 공포는 인간이 느낄 수 있는 최악의 공포 중 하나라 할 수 있다.

사람들에게 수영이 무엇을 의미하든, 수영에 대해 이야기할 때 절대 빠져서는 안 되는 것이 있다. 바로 물이다. 그런데 신기하게도 오늘날 지구에서 가장 건조한 지역의 동굴 벽에서 헤엄치는 인간의 모습을 묘사한 작품 중 가장 오래되었다고 알려진(약 8천년 전) 그림이 발견되었다. 이는 엄청난 모순처럼 보이지만, 기후와 지형의 변화를 생각하면 그렇게 이상한 일은 아니다. 수영도 인간의 다른 활동들처럼 사회 관습이나 양식, 환경, 종교, 의식 그리고 기후 변화의 사례와 같이 변화의 지표가 될 수 있다.

이집트 남서부 길프 케비르에 위치한 와디수라Wadi Sura의 일명 '헤엄치는 사람들의 동굴Cave of the Swimmers'은 리비아와 수단과도 그리 멀지 않다. 베두인 유목민들은 이 동굴과 그림문자를 오래전부터 알고 있었지만, 1933년 10월 사막 지도를 작성하던 탐험가 라즐로 알마시László Almásy에 의해 알려지면서 서구의 관심을 받기 시작했다. 헝가리 태생의 알마시는 1920년대 후반부터 사하라 동부라는 미지의 영역을 개척해나간 탐험가 중 한 명이었다. 1926년에는 자동차를 몰고 카이에서 카르툼(수단의 수도-역자 주)까지 2,172킬로미터를 달렸고, 자동차로 나일강 유역을 정복한 초기 탐험가 중 하나가 되었다. 이 탐험 경로에는 적어도 길잡이가 되어줄 강이 있었고 강 유역의 마을들도 있었다.

그로부터 3년 뒤, 알마시는 차를 타고 훨씬 더 과감한 모험을 감행했다. 거친 바위 고원 지대인 길프 케비르('거대한 장벽'이라는 뜻이다)는 매우 웅장한 면적을 자랑하지만(노출된 사암의 면적만 해도 푸에르토리코 면적과 맞먹고, 높이가 대략 300미터에 이른다) 아주 외딴 곳에 위치해 있다. 지금까지 알려진 바에 의하면 이 고원의 존재는 20세기 초반, 이 집트에서 가장 유명한 사막 탐험가인 아메드 하사네인Ahmed Hassanein* 과 카말 엘 다인 후세인Kamal el Dine Hussein에 의해 '발견'되기 전에는 지 도에 드러난 적이 없었다.

길프 케비르 고원의 서쪽은 지형이 특히 험해 접근이 쉽지 않 았지만, 1930년대 초 알마시와 23세의 영국인 로버트 클레이튼 경이 합동 탐사를 하며 처음으로 알려지게 되었다. 알마시는 자동차를 끌고 사막을 가로질렀고, 클레이튼은 경비행기를 타고 상공에서 정찰했다. 고원 상공에서 저공비행을 하던 클레이튼이 숨은 계곡을 찾아냈지만, 그도 그렇고 지상에 있던 알마시도 깎아지른 고원에서 그 계곡으로 올 라가는 길을 찾아내지는 못했다. 결국 자동차와 항공기의 연료가 바닥 나면서 탐험대는 더 이상의 조사를 포기하고 철수했다.

로버트 클레이튼은 임무를 완수하지 못했고, 영국으로 돌아간 뒤 얼마 지나지 않아 사망했다. 임무를 완수하여 동굴들을 탐험한 이 들은 알마시와 패트릭 클레이튼(로버트 클레이튼과 상관없는 인물이다) 등 이었다. 이들은 자신들이 서구인 중에서는 처음으로 원시 고대 예술의 귀중한 유적을 발견했다는 사실을 알아차렸다. 패트릭 클레이튼은 일 명 '기린 바위'라고 불리는 벽화를 처음 발견했는데, 그 바위에는 목이 기다란 포유류들의 그림이 가득했다. 다른 동굴에는 활 쏘는 궁수들과 소, 여성들이 그려진 벽화가 있었다. 다양한 인물과 동물들이 그려진

---

*   하사네인은 다재다능한 인물이었다. 그는 1920년과 1924년 올림픽에 이집트 대표 펜 싱 선수로 출전했으며, 이집트의 궁내 장관을 역임했다.

벽화가 발견된 이 장소는 그림의 골짜기(또는 강바닥)라는 의미의 '와디 수라'로 불리게 되었다.

가장 신기하고 이해할 수 없는 유적을 발견한 이는 라즐로 알마시였다. 그는 1933년 10월, 어떤 암벽을 기어오르던 중 이전에 본 적이 없었던 동굴을 발견했고, 그곳에서 여유롭게 헤엄을 즐기고 있는 사람들의 모습을 그린 벽화를 보았다.

알마시가 발견한 '헤엄치는 사람들의 동굴'은 많은 의문을 자아냈다. 궁수나 소, 여성 같은 벽화는 충분히 예상 가능한 것들이었다. 고원 지대는 사하라만큼이나 환경적으로 열악했지만 사람이 살 수 없는 곳은 아니었기 때문이다. 유목민들은 수천 년 동안 사막을 가로질러 다녔으며, 1929년 알마시가 자동차로 통과했던 카라반의 길도 잘 닦여 있었다. 무리를 지어 다니는 수천 마리의 야생 낙타 떼들도 모래 언덕과 광대한 사막에서 여전히 발견되고 있었다.

하지만 수영하는 사람들이라니? 수영을 하려면 촉촉한 땅이나 동물이 먹을 풀을 유지해주는 것 이상의 물이 필요하다. 수영은 보통 깊고 넓은 물을 떠올리게 한다. 즉, 알마시가 발견한 벽화는 길프 고원(와디수라와 아홉 개 동굴)을 십자 형태로 가로지르는 (현재는 바싹 마른) 골짜기에 한때는 수영이 가능할 만큼의 물이 흐르고 있었다는 사실을 암시하고 있다. 이것은 무엇을 의미할까? 라즐로 알마시는 1934년 발표한 헝가리어로 된 논문에서 고고학 증거들을 바탕으로 해답을 알아내고 시도했으며, 이어진 연구를 통해 사하라 지역에도 수천 년의 역사가 흐르는 동안 상당 기간 물이 매우 풍족해 사람이 살 수 있는 시기가 있었다고 밝혀냈다.

이집트 남서부 사막에 위치한 와디수라의 '헤엄치는 사람들의 동굴'에서
발견된 8천 년 전 벽화다. (롤랜드 웅거Roland Unger, 흑백사진으로 변환)

내셔널지오그래픽 소사이어티가 최근 사하라(니제르 테네레 사막
의 고베로Gobero)에서 발굴해낸 거대한 석기 시대 무덤에서는 악어와 하
마 그리고 나일퍼치(나일 지역에 서식하는 대형 식용 물고기-역자 주) 등의
뼈 잔해들이 발견되었다. 특히 하마와 퍼치의 흔적은 고베로 지역에
깊은 호수가 있었다는 사실을 암시한다. 길이 1.8미터, 무게 220킬로
그램이 족히 넘는 나일퍼치는 깊은 물에 서식하며 가벼운 낚시 도구로
낚을 수 있는 물고기가 아니기 때문이다.

고베로에서는 코끼리와 기린, 큰 영양, 혹멧돼지 그리고 비단뱀
의 뼈들도 발견되었다. 알제리 남동부와 리비아, 니제르 그리고 말리
와 만나는 곳에 위치한 7만 2천 제곱킬로미터의 타실리나제르 고원에
서도 유사한 화석을 찾을 수 있다. 하지만 타실리에서 더 중요한 것은
1만 5천 점이 넘는 바위 판화와 그림들로, 이곳 또한 와디수라가 발견

된 해인 1933년에 처음 서구의 관심을 받게 되었다. 하마를 비롯해 벽에 그려진 많은 동물들은 수천 년 동안 그 지역에서 찾아볼 수 없던 동물들이었다.

타실리와 고베로에서 이뤄진 고고학적 연구가 많은 투자를 받은 것에 비해 와디수라에서 이뤄진 연구는 충분한 후원을 받지 못했다. 그러나 와디수라와 고베로는 동일 위도에 있으며, 와디수라의 그림 문자들이 다양하지는 않지만 고베로에서 발견된 증거들과 유사한 동물들로 구성되어 있을 뿐 아니라 물을 제대로 활용했던 수렵채집 인류가 살았음을 보여준다.

세 지역에서 발견된 증거물과 그 외 많은 단서들을 연결해보면, 꽤 정확한(전후 오차범위가 1천 년가량 되는 지질학적 시간대를 기준으로 한) 연대표를 도출할 수 있으며, 물이 풍족했던 '푸른 사하라'의 시대가 언제였는지 가늠할 수 있다. 지금으로부터 대략 1만 2천 년 전, (때때로 그러했듯) 지구의 자전축이 약간 흔들렸다고 한다. 이때 오늘날 우리가 중앙아프리카 정글과 연관 짓는 계절풍이 북쪽으로 조금 이동했으며, 오래도록 바싹 말라 있던 사하라에 신선한 비가 내렸다. 북아프리카 전역에 걸쳐 건조했던 땅에 호수들이 생겨나기 시작한 것이다. 풍부한 강수량은 1,500만 년 전에서 1,100만 년 전의 중기 마이오세Middle Miocene(신생대 제3기 초에 해당하는 지질시대-역자 주)까지 거슬러 올라가는 하천계를 재활성화하기도 했다. 한 레이더 연구에서는 세 지류에서 시작되어 300킬로미터에 이르는 배수 유역을 가정했는데, 그중 하나가 와디수라 근처인 길프 케비르 서쪽에서 시작되며, 모든 지류는 지중해로 흘러든다.

물이 생겨나면 물고기와 새들은 자연스럽게 나타난다. 인간을 비롯한 다른 동물들도 마찬가지다. 건조했던 사하라에 1만 년 전부터 이주자들이 모습을 드러냈고, 점차 그 수가 많아져 후대에도 식별 가능한 증거를 남기도 했다. 바로 장신의 키피안Kiffian 종족이 고베로 지역에 정착하기 시작한 것이다. 당시에는 나일퍼치가 매우 흔했으며, 키피안인들은 갈대 뗏목을 타고 뼈 작살을 이용해 나일퍼치를 잡았던 것으로 보인다.

극한의 야생기후에 익숙했던 사람들에게는 그곳이 천국처럼 느껴졌겠지만, 그 시기가 영원히 지속되지는 않았다. 대략 8천 년 전, 와디수라에 '헤엄치는 사람들'을 그린 화가가 열심히 작품활동을 했을 무렵 계절풍이 다시 남쪽으로 내려갔다. 이후 1천 년간 사하라는 서서히 메말라갔다. 그런데 이 지역에 다시 기후의 변화가 일어났다. 신선한 계절풍이 불어온 것이다. 이전만큼 강한 계절풍은 아니었지만, 약 2,500년 동안 사하라를 다시 푸르게 할 만큼의 비를 불러왔다. 이 시기에 매장된 증거물들(하마 엄니로 조각한 윗팔뚝 팔찌 같은 것)은 허벅지 정도 깊이의 물이 있었음을 보여주지만, 당시 살았던 물고기 뼈들을 살펴보면 상대적으로 얕은 물에서 서식한 작은 물고기였음을 알 수 있다. 나일퍼치가 아닌 틸라피아Tilapia(열대 지역에 서식하는 민물고기-역자 주)가 살았던 것이다.

그 다음에는 어떻게 되었을까? 아마 지구가 또다시 약간 흔들렸거나, 그에 더해 방목 가축이나 가축 영농의 증가가 영향을 미쳤을지도 모르겠다. 계절풍은 다시금 중앙아시아로 물러나 이후 영원히 돌아오지 않았다. 많든 적든 어느 정도 유지되었던 강수는 뜸해지다 아예 사라졌다. 남아 있던 지표 식물층은 결국 쏟아지는 태양 볕을 견디지 못했고, 사막화의 위력은 배가되었다. 흙은 모래에 굴복하고 말았다. 날로 증가한 모래는 사실상 모든 것과 모든 곳을 압도해버렸다. 몇 군데 오아시스와 외딴곳에 있는 몇몇 깊은 골짜기들만 남겨두고 말이다. 그리고 와디수라 동굴 벽에 그려진 ('푸른 사하라'의 증거이기도 한) 헤엄치는 사람들은 일종의 동면상태에 들어갔고, 6천 년 이상을 유목민들 외에는 그 누구의 눈에도 띄지 않은 채로 남아 있었다.

헤엄치는 사람들의 동굴이 널리 알려진 것은 마이클 온다체Michael Ondaatje의 소설 《잉글리시 페이션트》와 랠프 파인즈가 주연한 동명의 영화 덕분이다. 온다체의 아름다운 소설은 단숨에 읽히는 쉬운 이야기는 아니다. 과거와 현재를 넘나들고 장소도 계속 바뀐다. 진실은 묘연하고, 등장인물들은 때때로 의도된 기억상실을 앓는다. 온다체의 이야기에는 알마시와 로버트 클레이튼 경을 떠올리게 하는 인물들이 등장하지만 현실과는 다소 다르게 묘사되어 있다. 작품의 배경이 되는 시기도 제2차 세계대전이 종전될 무렵으로 설정되었다. 자살과 폭력적인 죽음, 흉측한 상처들이 즐비하고, 배반도 등장한다. 이야기의 배경은 대부분 다 무너져가는 이탈리아의 수도원이지만, 사막을 배경으로 한 장면에서는 길프 케비르와 동굴 그리고 동굴 속 헤엄치는 사람들의 벽화가 항상 등장한다.

영화는 누군가의 손을 보여주며 시작한다. 의문의 인물이 동굴 벽에다 알 수 없는 형태로 붓질을 하고, 음악이 흐르면서 장면이 전환되면 하늘에서 바라본 주변 사막의 끝없는 모래 파도가 펼쳐진다. 소설에서는, 작품 전반에 걸쳐 동굴과 사하라를 배경으로 한 이야기를 더 많이 들려준다. 주인공이 불붙은 비행기에서 빠져나왔을 때, 베두인들은 '나무 막대로 들것'을 만들어 그를 옮긴다. 베두인들은 "나는 바다와 지도에 대한 정보를 가지고 있어요"라는 말에 그를 살려둔다. 알마시는 이후에도 이렇게 말했다. "여기에도 과거에 호수가 있었어요. 헤엄치는 사람들이 그려진 벽화가 있고, 작살이 발견되기도 합니다. 이전에 물사람들이 있었다는 뜻이에요. 카라반이 다니는 길은 오늘날 봐도 강물처럼 보이지요." 사막은 바다와 마찬가지로 정해진 것이 아무것도 없으며 영원하지 않다. 모래 언덕들은 정해진 자리에 있는 것이 아니라 파도와 마찬가지로 사막 표면을 따라 밀려나다가 서서히 사라졌다가 또 나타나기도 한다. 사람들도 마찬가지다. 물에 빠지는 것처럼 모래 속에 완전히 덮혀 버리기도 한다. 그리고 가장 중요한 점은, "사막에서는 물을 찬양할 수밖에 없다"는 것이다. 헤엄치는 사람들의 동굴도 궁극적으로는 물에 대한 찬양인 것이다.

부커상을 받은 온다체의 소설이 출간된 1992년과 (아카데미 시상식에서 최고작품상과 최고감독상을 비롯해 9개 부분을 수상한) 영화가 개봉된 1996년 사이에, 이국적인 풍경이 그대로 보존되어 있던 사하라 주변에 관광객들이 찾아들기 시작했고 다른 동굴의 벽화를 구경하러 간 관광객늘과 안내인들은 벽화를 훼손하는 등 문제를 일으켰다. 예를 들어 벽화 사진을 선명하게 찍기 위해 동굴 벽에 물을 뿌린다든지, 기념품으로 삼기 위해 그림의 일부를 떼어가는 일이 벌어진 것이다.

하지만 와디수라는 관광지에서 제외되었는데 관광객들의 몰상식한 행위에 대한 우려 때문이 아니라 다른 이유에서였다. 우선 길프 케비르 주변에는 수백 킬로미터 반경 이내에 공공 기반시설이 없었다.

헤엄치는 사람들의 동굴에서 내다본 동굴 입구의 모습. 와디수라는 지구에서 가장 건조한 지역이다. (카를로스 드 라 푸엔테Carlos de la Fuente, 흑백사진으로 변환)

보통 사막 탐험대는 카이로에서 출발해 바하리야Bahariya의 오아시스로 향했다가 화이트 데저트에서 첫 밤을 보낸다. 그곳에서 랜드로버 같은 지프차를 타고 험한 사막 지대를 횡단해 작은 해양생물 화석이 많이 발견된 암모나이트 지대(고대 사하라가 바다였다는 또 다른 증거)로 간다. 뒤이어 아주 외딴 지역으로 들어가면, 마침내 (일주일이나 그 이상을 부지런히 달린 끝에) 아카바 산길을 지나 길프 케비르와 와디수라에 닿게 된다. 그 험난한 과정을 모두 견딜 수만 있다면 말이다.

어느 탐험대는 일정에 와디수라를 포함시키면서 이렇게 경고하기도 했다. "길프 케비르로 향하는 경로의 현실적인 상황을 고려한다면, (……) 일정표 그대로 진행된다고 장담할 수 없습니다." 모래바람, 기술적 결함, 지형 변화 같은 것들이 모두 장애물로 다가온다. 시기나 상황에 따라 정부에서는 주변국인 리비아와 수단과의 정치적 상황에 따라 접근을 제한하기도 한다. 2010년부터는 모든 탐험대가 경찰 차량과 무장 경찰관을 동반하도록 하는 규정이 생기기도 했다. 탐험대의 경고는 계속 이어진다. "이 여행은 진정한 사막 애호가들이 어떠한 불편을 감수하고서라도 극소수의 서구인들이 목격했던 것을 직접 보기 위해서 일생을 바쳐 준비하는 모험입니다."

또 다른 안내서에서는 잠재되어 있는 '불편'에 관해 더욱 구체적으로 알려준다. "사륜구동 차량이나 GPS 장비, 혹은 위성 전화 없이는 꿈도 꾸지 못할 여행입니다. 몸 구석구석에 모래가 들어와도 씻을 물이 전혀 없으며, 차량에 탄 다른 이들처럼 당신 몸에서도 땀 냄새가 진동할 것입니다." 영화 〈잉글리쉬 페이션트〉에 나오는 '와디수라' 장면이 실제로는 튀니지에서 촬영되었다는 점은 놀라운 일도 아니다.

이 같은 상황을 고려하면, 와디수라에서 두 번째로 중요한 동굴 벽화 지구가 발견되기까지 왜 70년이라는 세월이 걸렸는지 알 수 있다. 일명 '짐승의 동굴'이라 불리는 이곳에는 바위벽 위에 1만 5천 점의 동물과 인간이 묘사되어 있고, 라즐로 알마시가 발견한 것과 유사한 형태의 헤엄치는 사람들의 모습도 그려져 있다.

이제 와디수라의 벽화에 관해 이야기해보자. 지구상에서 가장 건조한 지섬이라고 논의되는 곳이 여럿 있긴 하지만, 원시 수영 미술의 흔적이 남아 있는 이 토템 신앙의 고향은 사실상 전 세계에서 가장 건조한 지점이다. 태양에너지로 인한 증발력을 실제 강수량과 대비한 건조지수를 측정해보면 더욱 뚜렷하게 알 수 있다. 와디수라의 경우, 건조지수가 200이다. 달리 말해 이 지점에 비추는 태양열은 강수량 대비 200배의 증발력을 가진다는 의미다. 하지만 이 지점의 연간 강수량은 아예 없거나 무시해도 될 만한 수준이다. 헤엄치는 사람들의 동굴에 물이 존재할 가능성이 전혀 없다는 뜻이다.

그러나 동굴 벽에 묘사된 헤엄치는 사람들은 매우 자연스러워 보인다. 아마도 지구의 자전축이 흔들린 후 아직 정상 궤도로 돌아가지 않아 거대한 북아프리카 구획이 사막으로 변하지 않았을 때의 그림일 것이다. 벽화 속 그들은 죽는 날까지 물이 풍족한 환경에서 살았을 것이다.

그 사람들이 헤엄치고 있는 장소가 어디인지는 누구도 명확하게 단정 지을 수 없다. 사실 학자들은 그들이 헤엄치고 있다는 가설에도 이의를 제기하곤 했다. 이리 스보바다Jiri Svobada는 2009년 《앤트로폴로지》에 기고한 한 기사에서, 벽화에 묘사된 인물들은 마치 공기 중에 떠다니는 상태에 가깝다고 주장했다. 아마 그들이 변성의식상태(수면·명상·최면 등에 의한 모든 비일상적인 의식상태-역자 주)이거나, 고대 아프리카 토속행위의 하나로 아래쪽에 묘사되지 않은 다른 사람들에 의해 말 그대로 위쪽으로 던져졌다가 떠 있는 상태라는 것이다. TARA Trust for African Rock Art의 설립자인 더글러스 쿨슨Douglas Coulson 또한 겉으로 보기에 둥둥 떠다니는 듯한 신체의 그림이 '시각적 은유'일 것이라고 주장했다. 당시 예술가(혹은 예술가들)이 환각제, 혹은 쿨슨이 직접 목격한 아프리카 사막 주민들의 리드미컬한 손뼉 치기나 주술 암송 등으로 유발된 유체이탈 경험을 그림으로 표현했다는 것이다.

다른 학자들은 헤엄치는 사람들이 사실 넌Nun이라 불리는 지역을 통과하고 있는 것이라는 의견을 내놓았다. '넌'은 태고의 바다로, 선한 사람들이 죽은 뒤 사후세계로 가기 위해 건너는 곳을 의미하며 악한 이들은 죽은 후에 특별한 고문을 당하는 곳으로 떨어진다. 그 학자들은 이에 대한 증거로 1933년에 발견된 헤엄치는 사람들의 동굴과 2003년에 발견된 짐승의 동굴에 야수 같은 모습의 유사한 인물이 묘사되어 있다는 점을 들었다. 그 야수들이 정말 사후세계의 지옥을 의미하는 것이라면, 왜 헤엄치는 사람들의 모습에서 두려움을 찾아볼 수 없는 것일까? 와디수라 벽화에 묘사된 사람들은 매우 평화로운 모습이었다.

오래도록 개헤엄을 쳐본 사람이라면 벽화를 보는 순간 그들의 발, 손, 머리의 위치가 틀림없이 개헤엄을 치는 모습이라는 것을 알 수 있다. 벽화에 묘사된 헤엄치는 사람들의 모습은 어디에서나 흔하게 볼 수 있는 모습이라고 해도 과언이 아니다. 내가 안전요원으로 일하고 수영을 가르쳤던 곳의 사람들의 모습이라고 해도 그럴듯할 정도다. 수영법을 정확하게 배우지 않은 사람들은 대부분은 개헤엄과 비슷한 모습으로 헤엄친다.

물론 정확한 사실에 대해서는 그 누구도 알 수 없는 일이다. 8천 년이나 된 의문이 그리 쉽게 풀릴 리는 없지 않겠는가. 중요한 것은 (죽든 살았든, 사후세계로 향하는 중이든, 햇살 아래서 첨벙거리는 중이든, 아니면 단지 몽롱한 상태이든) 벽화의 헤엄지는 사람들은 어쨌든 수영을 하고 있다는 점이다. 발은 뒤쪽으로 펴거나 발차기를 준비하며 무릎을 굽히고 있고, 팔을 앞으로 뻗고 있다. 더 나아가, 만일 이것이 헤엄치는 것이 아닌 사후세계로 여행 중인 장면이라 해도, 이 작품을 남긴 예술가나 예술가들은 이 모습을 묘사하기 위해 참고한 행위가 있었을 것이다. 환각제나 정신없이 추는 춤의 힘을 빌리지 않더라도 무중력에 가까운 상태를 즐길 수 있는 또 다른 방법 말이다.

　　바퀴 달린 운송 수단이 등장하려면 여전히 4천 년이 남았고, 신성문자의 등장은 거의 5천 년이 남았던 시절이었다. 원시 예술가들이 벽에 그려 기록으로 남길 만큼 수영이 일반적인 활동이었던 이곳은 오늘날 나사NASA가 화성 탐사 모의실험을 할 만큼 척박한 곳이 되었다.

1

신, 인간
그리고 수생 유인원

3억 8천만 년 전에 이미 인간의
팔다리의 기본 형태가 갖추어졌다.
비록 그것이 데본기 바다를 헤엄치던 물고기의
지느러미였을지라도 말이다.

– 브라이언 스위텍

창조론자와 진화론자는 적어도 한 가지 사실에는 의견 일치를 보인다. 바로 생명이 물에서 시작되었다는 점이다.

성경의 창세기 첫 구절을 보면, 태초에 하나님이 아무 형태도 없는 텅 빈 지구를 창조하였고, 지구는 깊은 흑암에 싸여 있었다. 그 다음 구절에서 하나님의 영이 수면에서 운행하였으며, 신의 정교한 창조 활동이 시작되었다. 먼저 어둠에서 빛이 분리되었고, 창공의 물을 위아래로 나누자 땅에는 바다가 생겨났다. 마른 뭍이 드러나자 온갖 초목을 만들고, 해와 달, 물의 생물과 공중의 새를 만들었다. 그리고 가축과 땅에 기어 다니는 모든 생물도 만들었다. 여섯째 날이 되자 하나님은 자신의 형상에 따라 걸작을 만든 후, 일곱째 날에는 창조한 것들을 보며 편히 휴식을 취했다고 한다.

진화론에 따라 지구의 시작을 보더라도 같은 결론에 도달하긴 하지만, 40억 년이 넘는 시간이 걸린다는 차이가 있다. 깊은 물 속에서 최초의 단세포 생물이, 두 개의 세포로 분화되고, 여덟 개로 분화된다. 이후 물에서 산소를 호흡하는 아가미를 갖춘 완벽한 물고기의 모습으로 진화하고, 그 다음 단계로 진화가 계속된다. 산소를 호흡하는 생물들은 결국 뭍으로 나와 육지를 밟게 되며, 마침내 약 50만 년 전, 인간 최초의 조상인 '호모 사피엔스'가 땅 위에 발자국을 남기기 시작했다.

창조론에 따라 신속한 절차를 밟든 진화론의 과학적 절차를 따르든, 양쪽 이야기 모두의 중심에는 물이 있다. 물은 생명이 최초로 형성된 곳이며, 아마도 생명이 종말을 맞는 곳일 것이다. 심지어 인간은 태어나는 순간까지 수중 포유류라고 볼 수 있다. 물이 가득 찬 자궁에서 나오는 순간 우리가 처음으로 하는 호흡은, '최초의 우리'가 우연히 물가에 발을 헛디뎠을 때, 혹은 직접 헤엄쳐 나왔을 때 했던 호흡과 크게 다르지 않다. 이 얼마나 놀라운가!

비록 우리가 처음 뭍으로 기어 나온 (혹은 지쳐서 해안에 털썩 주저앉거나 힘겹게 물가로 올라온 물고기로부터 영겁의 세월을 지나 지구를 지배하게된) 그들과 매우 동떨어진 생물일지라도, 처음 물 밖으로 나온 물고기들 그리고 그들의 가까운 조상과 해부학적 면에서 우리는 놀라운 정도의 유사성을 보인다. 3억 7,500만 년 전, 티니라우Tinirau라고 알려진 물고기 속屬이 처음 등장한다. 티니라우는 뭍으로 올라온 적은 없었지만 진화론적 관점으로 볼 때, 물에서 나올 준비를 했음은 분명하다. 티니라우는 지느러미로 인식할 수 있는 모양(부채꼴의 얇은 뼈가 몸통 끝부분에 솟은)이 아닌 인간 팔의 상완골과 다리의 대퇴골 같은 단일 뼈가 각각의 자리에 붙어 있었다. 티니라우는 다리가 넷 달린 생물체인 사지동물의 출현을 예고한다고 볼 수 있다. 직립보행을 하지 않았을 뿐, 우리와 같은 사지동물인 것이다.

2012년 브라이언 스위텍Brian Switek이 와이어드닷컴Wired.com에 기고한 글에는 다음과 같은 내용이 포함되어 있다. "3억 8천만 년 전에 이미 인간은 팔다리의 기본 형태가 갖추어졌다. 비록 그것이 데본기 바다를 헤엄치던 물고기의 지느러미였을지라도 말이다." 신중히 생각해볼 필요가 있는 이론이다! 물고기와 인간의 비교는 여기서 그치지 않는다. 수영 또한 인간의 생명과 관련된 작용에 아주 깊숙이 암호화되어 있다. 몸의 일부 혹은 전체가 물에 잠겼을 때 부지불식간에 일어나는 반응은 육지에 사는 동물보다 물에 살았던 동물에게 훨씬 더 큰 도움을 주는 반응이다.

섭씨 32도의 물에 온몸을 담그고 한 시간 정도 있으면 심박이 평균 15퍼센트 정도 느려지고 심장수축 및 확장 혈압이 각각 11, 12퍼센트씩 줄어든다. (수영 선수들이 선호하는 온도로) 수온을 10퍼센트 또는 그 이상 낮추면 심폐 기능의 효율은 훨씬 높아진다. 국제 학술지《극지보건학 Circumpolar Health》에 의하면, (극지방) '겨울철 수영'은 긴장과 피로, 신체 소극성을 낮추는 데 반해, 활기는 높여주고 류머티즘 관절염이나 섬유근통, 천식 등 다양한 증상의 고통을 덜어준다. 고래들이 우리 인간들보다 더 평화로워 보이는 데는 다 이유가 있다.

인간이 유전적으로 수생이었다는 사실을 입증하는 증거를 하나 더 제시하려 한다. 그것은 바로 포유류의 잠수 반사작용이다. 차가운 물에 뛰어들면 자동으로 다음의 세 반응이 연쇄적으로 나타난다.

- 심박이 30퍼센트가량 느려지고 훈련된 사람은 50퍼센트 이상 느려지기도 한다. 이 반응을 유발하는 것은 코 양쪽을 지나는 삼차 안면 신경과 뇌, 심장, 폐 그리고 소화관을 연결하는 미주 신경이다.
- 이렇게 되면 혈관 벽의 근육 수축이 일어나 혈류를 확연하게 줄여주어 혈액(과 특히 혈액이 운반하는 산소)이 중요 장기(뇌와 심장)에 보존된다.

- 수면 아래로 계속 내려가면 세 번째 현상이 일어난다. 혈장과 물이 흉강을 채워 가슴의 중요한 장기(폐와 심장)를 외부 수압으로부터 보호한다.

물론 전문적으로 진주를 캐는 사람이나 미 해군 혹은 스킨다이버로 불리는 사람들이 아니라면 이런 반사작용이 그리 큰 도움이 되는 일은 없을 것이다.* 잠수 반사작용을 유발하려면 수온이 섭씨 21도는 되어야 하는데 이 수온은 대부분의 사람에게는 너무 차갑다. 더구나 인간은 고래, 바다표범, 수달, 알락돌고래 등의 포유류처럼 잠수 반사작용으로 생겨나는 편안함과 힘 그리고 능력으로 수영하도록 만들어지지도 않았다. 하지만 그러한 작용이 존재한다는 사실은 우리가 과거에 수생이었음을 암시한다.

반사작용 중 한 가지는 다소 다른 방식으로 변화했으며, 신생아에게 중요한 안전장치로 작용한다. 생후 6개월까지의 유아가 잠수할 경우 아기의 호흡기관이 자동으로 닫혀 물이 폐로 들어오는 것을 막는다. 이것이 바로 YMCA 같은 수많은 문화센터에서 '아기 수영' 수업을 진행할 수 있는 이유다.

---

* 프리다이빙에서는 인공적인 호흡 장치를 사용할 수 없지만, 모노핀Monofin, 슬레드 sled, 웨이트weight 등을 활용해 하강할 수 있기 때문에 성취의 최적 표준을 설정하기 힘들긴 하다. 하지만 유명한 오스트리아 잠수부 허버트 니치는 2012년에 프리다이빙으로 수중 253미터 아래까지 하강했다. 해당 깊이에서 신체에 가해진 압력은 360psi가량이었으며, 이는 자동차 타이어 공기압이 최대일 때보다 열 배 이상 높은 수치였다. 포유류의 잠수 반사작용 없이는 불가능한 기록이다.

그렇다면 물속에서 소리는 어떻게 들을까? 물 밖에서는 소리가 공기를 통해 내이에 전달되고, 도달된 음파는 뇌로 보내져 해석의 과정을 거친다. 하지만 헬렌 체르스키가 《월스트리트저널》에 기고한 놀라운 '일상의 물리학'에 관한 글에 따르면, 수면 아래서는 외이가 물에 막히게 된다. 대신 음파는 '골전도'라고 알려진 현상에 따라 내이에 도달한다. 즉, 음파가 두개골에 전도되어 직접 내이에 전달되는 것이다. 결과적으로 인간도 매우 높은 음, 혹은 두드리거나 딸깍거리는 날카로운 소리(고래나 알락돌고래 및 다른 거대한 수생 포유류들이 사용하는 나름의 '언어')를 지상에서보다 물속에서 훨씬 더 잘 들을 수 있다는 이야기다. 어쩌면 우리도 물속에서 소리를 들을 수 있었지만 그 소리가 무엇을 의미하는지 잊은 것일지도 모르겠다.

인간에게 내재된 이러한 수중 반사작용과 다윈의 진화론을 결합하면, 수생 유인원 이론에 도달하는 길이 더욱 흥미로워진다. 1960년, 영국 생물학자인 앨리스터 하디Alister Hardy는 인간이 나무에서 내려와 바다나 거대한 물가 근처에 집을 짓기 시작하면서부터 처음으로 다른 유인원들과 차별화되기 시작했을 것이라 가정했다. 학술적인 관점에서 그 이론은 굉장한 도약이었다. 기존의 학계 주장에 따르면 최초의 원시인들은 바다 근처가 아닌 초원에서 수렵채집 생활을 했기 때문이다. 하지만 또 다른 시각의 차원에서 보면 하디의 주장은 당연한 상식에 지나지 않는다.

최초의 인간 유인원들은 강, 삼각주 그리고 해안선을 정복하며 영역을 넓혀갔을 것이다. 식단에는 수련의 뿌리나 덩이줄기 같은 것이 추가되었고, 더 중요한 것은 물속을 헤집고 다니며 손으로는 먹이를

생후 6개월까지의 유아는 물속에 들어가면 호흡기관이
저절로 닫힌다. 이 또한 수생 유인원 조상에게 물려받은
유산이다. (아페북affebook, 흑백사진으로 변환)

찾느라 머리를 들고 직립보행을 시작했다는 점이다. 그러다 수영과 다
이빙 기술이 추가되고 더 많은 것을 얻게 되었다. 물고기와 갑각류, 해
초를 통해 단백질과 오메가3를 섭취할 수 있게 되면서 그들의 식생활
은 견과류나 베리, 혹은 이동하는 동물의 무리만을 잡던 때보다는 계
절의 영향을 덜 받게 되었다.

　　그렇게 가정한다면 다른 유인원에서 인간으로의 진화도 자연
스럽게 맞아떨어진다. 원시 인간은 털을 벗기 시작했고, 털 대신 피하
지방으로 피부를 감쌌다. 이는 차가운 물에서 먹이를 찾을 때 몸을 보

호해주었으며, 새끼를 보호하는 역할도 했다. 물에 잠기면 자연스럽게 호흡기관이 닫히고, 같은 이유로 폐에 공기가 차면서 인간 신생아는 자연스럽게 물에 뜬다. 다른 유인원의 후손 중 신생아가 물에 저절로 뜨는 경우는 찾아볼 수 없다.

인간의 시작은 초원이었을까, 아니면 물가였을까? 사바나 초원에서 활약한 맹수 사냥꾼이었을까, 아니면 물가의 어부였을까? 이러한 의문이 논란의 중심에 서게 된 것은 1972년 일레인 모건Elaine Morgan의 《여성의 혈통The Descent of Woman》이라는 책이 발간되면서부터였다. 모건은 앨리스터 하디의 논리에 완전히 빠져들었다. 초원 이론은 남성 위주의 역사였으며, 그 역사 속에서 강한 것은 남성이었다. 남성들은 사냥을 주도하고 사냥감을 다루며 뇌가 발달했다. 여성들은 남성이 주는 사냥감을 받아 요리하고, 사냥꾼들에게 필요한 것을 챙겨주며, 아기를 낳고, 키우며 살아갔다. 그러나 하디의 수생 유인원 이론은 일레인 모건에게 완전히 새로운 사고방식을 제공했다. 원시인 사회에서 여성이 수중 사냥을 주도하지 않았다면, 왜 여성의 피하지방층이 더 두꺼운 것인가? 왜 오늘날까지도 여성이 남성보다 우수한 기량을 뽐내는 스포츠 경기는 야외 장거리(여기서 말하는 장거리는 엄청난 장거리다) 수영뿐일까? 올림픽 금메달은 마이클 펠프스가 독차지했지만, 린 콕스Lynne Cox는 평균 수온이 섭씨 6도에 불과한 알래스카와 러시아 사이의 베링 해협을 횡단했다. 둘 중 어느 쪽이 더 위대한 성취인가? 물론, 목표하는 바가 무엇이냐에 따라 판단은 달라지겠지만 말이다.

앨리스터 하디의 수생 유인원 이론(과 일레인 모건의 페미니스트적 주장)은 학계에서 여전히 비주류이지만, 진화에 있어 수영의 역할이 크다는 사실은 논란의 여지가 없다. 물에서 편안함을 느끼는 수준에 따라 초기 인류 중 어떤 계통이 선사 시대의 엄청난 기후 변화를 살아냈고, 어떤 계통이 도태되었는지 가늠하는 기준이 될 수도 있다. 해수면은 상승했고 바다가 범람하는 긴박한 순간에, 물을 두려워하지 않은 자들은 뗏목을 타고 바다로 나가 살기 적합한 환경을 찾아 나설 수 있었고, 물을 두려워한 자들은 초원에 남아 사라졌다.

　기원전 18세기 무렵, 함무라비가 그 유명한 법전을 한데 모았을 때, 신기하게도 전체 사법 체계에서 수영이 중요한 요소였다. 함무라비 법전은 매우 철두철미한 문서다. 간통죄에 관한 항목만 해도 아홉 등급으로 나뉘고, 아주 구체적이고 다양한 법적 구제 절차가 따르며, 많은 부분에서 17세기 후반 매사추세츠 세일럼에서 헤스터 프린(소설《주홍글씨》의 주인공-역자 주)이 마주했던 법 조항보다 더 여성 중심이었다. 하지만 그중 세 항목은 매우 원시적이었으며 가혹했다.

- 만일 한 남자의 아내가 다른 남자와 잠자리를 가지면, 두 사람을 묶어서 물에 던진다.
- 한 남자의 아내가 다른 남자로 인해 손가락질을 받으면, 그 남자와 잠자리를 갖지 않았다 하더라도 남편을 위해 스스로 물에 뛰어들어야 한다.
- 만일 그 여성이 자신의 몸을 지키지 않고 다른 집에 들어가면, 그 여성에게 해명을 요구하고 물에 던져야 한다.

하지만 위의 경우라도 수영이 생존을 판가름하게 된다. 첫 번째 항목에서 남편이 후회할 경우, 물에 뛰어들어 아내를 구할 수 있다. 두 번째와 세 번째 항목에서는, 물에 뛰어들거나 던져진 여인의 운명은 강의 신에 달렸다고 보았다. 만일 그녀가 결백하다면, 강의 신들이 그녀를 살려줄 것이며, 만일 부정하다면, 물속에서 영원히 나오지 못할 것이다. 달리 말해 그 여인이 이미 약간의 수영법을 배워 두었다면, 신들을 핑계 삼아 물가로 나오지 말란 법도 없지 않겠는가?

함무라비 법전 282조 중 두 번째 항목에는 수영을 활용한 더욱 극적인 예가 등장한다.

> 만일 누군가가 한 남자를 고소한 뒤 고소당한 남자가 강으로 뛰어들어 가라앉는다면, 고소인은 그 남자 집의 소유권을 갖는다. 하지만 고소당한 남자가 결백하여 강에서 살아나온다면, 고소인이 죽임을 당할 것이며, 강에 뛰어들었던 남자가 고소인의 집을 소유하게 된다.

앨런 아일과 존 피언은 〈수영과 생존: 역사에서 얻은 두 가지 교훈〉이라는 글에서, "당대 세계의 가장 위대한 도시에서는 정직성보다 헤엄칠 수 있는 능력이 더욱 중요했다"라고 주장했다. 이렇듯 소송과 재판에서 물과 관련된 체계가 존재했다는 점 때문에, 어떤 학자는 이렇게 추측했다. 해가 지고 나면 유프라테스 강에서는 집주인들과 장차 집주인이 되려고 하는 이들 그리고 유혹을 받은 여인들이 비밀리에 헤엄치는 법을 연습했을 것이라고 말이다.

함무라비 법전에서 수영이 직접적으로 언급되지는 않는다. 그러나 수영이라는 말이 언급되지는 않아도 그 내용을 통해 헤엄치는 행위를 추론할 수 있다. 그로부터 500년이 흐른 기원전 1,360년경, 고대 이집트 제18대 왕조인 아케나톤Akhenaten이 다스리던 시기가 되면, 고급 예술품에 헤엄치는 사람의 모습이 등장한다. 당시 사람들이 사용한 화장 도구에는 수영하는 모습이 형상화되어 조각되어 있었다. 어린 소녀가 물에서 몸을 쭉 뻗고 머리를 곧게 세운 모습으로, 앞으로 뻗은 팔 위에는 뚜껑이 달린 아주 얕은 접시가 있어 원하는 화장품을 담을 수 있는 도구였다.

아케나톤이 통치하던 시기에 사용된 헤엄치는 소녀 형태의 도구에서 소녀는 머리카락이 물에 젖지 않도록 목을 빳빳하게 들고 있다. 점판암으로 다듬어 조각한 다른 도구에서는 헤엄치는 소녀가 영양에게 이끌려 가는 형태가 조각되어 있다. 이것들은 기원전 13세기 이전에 있었던 것들이다. 그로부터 또 500년이 흐르면, 수영은 예술을 뚫고 나와 다양한 언어를 통해서도 그 모습을 드러낸다.

성경에도 수영이 구체적으로 언급되는 경우는 매우 드물다. 하지만 '이사야 25장 10~11절'에서 다음과 같은 구절을 찾아볼 수 있다. "여호와께서 시온산을 보호하실 것이나 모압 사람들은 거름더미에서 지푸라기가 짓밟히듯 짓밟힐 것이다. 그들이 헤엄치듯이 손을 뻗쳐 헤어나오려고 하지만 하나님은 그늘을 누르시고 그들의 교만한 콧대를 꺾으실 것이라." 이 부분은 이사야를 세 단락을 나눴을 때 첫 번째 부분으로, 기원전 8세기부터 하나님의 심판을 예언한 이사야가 기록한 것으로 알려져 있다. 분명 헤엄치는 활동이 아주 익숙했기에, 예언자 이사야도 헤엄치는 모습을 흔한 비유로 들 수 있었던 것이다.

기원전 7세기에서 8세기경 수영의 입지는 언어로 표현되는 것

기원전 9세기, 아시리아 전사들은 적을 놀래키기 위해 동물의 피부를 부풀려 부낭으로 사용했다. (BibleLandPictures.com/알라미 스탁 포토 Alamy Stock Photo 제공)

을 넘어서기에 이르렀다. 기원전 600년과 그 이전에 세워진 에트루리아인들의 무덤에는 헤엄치는 사람들의 모습이 묘사되어 있다. 기원전 883년에서 859년까지 아시리아를 지배한 아슈르나시르팔 2세의 성에 거대하게 조각된 부조에는 군사들이 전투 복장을 완전히 갖춰 입고 강에서 헤엄을 치고 있다. 누군가를 쫓기도 하고, 비처럼 쏟아지는 활을 피하기도 한다. 그 부조에서는 헤엄치는 전사들뿐만 아니라 부낭을 멘 전사들도 발견할 수 있다. 그들은 크기로 봐서는 부풀린 염소 가죽처럼 보이는 것을 사용해 몸을 띄운 채 무리와 속도를 맞춰 가고 있다. 이후 150년 뒤 니네베(고대 아시리아의 수도-역자 주)에서 조각된 부조를 보면 아시리아인들이 전쟁 중이 아닌 평화로운 시기에도 물 위에서 떠다녔음을 알 수 있다. 부풀린 염소 가죽을 부낭 삼아 그 위에 엎드려 마치 서핑보드를 타는 것처럼 팔다리를 젓거나, 강 한가운데서 부낭 양쪽으로 두 다리를 벌리고 앉아 낚시를 하기도 한다.

1942년, 제임스 호넬James Hornell은《영국 왕립인류학협회 학술지》에 기고한 글에서 지하 깊숙한 납골당에서 찾아낸, 수영에 가까운 활동을 다양한 예시와 함께 보여주었다. 기원전 49년 줄리어스 시저가 스페인으로 출정했을 때, 식량 징발대는 루시타니아인들의 공격에 시달렸는데 그들은 공기 주머니를 사용해 세그레 강을 건너 징발대를 위협했다고 한다. 이후 시저는 이렇게 기록했다. "그자들은 능숙하게 강을 건널 수 있었다. 공기 주머니 없이는 군대에 지원할 수 없는 관습이 있었기 때문이다." 또한 인도 산치에 있는 절 입구에는 남성들이 부푼 공기 주머니나 통나무를 사용해 연못 위에 떠서 노는 장면이 묘사되어 있다. 호넬은 이러한 증거들을 통해 사람들이 수영하기 전 부유물을 사용했을 것이라고 추측한다.

당연한 이야기겠지만 인간들이 깊은 강이나 호수에 들어가기 시작하게 되었을 때, 몸을 띄워주는 부유 기구의 도움 없이 바로 헤엄치는 기술에 정통하지는 않았을 것이다. 통나무를 붙들고 물에 떠서 발을 구르며 잔잔한 물가로 나아가다가, 통나무 위에서 다리를 양쪽으로 벌리고 엎드려 팔을 저으며 더욱 효과적으로 통나무를 타고 갔을 것이다. 그러다 마침내 통나무 없이도 헤엄을 치게 되었을 것이다. 그렇지만 아시리아의 부조가 조각되기 5천 년 전인 헤엄치는 사람들의 동굴에 묘사된 사하라 사람들은 몸을 띄워주는 도구 없이도 수월하게 헤엄을 치고 있었다.

그런데 성경에는 당시 헤엄치는 사람들이 가장 두려워했을 한

가지가 제대로 기록되어 있지 않았다. 헤엄치는 사람들을 위협하는 해류나 파도, 소용돌이 대신 그 자리에는 사탄의 힘이 등장한다. 물에서 태어나고, 물에 의존하고, 물 근처(섬, 지협)나 또는 물에서 먼 곳(대륙)에 살아가던 인류는 아마도 불가피하게 물을 신화와 연관시키고 신과 신격화한 인간의 이야기로 가득 채웠을 것이다. 그리고 그 이야기 속에서 때로 신들은 수영을 어렵고 위험한 행위로 만들려고 노력했다.

힌두 신화는 바다의 신 바루나Varuna가 은혜와 분노의 신이라고 표현하면서, 그가 분노하는 순간이 더 많고, 거짓 맹세를 하는 자들에게는 강력한 분노를 드러냈다고 전한다. 고대 마오리족은 질투심 많은 바다의 신 탄가로아Tangaroa에게 제사를 올리지 않고는 절대 바다에 나가지 않았다. 구약의 신은 이스라엘 민족을 위해 친히 홍해를 갈랐고, 파라오의 군대가 쫓아오자 다시 바다를 닫아 무참한 재앙을 일으켰다. 구약의 신은 40일간 밤낮없이 폭우를 퍼부어 지상의 죄인들을 휩쓸어버리기도 했다.

역사상 가장 오래된 문학작품(대략 기원전 11세기에서 16세기 사이, 메소포타미아 문명에서 기원한 수메르에서 쓰였다)이라 알려진 《길가메시 서사시》에도 신들이 인간들을 벌하기로 하고 세상을 물에 잠기게 하는데, 그중 지혜의 신이 한 인물(성경의 노아처럼)을 택해 거대한 방주를 짓게 하여, 그와 그의 가족 그리고 모든 생물의 씨앗과 종자만을 실어 물이 빠지고 난 후 새로운 삶을 살게 하는 장면이 나온다.

사실 예수 탄생 이전 약 1천 년 동안 전 세계의 다양한 문화에서 홍수 신화와 분노한 신들의 이야기들은 너무나도 흔하게 찾아볼 수 있기 때문에, 이후 구원자인 예수를 맞이할 생명체가 이 땅에 남아 있었다는 사실이 조금 놀랍기까지 하다. 기원전 약 700년경, 인도에서 전해져 내려온 '마누와 마츠카 이야기'에서는 마츠카신(물고기 형상을 한 비슈누Vishnu신)이 인류의 시초인 마누에게 앞으로 닥칠 홍수를 경고하며 모든 곡물을 배에 실어놓으라고 한다. 잉카인들이 우나 파차쿠티 Una Pachakuti라 부르는 대홍수는 창조주인 비라코차Viracocha에 의해 시작되었고, 티티카카 주변에 사는 모든 사람을 휩쓸어간 뒤 단 두 사람만이 남겨져 인류를 번성시켰다.

고대 그리스 신화도 이에 뒤지지 않고 분노한 신 제우스의 이야기를 들려준다. 제우스는 엄청난 대홍수를 일으켜 세상에 사는 모든 인류를 멸망시키고 꼭 필요한 단 두 사람만을 남겼다. 바로 프로메테우스의 아들 듀칼리온과 피라다. 마찬가지로, 10년간 이어진 티탄신들의 전쟁에서는 괴물 같은 헤카톤케이레스(50개의 머리와 '100개의 손'이 달린 신)가 지진과 해일을 일으켜 몇몇 생명체만이 겨우 살아남았다.

고대 그리스의 위대한 작품인 호메로스의 《오디세이》에서는 오디세우스가 10년간 모든 상상할 수 있는 고난(특히 바다의 신 포세이돈의 노여움)을 겪은 뒤 이타카 섬에서 왕좌를 되찾고, 아내에게 구혼하는 이들을 쓸어버린다. 오디세우스는 인간이지만 고대 그리스의 다양한 바다 신들과의 충돌에도 불구하고 살아남았다는 사실 자체로, 그가 인간의 범주를 벗어났음을 알 수 있다.

리즈메트로폴리탄대학교의 스타디스 아브라미디스Stathis Avramidis는 2009년 한 연구를 통해 고대 그리스 신화와 문학에 등장하는 4만 명에 관한 자료를 분석하여, 익사하거나 익사할 뻔한 사건과 연관된 사례를 모두 찾아냈다. 그 결과 37명을 찾아냈고, 그중 21명은 신화

속 인물이었다. 그 21명은 사고로 익사하기도, 스스로 물에 뛰어들기도 한 것으로 조사되었다. 이카루스는 태양에 너무 가까이 날아갔다가 날개가 녹아내려 바다에 빠졌으며, 아이게우스는 아들이 미노타우로스에게 죽임을 당했다고 착각해 바다에 뛰어들었다(그 바다는 이후 에게 해가 되었다).

아브라미디스가 찾아낸 21개의 사례 중 17가지가 익사 혹은 익사할 뻔한 사건이며, 신이나 반인반신과 연관되어 있다. 케윅스와 알키오네가 자신들을 제우스와 헤라라고 칭해 신들을 화나게 하자, 제우스는 케윅스가 바다에 있을 때 벼락을 내렸고, 알키오네는 사랑하는 이의 시체가 해변에 휩쓸려 온 것을 발견하고는 스스로 바다에 뛰어들었다. 그녀마저 죽자, 신들은 그들을 불쌍히 여겨 두 사람을 물총새로 환생시켰다.

그리고 또 있다. 나르키소스는 물에 비친 자신의 모습을 너무도 사랑한 나머지 물에 빠지고 말았고, (다음 장에서도 보면 알겠지만, 그리스인들은 일반적으로 수영에 능했음에도 불구하고) 물 밖으로 나오지 못했던 그는 수선화narcissus가 되었다. 뷰티스도 사이렌Siren의 노랫소리에 홀려 익사할 뻔했지만, 마지막 순간 아프로디테가 그를 구했다. 자비를 베풀었다기보다는 그를 애인으로 삼고 싶었던 것이리라.

사실상 모든 고대 문화에서는 어떤 방식으로든 땅, 공기, 불 그리고 물이라는 이 네 가지 요소를 인지했다. 이 요소들은 생명이 혼합되는 곳이기에 무시할 수가 없는 것이다. 하지만 모든 문화에서 가장 위대한 시험은 언제나 물이 담당했다. 성경에서도 예수가 행한 수많은 기적 중 한 가지인 물 위를 걷는 능력은 인간으로서는 불가능한 일이기 때문에 더욱 압도적으로 다가온다.

　인간이 온전히 물속에서만 살게 되는 날은 없을 것이다. 그런 날이 다시 올 수도 있을까? 2017년 오스카에서 최고작품상을 수상한 기예르모 델 토로 감독의 〈셰이프 오브 워터: 사랑의 모양The Shape of Water〉의 진정한 매력은 우리가 경계를 돌파할 수 있다는 것이 아닐까? 샐리 호킨스가 연기한 엘라이자처럼 땅과 물 사이에서 선택할 수 있다는 것, 마술석 사실주의의 도움을 조금만 받으면 목의 흉터들이 아가미가 될 수 있다는 것은 매우 흥미롭게 다가온다. 평생 수영장과 호수 그리고 바다를 들락거리며 지낸 사람들은 아마 그런 일이 실제로 일어날 수 있다고 상상할 수도 있다.

　물은 질병이나 신체의 약함을 모두 받아들이며, 우리가 꿈꿀 수 있도록 자유를 허락한다. 수영은 누구에게나 평등하다. 누군가는 수영이 우리를 완전하게 만든다고 주장할 수도 있다. 알고 있는지 모르겠지만, 인간은 70퍼센트가 수분으로 이뤄져 있고, 이 수치는 지구 표면에서 바다가 차지하는 비율인 71퍼센트와 거의 일치한다.

2

수영의
황금시대

인간은 읽고, 쓰고, 헤엄칠 줄 알아야
비로소 배웠다고 말할 수 있다.

- 플라톤

수영은 고대 그리스와 로마에서뿐 아니라 전 세계적으로도 고대에 황금기를 맞았다. 클로드 에티엔 사바리Claude-Étienne Savary는 유명한《이집트에 관한 서신》에서 당시 이집트인들은 (남녀노소를 망라하고) 물속에서 기품이 있다는 점이 눈에 띄었다고 기록했다. 기원전 1세기 아르메니아 왕국이 한창 전성기를 누릴 때도 왕족과 귀족들은 아들에게 '남성 스포츠'를 가르쳤는데, 복싱과 레슬링 그리고 수영이었다. 고대 그리스인들에게도 수영은 중요한 덕목 중 하나였다. "인간은 읽고 쓰고 헤엄칠 줄 알아야 비로소 배웠다고 말할 수 있다"라는 플라톤의 유명한 격언은 말뿐 아니라 실제로도 존중받았다. 한 논평가는 "수영은 그리스 교육에서 필수 과목이었다"라고 말하기도 했으며, 아리스토텔레스조차도 이 주제에 대해 다음과 같이 조언했다. "헤엄치기는 민물보다 바닷물이 나으며, 차가울수록 좋다."

로마인들도 역시 수영을 중요시했고, 지역마다 공중목욕탕을 지어 위생을 챙길 뿐 아니라 운동도 하고 몸을 담그는 온전한 즐거움을 누렸다. 그들은 플라톤의 격언을 응용하여 "저 인간은 헤엄도 못 치고 읽지도 못해!"라며 경멸조로 사용하곤 했다. 로마의 시인 오라스Horace는 수중 의회를 제안하며 이렇게 말하기도 했다. "깊은 잠을 못자는 이들은 티베르 강을 세 번 오가며 성수에 몸을 담그도록 해야 합니다." 헬레스폰트 해협 양쪽 끝에 살았던 연인 헤로와 레안더의 이야기는 그리스 로마 문화에 대한 이야기이자 야외 장거리 수영에 대한 이야기이기도 하다. 여성 사제였던 헤로는 밤마다 자신이 사는 세스토스의 쓸쓸한 탑에 등불을 밝히곤 했다. 레안더는 그런 헤로와 함께하기 위해 밤마다 아비도스의 좁은 수로를 따라 탑의 불빛을 향해 헤엄쳐 갔다. 그러던 어느 겨울 밤 세찬 바람이 헤로의 불빛을 삼켰고, 레안더는 폭풍우가 몰아치는 바다에 가라앉고 말았다. 헤로는 죽어서라도 연인과 함께 하기 위해 탑에서 바다로 뛰어들었다.

이처럼 다양한 근거들을 볼 때, 두 문화권의 신전에 헤엄치는 영웅들로 가득한 것은 놀라운 일이 아니다. 그리스와 로마 모두 수영의 첫 번째 효용은 군사 기술이었고, 첫 번째 수중 영웅도 전투에서 탄생했다. 기원전 480년, 살라미스 해협에서 크세르크세스가 이끄는 페르시아 함대와 그리스 함대가 충돌하는 사건이 벌어지자, 마케도니아의 촉망받던 잠수부이자 수영 교사인 스킬리스는 먼저 페르시아 해군을 찾아가 폭풍우에 가라앉은 보물들을 되찾아오겠다고 했다. 하지만 크세르크세스가 오히려 그를 잡아 가두려고 하자, 스킬리스는 아르테미시온 바다에 뛰어들어 약 16킬로미터에 이르는 거리를 갈대 대롱으로 숨을 쉬며 헤엄쳤고, 해류와 조수를 이용해 그리스 함대로 가서 페르시아 왕의 전략을 알렸다.

이 사건은 약 반세기 후 헤로도토스의 이야기에 등장했다. 2세기 후반에 활약한 그리스의 지리학자 파우사니아스 또한 스킬리스와 그의 딸(이자 동료 수영 교사였던) 사이아나가 마침 폭풍이 몰아치고 함대의 닻들이 잘려 나갔을 때 페르시아 함대 아래로 뛰어들면서 혼란이 시작되었다고 기록했다. 어느 이야기에서 이 사건을 더욱 정확하게 묘사했든 간에, 수적으로 훨씬 앞섰던 그리스 해군이 우세했고, 스킬리스와 사이아나의 공을 기리기 위해 델피 사원에 동상이 축조되었다. 수 세기가 지난 후, 사이아나의 모습에 매혹된 로마의 황제 네로는 그녀의 동상을 로마로 옮겨가기도 했다.*

갈대 대롱을 사용했더라도, 스킬리스가 16킬로미터를 헤엄쳤다는 사실은 억지 주장일지도 모른다. 헤로도토스도 그가 뗏목을 탔을 것이라고 추측했다. 하지만 1934년 브라운대학교 고전 연구가 H. N. 코치H. N. Couch는 《고전 학술지Classical Jouournal》에 기고한 논문에서 수영이 전투를 승리로 이끈 '확실한 역사'를 알렸다. 기원전 423년, 스파르타 군대가 스팍테리아 섬에서 아테네 군대에 포위되었을 때, 지원군은 꿀에 버무린 양귀비 씨와 빻은 아마를 가죽에 채운 후 잠수하여 스파르타인들에게 식량을 날라주었다.

기원전 415~413년 사이 아테네 해군이 이탈리아 시칠리 섬 남동부 항구의 고대 도시인 시라쿠사를 공격했을 때, 수영은 더욱 인상 깊은 기록을 남겼다. 그리스인들이 쳐들어온다는 정보를 미리 입수한 시민들은 항구 앞쪽 지중해 바닥에 말뚝을 박아 자신들의 함대를 보호하고 그리스 해군이 배에서 내리지 못하도록 했다. 그리스 해군은 해수면 위로 보이는 말뚝을 가져온 기계로 잘라낼 수 있었지만, 수면 아래서 선체를 위협하는 말뚝을 잘라내는 것은 사람만이 할 수 있는 일

---

* 스킬리스와 사이아나가 천년이 넘도록 '수영 교사'라고 전해져 왔다는 점은 고대에 수영이 얼마만큼 중요했는지를 말해준다.

이었다. 이때 그리스의 잠수부들이 직접 톱을 들고 물속으로 들어가 말뚝을 제거하는 활약을 펼쳤다.

코치는 다음과 같이 설명했다. "이것은 극도로 어려운 기술입니다. 젖은 나무에 톱질해본 사람이라면 바로 알 것입니다. 물속에서 그러한 기술을 선보일 정도면 유년기부터 정식으로 수영을 배운 사람들일 것입니다."

아테네와 스파르타의 군사들은 수영을 잘해서 덕을 보았지만, 그리스의 적들은 수영 능력이 부족해 치명타를 입곤 했다. 스킬리스와 사이아나가 등장하는 살라미스 전투에 관해 헤로도토스는 "그리스 군도 타격을 입었지만, 그 피해는 아주 적었다. 그들은 수영에 능했기 때문에 군함이 파괴되었더라도 칼에 맞지만 않았다면 살라미스를 벗어날 수 있었다. 그러나 수많은 이방인들은 이 기술을 무시한 탓에 익사하고 말았다"라고 기록했다. 살라미스 전투는 헤로도토스와 다른 많은 역사가가 인용한 다수의 사례 중 하나에 불과하다. 페르시아인들의 함대가 아토스 산 근처에서 난파되었을 때, 그들은 폭풍우로 죽은 것이 아니라 헤엄을 치지 못해 익사했다. 해안에서 비교적 가까운 지점에서 난파되었음에도 말이다. 펠로폰네소스 전쟁 중에는 (발칸 반도의) 트라키이 군사들이 데베 군에 쫓겨 중앙 그리스의 동부 해안을 따라 에우리포스 해협까지 왔지만, 활을 쏘면 닿을 거리에 있던 자신들의 함대까지도 헤엄쳐 가지 못했다.

H. N. 코치는 논문에서 왜 그리스인들이 수영에 능했는지, 적들은 왜 그러지 못했는지 의문을 품는다. 기후 때문은 아니었다. 그리스 기후는 약간 북쪽에 자리한 발칸 반도의 기후와 큰 차이가 없었다.

현재 이란의 위치도 조금 더 남쪽이긴 하지만 주변에는 홍해와 카스피해가 있어 해안 접근성이 좋다. 코치는 공공장소에서의 신체 노출에 대한 인식에 그 원인이 있다고 주장했다. 사람들이 수영을 대하는 태도에 차이가 있다고 본 것이다.

아테네의 역사가이자 장군이었던 투키디데스Thucydides에 따르면, 당시 그리스인들은 알몸으로 스포츠를 즐기기 시작했다고 한다. 그전까지는 거추장스럽더라도 최소한의 천은 둘렀다. 플라톤의 주장도 거의 유사하다. 초기 그리스인들은 알몸을 보이는 것이 적절하지 않다고 여겼다. 그리스 철학자이자 작가인 플루타르크Plutarch가 쓴 아게실라우스 왕 이야기에 따르면, 그는 에베소에서 아시아에서 잡아온 포로들을 홀딱 벗겨 모욕감을 주는 동시에 그들의 창백한 몸을 그리스인들에게 보여줌으로써 몸을 노출하여 햇볕을 쬐는 것이 왜 필요한지 알려준 듯하다. 그리스인들은 아게실라우스의 뜻을 따라 몸을 드러내고 수영하는 것을 즐겼지만, 이방인들은 계속해서 단정하게 갖춰 입고, 남근을 가리고, 물에 빠지면 익사하고 말았다.

자유로운 그리스에서 수영과 노출이 빈번했다는 증거는 아말피 해안 남부의 파에스툼에서 발견된 아름다운 다이버의 무덤Tomb of the Diver에 남아 있다. 파에스툼은 현재 이탈리아의 캄파니아 지역에 속해 있지만, 과거에는 고대 그리스의 식민 도시인 마그나 그라에키아에 속해 있었다. 기원전 470년경 생긴 것으로 추정되는 그 무덤은 다섯 개의 석회판으로 이뤄진다. 내부 벽화는 죽은 남자의 친구들로 보이는 이들을 묘사하고 있는데, 육체적인 애정 행위를 벌이는 두 남자와 새로 온 손님들을 데려가는 소년 그리고 컵에 담긴 와인 찌꺼기를 던지는 내기를 하는 것으로 보이는 두 남자도 그려져 있다.

　이 유물은 매우 희귀한 것으로, 당시 묘지 벽화에서 인간을 묘사한 경우는 거의 찾아보기 힘들다. 하지만 이 무덤이 진짜 중요한 이유는 죽은 자가 마주한 천장에 그려진 벽화에 있는데, 대략 가로 215센티미터, 세로 100센티미터 크기의 그림에는 나체의 젊은 남성이 탑이나 벽처럼 보이는 곳에서 파도를 향해 다이빙하고 있다. 아마도 무덤의 주인이 젊었을 때의 모습일 것으로 추정된다. 아니면 그가 사후세계로 다이빙을 하는 모습을 보여주는 모습을 그렸는지도 모르겠다. 하지만 그 유래와 의도가 무엇이든 그림을 그린 화가는 수상 스포츠에 익숙한 사람이었다. 벽화 속의 남자는 최소 3미터 높이에서 뛰어내려 전면 다이빙의 최종 단계인 (난이도 1.6 수준의) 레이아웃 자세를 취한 상태로, 잔물결이 이는 물속으로 뛰어드는 행위 자체를 즐기는 것으로 보인다.

　당시 사람들은 높은 곳에서 알몸으로 물에 뛰어들어 헤엄을 즐겼던 것으로 보인다. 물론 지금도 여전히 그렇다. 그리스와 이탈리아 주변의 작은 해변들(에게 해, 아드리아 해, 티레니아 해, 리구리아 해, 이오니아 해) 앞에서는 누구나 알몸으로 뛰어들고 싶은 충동이 일기 마련이다. 크로아티아 해안 도시인 누브로브니크Dubrovnik의 성벽 근처에서 한 여성이 걸어 나오더니 아드리아 해 근처의 거대한 둥근 바위에 올라 알몸으로 물에 뛰어들던 장면이 떠오른다. 10분 정도 지난 뒤, 그녀는 물에서 올라와 햇살 아래서 점심을 꺼내어 먹었고, 옷을 챙겨 다시 시내로 돌아갔다. 아마도 점심시간이 끝나 일터로 돌아간 것이었으리라. 천국! 그때 나는 이 단어를 떠올렸다. 아내와 나도 바다와 가까운 섬

이탈리아 캄파니아에 있는 파에스툼에서 기원전 470년경 만들어진 묘지와 벽화가 발견되었다. (저자 제공)

부두에 앉아 볕을 쬐며 진정한 천국이 따로 없다고 느꼈다.

로마 시대는 그리스 시대와는 많은 부분에서 달랐다. 로마인들은 그리스인들보다 인문학과 예술에 관심이 적었다. 고대 로마는 소크라테스, 플라톤, 아리스토텔레스에 견줄 만한 철학자와 아이스킬로스Aeschylus나 소포클레스Sophocles에 견줄 극작가를 배출하지 못했고, 그들은 《일리아드》와 《오디세이》 같은 위대한 서사시도 쓰지 못했다.

대신에 로마인은 실용적이었다. 그들은 이성적으로 사고했고, 공학에 능했으며, 정복했다. 따라서 로마 공화국 초기의 로마인들에게 그리스인들의 스포츠 사랑은 다소 과해 보였을 것이다. 아름다운 콜로세움을 지어 다른 이들이 피 흘리며 싸우는 장면을 구경만 하면 되지 않는가? 재미로든 운동으로든 왜 굳이 수영을 배워야 하는가? 80년 로마 황제 티투스Titus가 플라비우스 원형경기장 개장을 기념하며 했던 것처럼 거대한 야외 경기장에 물을 채워 대중들의 즐거움을 위해 모의 해군 전투를 펼칠 수도 있는데 말이다. 게다가 그들은 알몸이었다. 로마인들은 알몸의 그리스인들을 이해하기 힘들었을 것이다.

수영에 대한 초기 로마인들의 태도는 로마 공화국이 발전함에 따라 점점 변화하게 되고 수영으로 두 세계관이 이어지는 지점이 생기게 되었다. 5세기경, 베게티우스Vegetius는 〈데 레 밀리타리De Re Militari〉라는 논문에서 전체 로마군이 수영 훈련을 받았다고 기록했다.

그리스와 마찬가지로 로마에서도 수영에 있어서만큼은 성별과 지위를 따지지 않았다. 로마 공화국이 자리잡아가고 있을 무렵, 에트루리아의 왕 포르시나가 로마를 포위 공격했다. 로마의 위대한 역사가 리비우스Livy의 기록에 따르면, 포르시나는 포위 공격을 철수하는 대신에, 티베르 강 건너에 있던 에트루리아 캠프에 젊은 여성과 남성 무리를 포로로 보낼 것을 로마 측에 요구했다.

이에 따라 클로일리아Cloelia라는 처녀를 비롯한 한 무리의 로마인들이 에트루리아의 인질로 잡혀가게 되었다. 그런데 해가 지자, 클로일리아는 호위대를 속이고 여성 포로들을 모아 강물에 뛰어들었고, 리비우스의 표현을 빌리자면, "적들의 창이 무수히 떨어지는 와중에" 로마를 향해 헤엄쳐 갔다. 포르시나 왕은 매우 분노했지만, 클로일리아의 용기만은 인정할 수밖에 없었다. 그는 만일 클로일리아를 돌려보낸다면 그녀를 인질이 아닌 명예로운 에트루리아 궁정의 일원으로 받아들일 것이며, 로마에 대한 공격도 철회하겠다고 했다. 로마는 이번에도 그의 요구에 따라 오늘날 투스카니 중심부의 클루시움Clusium에 있는 포르시나의 요새로 클로일리아를 보냈다. 이후의 이야기는 세 갈래로 나뉜다.

가장 권위 있는 (리비우스의) 결말에 따르면, 포르시나는 클로일리아의 용기와 능력을 높이 사서, 함께 인질로 잡혀 왔던 남성 인질들을 넘겨주기로 했다. 이에 클로일리아는 전쟁에서 가장 크게 다치거나 죽임을 당할 위험이 있는 젊은 남성들을 선택하여 로마로 보냈다고 한다. 또 다른 결말에서는 클로일리아가 수백 킬로미터에 이르는 티베르 강을 따라 헤엄쳐서 다시 로마로 갔다고 한다. 물론 여기에는 엄청난 지질학적 논의가 따른다.

확실한 사실은 클로일리아가 굉장히 존경받았고, 로마의 신성한 길Via Sacra 끝에 그녀의 동상이 세워졌다는 것이다. 동상은 커다란 말에 올라탄 그녀의 모습을 묘사했다. 이왕이면 그녀가 헤엄치는 모습을 묘사했더라면 더 좋았을 것이다.

로마의 마지막 수영 영웅은 줄리어스 시저Julius Caesar다. 이 유명한 황제는 수영을 매우 잘했고, 기원전 47년에는 이집트의 항구 도시 알렉산드리아에서 군사들을 이끌고 프톨레마이오스의 병력과 싸웠을 때 뛰어난 수영 솜씨를 보인 바 있다. 신화에 가까운 시저의 영웅담은 수 세기에 걸쳐 전해져 내려왔다. 시저의 군대가 프톨레마이오스 군에게 공격을 받아 힘을 쓰지 못하자, 시저는 바다에 뛰어들어 해군의 선박 사이를 오가며 활약했다고 한다. 어떤 기록에 따르면 그는 물속에서도 그 유명한《갈리아 전기Gallic Commentaries》가 젖지 않도록 한 손으로 번쩍 들고 헤엄쳤다고도 전해진다. 또 다른 이야기에서는 그가 로리카 하마타Lorica hamata(로마제국의 군사들이 입던 갑옷의 일종으로 무게가 4킬로그램이 넘었다)를 입에 꽉 물고 헤엄쳤다고 기록되어 있다. 로마의 역사가인 수에토니우스Suetonius가 로리카 하마타 이야기를 처음 기록했는데, 그의 기록에 따르면 그날 시저가 헤엄친 거리는 거의 300킬로미터였다고 한다. 게다가 황제 혼자서 전세를 역전했다고 기록하기도 했다. 4킬로그램이나 되는 갑옷을 입에 물고 화살이 날아다니는 와중에 300킬로미터를 헤엄쳤다고 곧이곧대로 믿을 수는 없지만 황제의 수영 기술이 뛰어나기는 했던 것 같다.

시저가 식섭 작성한 것으로 알려졌지만 히르티우스Hirtius가 대필했을 가능성이 농후한 《알렉산드리아 전쟁 해설집The Commentary on the Alexandrian War》에서는 구체적인 상황과 영웅담에 대해 다음과 같이 기록했다. 싸움에서 불리해지고 아군의 함대가 더 이상 항해가 불가능해 보이자 시저가 바다로 뛰어들었다. 일단 바다에 뛰어든 총지휘관은 "조금 멀리 떨어져 대기 중이던 함선으로 가서 소수의 군사와 자신을 구조할 뗏목을 급히 가져오기 위해" 헤엄쳐 갔다. 이 이야기에서도 그의 용기와 감탄할 만한 수영 실력을 엿볼 수 있다. 하지만 신화적인 능력을 칭송했던 다른 기록과는 다소 비교가 되는 소박한 기록이라고 할 수 있다.

과거를 과장하는 것은 흔히 일어나는 일이다. 하지만 그로부터 17세기가 지난 뒤, 윌리엄 셰익스피어는 '여위고 허기진' 카시우스가 가엾은 브루투스에게 시저에 관한 온갖 불평을 늘어놓는 장면을 이용해 시저의 수영 실력에 대해 언급했다. 이 구절에서 카시우스는 "성난 티베르 강이 강기슭을 마구 때릴 때" 시저가 자신에게 수영 경주를 펼치자는 제안했다고 하며 다음과 같이 말한다.

급류가 포효했지만, 우리는 맞서 싸웠네.

건장한 체력으로, 물살을 갈랐다네.

경쟁심에 불타던 우리는 계속해서 나아갔네.

하지만 도착지점에 닿기도 전에,

시저가 "도와주게, 카시우스, 빠져 죽게 생겼네!"라며 울부짖었다네.

카시우스의 말에 따르면, 자신은 용맹스럽게도 시저를 도왔지만, 후에 그를 구한 것을 후회하는 듯했다.

그자는

이제 신이 되었고, 나 카시우스는

비참한 신세가 되어 그에게 고개를 숙여야만 하네.

시저가 무심하게라도 내 말을 들어준다면 말일세.

이 부분은 셰익스피어의 유명한 비극《줄리어스 시저》의 3막 2장에 나오는 장면으로, 결국 시저는 암살을 당한다!

마지막으로 수영의 영법에 대한 이야기를 해보겠다. 역사는 그리스와 로마인들이 수영에 푹 빠져 있었다고 말하고, 셰익스피어도 두 로마인이 '건장한 체력'으로 헤엄쳤다는 것을 확인시켜 준다. 하지만 어떤 영법으로 거센 물살을 갈랐던 것일까? 오늘날의 수영법과 유사한 종류였을까?

미시간대학교의 H. A. 샌더스의 주장에 따르면, 카시우스와 시저는 현대인들의 영법으로 헤엄을 쳤다고 한다. 1925년,《고전학술지》

에 기고한 논문에서 샌더스는 고대 그리스 로마인들이 수영을 사랑했고 기술 또한 뛰어났다고 주장했는데, 그 증거가 너무나도 확실해 반박할 수 없었다. 어떤 영법으로 헤엄쳤는가에 관한 기록은, 방대하지는 않지만 확실하다. 예를 들어, 루브르 박물관에 전시되어 있는 그리스 꽃병의 그림을 살펴보자. 샌더스는 "한 여성이 팔을 번갈아 휘저으며 '크롤 영법'을 하듯 분명히 발을 아래로 굴리고 있다. 하강 동작을 하기 위해 확실히 발을 최대한 위쪽으로 높이 찬다"라고 기록했다.

또한 고대 로마의 시인 섹스투스 프로페르티우스는《사랑의 애가》에서 아름다운 신시아가 "팔을 번갈아 저으며 수면 위를 유유히 헤엄쳐" 이동한다고 묘사했다.《변신 이야기》에서 오비디우스는 수영을 "투명한 물에서 팔을 번갈아 휘저어 가는 것"이라고 묘사했다. 로마제국이 끝을 향할 무렵의 기록을 살펴보면, 시인 루틸리우스 클라우디우스 마나티아누스가 헤엄치는 사람들이 파도를 헤치기 위해 팔을 번갈아 휘젓고 있다고 언급했다.

H. A. 샌더스는 다음과 같이 결론을 내렸다. "로마인들은 헤엄칠 때 팔을 번갈아 휘젓기만 할 뿐 아니라, 매번 스트로크에서 손이 밖으로 나오도록 했다. 그들의 수영 방식은 현대인들이 수영의 원조라고 부르는, 가장 빠르고도 효과적이라고 부르는 방식이었음이 분명하다." 그러나 H. A. 샌더스가 묘사한 영법은 로마제국의 멸망과 함께 사라지고, 그 후 1천 년이 넘는 시간 동안 유럽에서는 볼 수 없었다.

3

제일 처음 수영이 있었고
다음에는 아무것도 없었다

마녀를 찾아내는 가장 확실한 방법은,
물에 뜨는지를 보는 것이다.

– 리차드 볼튼

로마인들에게 수영은 시민의 덕목 그 이상이었다. 건축 양식도 수영하기에 알맞게 바뀌었고, 도시들도 그에 맞추어 세워졌다. 수영은 문화의 중심이었으며, 로마인들은 개방적이었다. 햇볕 아래서도, 공동생활에도, 집단 정치에도 그리고 무엇보다도 물에 개방적이었다. 호숫가와 해안선을 따라 생겨난 휴양지에는 사람들이 붐볐으며, 한때 그리스가 누린 영광 위에 지어진 지방 목욕탕들은 로마제국의 장엄함을 드러내고 있었다.

로마인들은 물을 찬미했으며, 물은 로마제국의 정신이기도 했다. 물을 나르는 수로, 물을 쏘아 올리는 분수, 몸을 담그고 씻어내는 목욕탕, 운동과 휴식을 위한 수영장 그리고 심지어 용변을 흘려보내는 변소까지, 물과 관련된 것들이 도시의 핵심을 이루었다. 15세기 로마제국이 끝을 향해 갈 무렵에는 분수, 목욕탕, 수영장 등 물을 보관하거나 나르던 모든 것들이 로마의 경이로운 업적 중 가장 먼저 사라지기 시작했다. 두 곳에서 일어난 이야기를 들어보자.

소플리니우스Pliny the Young가 역사가 타키투스에게 보낸 서신에서는 서기 79년 8월 24일 아침, 그가 직접 목격한 베수비오 산에 드리운 그림자와 그날 일어난 일들이 잘 묘사되어 있다.

아침 7시, 어머니는 플리니우스 숙부께 예사롭지 않은 거대한 먹구름이 나타났다고 알려드렸습니다. 베수비오 산에서 솟아오른 구름은 거대한 소나무가 가지를 사방으로 펼친 것 같았습니다. 산 이곳저곳에서 거대한 불기둥이 솟아올랐고, 선명한 불길은 밤의 어두움을 밝혔습니다. 얼마 지나지 않아, 먹구름이 땅과 바다까지 내려앉았습니다.

저 멀리 불이 타오르고, 다시 어둠이 내리고, 재들이 쏟아져 내리기 시작했습니다. 우리는 계속해서 재를 털어냈습니다. 그렇게 하지 않으면 재가 우리를 삼켜버리고, 그 무게에 짓눌려버릴 것만 같았기 때문입니다. 곧 아침이 밝았습니다. 태양이 빛나고 있었지만, 우리의 눈에 비친 모든 것은 바뀌어 있었습니다. 모든 것은 마치 눈에 덮인 것처럼 두꺼운 재에 덮여 있었습니다.

소플리니우스가 묘사한 장면은 베수비오 화산 폭발 첫째 날에 일어난 일이었다. 베수비오 화산 폭발은 폭발 지점에서 반경 25킬로미터에 이르는 지역을 약 250센티미터에 이르는 짙은 먹구름 잿더미와 자갈들로 덮어버린 대재앙이었다. 재와 자갈들이 더 이상 내리지 않을 즈음에는 이미 수천 명이 사망했고, 번성하던 두 도시, 헤르쿨라네움과 폼페이가 사라져버렸다. 더 정확히 말하면 두 도시의 시간이 멈춰버렸다고 해야 맞을 것이다. 폼페이는 당시 모습 그대로, 로마제국이 전성기에 이르렀던 시절 로마인들의 삶에 물이 얼마나 중요한 역할을 했는지를 그대로 간직한 채 유령 도시가 되었다.

나폴리의 아우구스타 수도교는 아우구스투스 황제가 다스리던 기원전 30년에서 20년 사이 축조된 것으로, 경이로운 고대 공학의 수준을 잘 보여준다. 길이가 140킬로미터에 이르는 수도교는 수원지가 있는 산타 루치아 디 세리노Santa Lucia di Serino에서 시작해 몬테 피센티니 산맥의 터널을 지나, 협곡과 바위 그리고 베수비오 산 뒤쪽을 돌아, 나폴리 항만 주변의 아홉 개 도시와 로마 부유층이 사는 다수의 건축물에 물을 공급하고 미네눔의 해군 기지에 먹을 물을 공급하는 광대한 수조인 피쉬나 미라빌리스Piscina Mirabilis까지 흘러갔다. 이 수로가 가장 첫 번째로 거치는 도시는 베수비오 산과 인접한 폼페이였다.

수로에서 흘러온 물은 폼페이의 분수대와 목욕탕의 물을 채웠다. 폼페이 유적에서 사방으로 뻗어나간 길을 걷다 보면, 따뜻한 온천과 흘러넘치는 물로 관광객을 유인하던 시설들이 즐비한 휴양지를 떠올리는 것이 그리 어렵지 않다. 팔레스트라Palestra(고대 로마에서 레슬링이나 육상 훈련장으로 쓰였던 공공장소나 체육관—역자 주) 근처의 줄리아 펠리체Julia Felix라는 건물에 있는 놀라울 정도로 잘 보존된 한 정원은 가늘고 기다란 연못으로 둘러 싸여 있고, 세 개의 아치형 다리가 연못 위를 지난다. 로레이우스 티부르티누스Loreius Tiburtinus 저택에도 물고기가 가득했던 좁다란 수로가 있는데, 분수와 조각들로 꾸며진 거대한 정원을 가로지르도록 설계되어 있었다.

다른 건물들에서도 물을 즐길 수 있는 분수 등을 아름다운 벽화 옆에 설치해두고 감상했던 흔적을 찾을 수 있으며, 그것은 나폴리 국립 고고학 박물관에 잘 보관되어 있다. 폼페이 유적의 잔재에서는 당시 폼페이의 부유함이 잘 드러난다. 폼페이는 상업의 중심지였으며, 상권이 발달했던 항구였다.

만일 당신이 폼페이의 시민이라고 상상하며, 폼페이의 도시 계획을 연구해보면, 급수 시설이 도시의 기본을 이루고 있다는 느낌을 받을 것이다. 당시 폼페이 성벽 내에만 공중목욕탕이 네 곳이나 있었고, 성 밖으로 조금만 나가면 다섯 번째 목욕탕이 있었다. 대부분의 시민들은 매일 정오에 목욕탕에 갔으며, 목욕탕들은 다목적 기능을 제공하는 훌륭한 장소였다.

가장 오래된 목욕탕은 스타비아 목욕탕Stabian Bath으로, 기원전 4세기부터 짓기 시작해 300년에 걸쳐 마무리가 되었다. 목욕탕 입구로 들어가면 공동 시설인 팔레스트라와 운동장 그리고 동쪽으로 대략 길이 9.1미터에 폭 7.3미터, 깊이 1.2미터 정도의 야외 수영장이 나온다. 오늘날의 수영장과 거의 유사한 크기다. 베수비오 화산이 폭발하기 전, 그곳의 풍경은 이러했을 것이라고 상상해볼 수 있다. 피곤해 보이는 노인들이 한쪽 끝에서 잡담을 나누고, 누군가는 팔다리를 휘저어 헤엄을 치고, 수영장 중앙에서는 아이들이 시끌벅적 모여 술래잡기를 한다. 그 밖에도 다양한 풍경이 연출되었을 것이다. 바로 뒤에 우뚝 선 화산이 부글부글 끓고 있는 것도 모른 채 말이다.

로마에서 목욕탕 근처에 살았던 스토아 철학자 세네카가 불평했듯이, 시끌벅적한 공중 목욕탕을 떠올려 보는 것도 그리 어렵지 않은 일이다. 팔레스트라에서 역기를 들기 위해 내는 기합 소리, 노예 안마사의 찰싹찰싹 살 때리는 소리 그리고 열정이 넘치는 이들이 과도한 소음과 물살을 일으키며 수영장으로 뛰어드는 소리 같은 것 말이다.

수영장의 풍경뿐 아니라 이용 방식이나 구도 등도 오늘날과 비슷했다. 스타비아 목욕탕에 있던 수영장도 양쪽으로는 얕은 욕조가 있어 수영장에 뛰어들기 전 몸을 씻어야 했다('입수 전 반드시 샤워를 해주세요'라는 익숙한 문구가 떠오르지 않은가?). 팔레스트라에도 남녀가 목욕하는 공간이 따로 설치되어 있었고, 내부에는 미온탕과 열탕, 냉탕 그리고 탈의실이 마련되어 있었다.

비교적 신식 목욕탕인 센트럴Central, 포럼Forum, 사르노Sarno 공중목욕탕은 조금 더 귀족적인 느낌을 풍겼다. 화산 폭발 당시 센트럴 목욕탕은 서기 62년에 있었던 지진 이후 개축 중이었는데, 62년 지진은 곧 다가올 폼페이의 멸망을 경고하는 것이었다. 다른 오래된 목욕탕과는 달리 센트럴 목욕탕에는 빛이 가득 들어왔고, 열탕보다 더 뜨거운 한증탕도 있었지만, 스타비아 목욕탕 같은 규모의 수영장과 운동 시설은 없었다. 입구 근처에는 큰 가게들이 있었고 직물 염색 공장과 M. 루크레티우스M. Lucretius의 화려한 저택도 있었다.

포럼 목욕탕은(포럼 공동변소 또한 폼페이 수로 공급 체계의 덕을 본 시설이었지만 공중목욕탕과는 별개의 시설이었다) 주로 타지 사람들이 사업이나 행사차 폼페이를 방문했을 때 들르는 곳이었다. 따라서 포럼 공중목욕탕은 규모 면에서 가장 작았으나 가장 우아한 시설이었다. 대리석으로 된 욕조의 삼면에는 기둥이 세워져 있었고 근사한 아치가 있는 냉탕은 르네상스 시대의 세례장을 연상하게 할 정도였다.

사르노 목욕탕의 흔적은 거의 남아 있지 않지만, 몇몇 증거로 볼 때 화려한 다층 시설에 개인 목욕실이 마련되어 있었던 것으로 보인다. 성벽으로 나가면 바로 보이는 서버번Suburban 목욕탕 또한 베수비오 화산 폭발 당시에는 서기 62년 지진 이후 계속 수리 중이었다. 이곳은 다른 목욕탕들보다 리조트 시설과 유사했고 밝은 벽화들로 장식된 테라스는 바다를 향해 나 있었다.

그리고 원형경기장 옆에는 넓은 팔레스트라가 있었다. 사람들은 기본적이고 단순한 운동을 즐겼으나 운동장의 규모는 매우 컸다. 길이 137미터 폭 128미터 규모의 광대한 사각형 운동장은 오늘날 미식축구 경기장보다 컸고, 삼면이 주랑(기둥만 있고 벽은 없는 복도 - 옮긴이 주)으로 둘러싸여 있었다. 가운데에는 바닥이 경사진 수영장이 있었는데, 여기에서 사람들이 왕복으로 왔다갔다하며 수영을 했을 것이다. 이곳에는 냉탕이나 한증낭이 없었고 탈의실도 없었다. 이 팔레스트라는 땀 흘리고, 수영하고, 경기를 벌이고, 폼페이의 지방 스포츠 단체가 연례행사를 벌이는 곳이었다.

폼페이의 공중목욕탕은 도시에서 중요한 의미를 갖고 있으며, 도시만의 양식과 디자인을 품고 있었다. 대부분 주요 도로가 교차하는 지점에 위치해 있었고, 서버번 목욕탕의 경우에는 성곽 주요 문 바로 바깥쪽에 자리하고 있었다. 로마제국 사람들의 삶에서 공중목욕탕은 본질과도 같은 것이었으며, 상업이 성쇠를 되풀이하는 과정과 떼어낼 수 없는 존재이자 일상과도 같은 것이었다. 어떻게 보면 베수비오 화산 폭발이라는 끔찍한 대재앙이 일어나 오늘날 우리가 그 흔적을 찾아볼 수 있게 되었다고 볼 수도 있다.

로마의 공중목욕탕이 가장 멀리까지 전파된 사례는 아쿠에 술리스Aquae Sulis의 공중목욕탕으로, 오늘날 영국의 배스Bath다. 이곳에 가보면 만일 베수비오 화산이 폭발하지 않았다면 폼페이의 자랑거리인 공중목욕탕이 어떤 모습이 되어 있을지 짐작해볼 수 있다.

서기 43년 로마군이 브리튼에 상륙했을 때, 그곳 사람들은 여전히 철기시대에 머물러 있었다. 그들에게 유럽 대륙은 영국해협 너

폼페이 유적에서 발견된 그레이트 팔레스트라 — 미식축구 경기장보다 넓은 이 운동장 중앙에는 바닥이 기울어진 드넓은 수영장이 있다. 수영장에서 넘친 물은 변소의 용변을 흘려보내는 데 사용되었다. (구글 어스 제공)

머 까마득히 먼 곳에 있는 땅이었으며, 외부 문명에서 접근할 만한 어떠한 접촉점도 알려진 바가 없었다. 이 '신세계'는 개선이 필요했는데, 로마인들이 무엇보다도 가장 잘하는 것이 바로 그것이었다.

먼저 그들은 군사로인 포스 가도the Fosse Way를 깔았다. 군사로가 전략적으로 중요한 위치에 지어져 자리를 잡은 후에는, 주변을 살펴보고 조건이 알맞거나 잠재력이 있어 보이는 위치에 건축을 시작했다. 그렇게 탄생한 곳이 잉글랜드 남서부의 도시 배스였다. 로마 군사로는 에이번Avon 강을 가로질렀는데 근처에 거대한 자연 온천이 있었다. 이 온천은 켈트족이 믿는 치료의 여신 술리스Sulis에게 바쳐진 곳이었다. 추후 연구를 통해 밝혀진 사실이지만, 이 구역은 브리튼에서 유일한 온천이었으나 당시에는 아무도 그 사실을 알지 못했다. 오늘날에도 온천은 무시할 수 없는 자원이다. 날마다 솟아오르는 150만 리터의 온천수는 로마인들에게 수많은 선택지와 가능성을 열어주었다. 또한 신성한 술리스 여신은 로마의 여신 미네르바와 쌍둥이까지는 아니라도 자매라 추앙되기에 충분할 만큼 유사한 점들이 있었다. 로마인들은 정복한 곳의 시민들을 자신들과 동화시킬 기회를 놓칠 수 없었고, 안락한 고향의 목욕탕이 그립기도 했을 것이다. 결국 브리튼의 로마인들은 폼페이가 화산재에 덮이기 20년 전인 서기 60년 배스에 공중목욕탕 건축을 시작했다. 그리고 그 후 200년에 걸쳐 공중목욕탕 시설을 확장해나갔다.

먼저 그들은 온천 주변의 지반을 안정화했다. 건축의 고수인 로마인들에게는 그다지 어려운 일이 아니었다. 그 다음 술리스와 미네르바를 위한 사원을 건축했다. 고전 양식으로 네 기둥 위에 얹은 페디먼트는 지붕이 덮인 주변 주랑 위로 우뚝 솟았다. 다음으로는 길이 24미터 폭 9미터의 대욕탕Great Bath이 만들어졌는데, 벽은 45개의 얇은 납판으로 처리하고 납 관과 납 수로를 통해 물을 공급했다. 1.5미터보다 조금 깊은 이 목욕장은 자연적으로 데워진 물로 채워졌고 염분이 포함되어 있어 사해에서처럼 몸이 떴다. 사람들은 대욕탕을 둘러싼 벽감에 앉아 대화를 나눴고, (서기 2세기경에는) 세라믹으로 된 44미터 높이의 아치형 지붕도 올려졌다. 마지막으로 열탕과 냉탕이 양쪽으로 지어졌고, 한증막이 만들어졌다. 아쿠에 술리스를 완벽한 스파 패키지로 만들기 위해 로마인들은 물에 집중했고 자신들의 양식을 접목했다. 순례자들이 사원에 찾아왔고, 몸이 아픈 이들은 앵글로색슨 조상들이 그

영국 배스의 로만 스파 내부에 있는 대욕탕을 복구한 모습이다. (저자 제공)

랬듯 치료의 물에 몸을 담갔다(한 자료에 따르면, 로마인들이 오기 이전에는 사람들이 그곳을 '몸이 쑤시는 사람들의 도시'라고 불렀다). 군인을 비롯한 로마인들은 원래 자신들이 오랫동안 해왔듯 긴장과 피로를 풀고, 여유롭게 쉬며 회복하고 힘을 얻었다. 군인들은 분명 수영도 했을 것이다. 대욕탕이 오늘날의 수영장에는 조금 못 미쳤지만, 군사 훈련에서 수영이 필수였던 그들이 그곳에서 수영을 했을 것은 당연했다.

하드리아누스 황제가 2세기경 제국 전역에서 혼탕을 금지하자 많은 것이 바뀌었다. 하지만 목욕탕은 여전히 사람들로 붐볐고, 로마 제국의 군사력은 약화되었지만 배스는 성장했다. 그러다 4세기에 아일랜드와 북유럽 군사들이 아쿠에 술리스 성벽 너머의 부유한 저택을 약탈하자, 여행자들이 줄어들었고 공중목욕탕 이용객도 줄었다.

410년 무렵, 로마는 브리튼에서 완전히 철수했고, 제국의 마지막 세기가 시작되었다. 주민들은 목욕탕을 계속 유지하려고 했지만, 도시에는 범죄가 들끓었으며, 440년 어느 날에는 한 어린 소녀의 머리가 오늘날 애비게이트 거리에 있던 솥 안에서 발견되기도 했다. 공중목욕탕에서 남쪽으로 몇 블록 떨어진 곳에서는 불길한 징조가 시작되었다. 그 무렵 이제 더 이상 로마군이 지키지 않던 에이번 강에 홍수가 나 검은 진흙탕물이 목욕탕까지 흘러들어왔던 것이다.

대욕탕 지붕이 진흙탕 아래로 무너져 내리고, 술리스 사원이 돌무더기가 되어버리기까지는 그리 오랜 시간이 걸리지 않았다. 그 잔해들은 다시 목욕탕 시설을 메우는 데 사용된 것으로 보인다. 방사성 탄소 연대 측정법이 완벽하지는 않지만, 로마군이 철수한 뒤 30년도 채 되지 않아 아쿠에 술리스는 찬란한 식민지 건설의 빛을 잃어버렸다. 그 지역이 누렸던 황금기의 기억은 역사에 묻혔다. 1727년, 시내 중심가의 하수도 설치를 위해 도랑을 파던 한 작업자가 금동으로 된 미네르바의 머리를 발견하기 전까지 배스 시민들은 발아래 어떤 보물들이 묻혀 있는지 알지 못했다.

아쿠에 술리스가 잊혀져 갈 무렵, 중세가 시작되었다. 그리고 적어도 유럽 대륙에서는 천 년이라는 시간 동안 수영이 암흑 속에 묻혀 있어야 했다. 대체 왜 사람들은 수영을 잊게 되었을까? 그 이유는 다섯 가지로 살펴볼 수 있다.

- 행정당국의 몰락과 함께 기반 시설이 붕괴되었다. 1세기가 끝나갈 무렵, 로마의 물 공급 시스템이 로마제국 수도로 공급하는 물의 양

은 20세기 후반 뉴욕 시에서 사용되는 물의 양과 맞먹었다. 하지만 수영장, 목욕탕, 납 파이프, 납 수로, 물을 데워주는 난방로와 물을 날라주는 송수로 등은 스스로 유지되지 않는다. 누군가가 관리를 해줘야만 한다. 제국의 몰락으로 아무도 그 시설들을 관리하지 않게 되었고 침략자들도 그것들을 성가시게 여겼을 것이다.

- 편협한 사고방식이 팽배하게 되었다. 그리스와 로마에서 수영은 집단 활동의 일환이었다. 하지만 도시 국가와 영지 지배 세력이 권력을 대체하면서 집단 공동체 활동이 약화되었다. 부자와 귀족들은 자신들만의 성으로 들어갔으며, 가톨릭교회는 수도원으로 숨었다. 사람들은 수영을 즐길 장소가 없었을 뿐만 아니라, 함께 수영할 사람도 없었다.

- 사람들이 고상한 척을 하기 시작했다. 중세 교회들은 신약에 나오는 예수의 선행을 따르기보다 죄를 피하고 악을 벌하는 데 훨씬 더 집착했다. 그리스인들은 나체로 수영했고, 로마인들도 마찬가지였다. 젖은 옷은 헤엄치는 데 방해가 되었기 때문이다. 하지만 공중목욕탕이 말 그대로 사창가가 되어버렸다면, 사탄이 도사리고 있다고 주장하기에 그보다 더 좋은 곳이 있었을까?

- 로마의 몰락과 기반 시설 붕괴의 이면에는 위생 문제가 자리하고 있었다. 로마제국의 목욕탕과 수영장은 오늘날 위생 기준에서 볼 때 청결과는 거리가 멀었다. 자연에서 데워진 온수는 온갖 박테리아의 온상이었다. 몸에 난 상처에 더러운 물이 닿으면서 괴저성 질환으로 이어졌다. 하지만 로마에는 박테리아와 배설물이 들끓는 물을 외부로 배출하는 배수시설을 만들어낼 수 있는 토목기술이 있었

다. 그런데 로마제국의 쇠락과 함께 그 기능도 쇠락했다. 중세 유럽에서는 수영을 하고 싶어도 들어갈 엄두를 내지 못했을 것이다. 역병이 유럽 전역을 휩쓸고 있는데 어딜 감히 들어갈 수 있다는 말인가? 흑사병의 원인은 쥐(더 구체적으로는 쥐에 기생하던 벼룩)였지만, 사람들은 대륙의 더러운 수로와 망가진 기반 시설을 탓했다. 흑사병이 1억 명 이상의 목숨을 앗아가자 회복할 방법도, 인력도, 의지도 없었다.*

- 상상력이 다시 주인공이 되었다. 그리스와 로마인들에게 부족했던 재능 중 하나는 물의 악령(분노하고 복수하는 신들과 반신반인들)을 상상하는 것이었다. 헤로도토스는 살라미 전투에서 활약한 스킬리스 이야기를 하며 포세이돈이나 그의 부하들을 문학적인 장식 용도 외에는 언급하지 않는다. 클로일리아 이야기에서도 마찬가지다. 그녀와 그녀의 동료들은 어떠한 신의 도움도 없이 창과 화살이 등 위로 쏟아지는 가운데 온전히 자신들의 힘으로 용감하게 티베르 강을 건넌다. 알렉산드리아 전투에서 시저가 헤엄치고 다니며 활약했던 이야기도 마찬가지다. 물론 과장된 부분이 있긴 하지만, 이야기는 온통 시저의 능력에 초점을 두고 있으며, 그의 몸을 띄워준 신비로운 힘이라든지, 그를 빠뜨리려고 하는 악령도 등장하지 않는다. 다섯 살 먹은 아이들이 그렇듯, 그리스 로마인들은 "내가 스스로 다 한 거예요!"라고 말하길 좋아한 것이다. 하지만 비대한 관료 조

---

* 흑사병 전염은 1351년에서야 소강상태에 들어갔다. 유럽 인구가 흑사병 발발 전으로 회복되기까지는 꼬박 200년이 걸렸다.

직인 로마제국이 퇴보하고 수영 문화에 대한 기억이 안개 속에 갇힌 것처럼 흐려지자, 악령들이 다시 사람들의 관심을 끌기 시작했다. 물은 다시 두려움의 대상이 되었으며, 사람들은 물에 빠지면 무엇인가가 발목을 잡아끌어 다시는 물 밖으로 못 나갈지도 모른다는 두려움을 느끼기 시작했다.

물론, 이유들이 너무 단순해 보이기도 한다. 중세에 이르러 전 세계적으로 수영 문화가 퇴색한 것은 아니었다. 신성로마제국과 기독교 문화가 닿지 않은 곳에서는 수영 문화가 그대로 유지된 것으로 보인다.

중국 신장성을 지나는 실크로드 옆 키질Kizil의 동굴에서 발견된 1,600년 전 벽화에는 남자들이 즐겁게 헤엄치는 모습이 묘사되어 있다. 간쑤 지방에 있는 둔황 막고굴에서 발견된 서기 600년대의 벽화에는 옆에 오리들이 헤엄치는 장면이 없었다면 공기 중에서 떠다니는 것처럼 보이는 사람들의 모습이 묘사되어 있다. 그로부터 약 100년 후 생긴 전투 장면이 묘사된 벽화에는 군사들을 피해 강을 헤엄쳐 내려오는 사람들의 모습이 그려져 있다.

중국에서 전해지는 한 이야기에는 12세기 조수 해일로 유명했던 첸탕 강의 연례행사 장면이 담겨 있다. "저 멀리 수평선에서 해일이 몰아쳐 오면, 수영에 능한 수백 명의 참가자는 형형색색의 깃발을 손에 들고 거대한 해일 속으로 뛰어들었다." 수영을 마치고 나면, 부유한 귀족들과 상인들이 그들에게 금과 은을 상으로 주었다.

17세기 중반 티베트 라사에 있는 포탈라 궁 벽화에도 수영 경주 장면이 묘사되어 있다. 1617년에 태어난 5대 달라이 라마 임명식을 기리는 행사였다. 그 벽화에 등장하는 사람들은 물에 뛰어들어 헤엄치기도 하고, 물 위에서도 즐거워하고 있다. 한 스님은 연꽃 자세를 취하고 물 위에 앉아 있는 모습으로 묘사되어 있다.

그보다 4세기 앞선 페르시아의 그림에는 알렉산더 대왕이 신하들과 함께 긴 머리를 무릎까지 내린 알몸의 소녀들이 물가에서 헤엄치고 노는 모습을 지켜보는 장면이 묘사되어 있다. 햇살이 찬란히 비추는 곳에서 물을 느끼며 인간의 노출을 즐기는 이 즐거움을 유럽인들은 어떻게 모두 잊을 수 있었단 말인가?

당연히 흐름에 저항한 소수는 존재했다. 바이킹들은 자녀가 어릴 때부터 수영을 가르쳤다고 전해진다. 사무라이나 로마 군사처럼, 유럽의 중세 기사들은 수영 기술을 단련하도록 교육받았다. 여전히 수영은 기사들의 덕목 중 하나였던 것이다. 하지만 대부분의 중세 유럽인들에게는 물이 두려운 존재였던 것으로 보인다. 프랑스의 작가인 크레티앵 드 트루아Chrétien de Troyes의 작품에 등장하는 주인공 랜슬롯은 "걷잡을 수 없이 빠르게 흘러가는 물줄기가 시커멓게 불어나서 악마의 개울처럼 끔찍하고 격렬한 사악한 물"을 헤엄을 쳐서 건너는 대신, '칼 다리'를 놓고 건너기로 한다. 날카로운 다리를 위태롭게 건너는 동안, 저 멀리 양쪽 나무에 묶인 짐승 두 마리가 포효한다.

유럽 지배층 중에서도 로마 쇠락 이후 몇 세기 동안은 수영 문화를 어느 정도 지켜온 사례도 있었다. 샤를마뉴 대제(서기 742~814)의 경우, 열렬한 수영 애호가로 알려져 있었다. 동시대 전기작가인 아인하르트Einhard에 의하면, 신성로마제국의 황제였던 그는 오늘날 독일

서쪽 끝에 위치한 광공업 도시 아헨^{Aachen}에서 자연 온천을 즐겼다고 한다. 아인하르트는 샤를마뉴 대제가 "자주 연습을 한 덕에 수영에 능숙했고, 그 누구도 그의 실력을 능가하지 못했다"라고 기록했다. 샤를마뉴 대제는 아헨에 성을 짓고 아들과 다른 귀족, 친구들에 둘러싸여 온천을 즐기며 노년을 보냈으며, "이따금 수행 군사들과 호위대들까지 가세해, 수백 명이 함께 온천을 즐겼다"라고 한다.

그러나 샤를마뉴의 온천 사랑은 아주 예외적이었다. 대부분의 학자는 적어도 노르만 정복기가 되었을 때만 해도 귀족들은 수영에 흥미를 잃었다고 본다. 어느 중세 작가에 따르면, 귀족들은 절대 수영을 배우지 않았고, "소년들이 배우는 경우는 있어도, 소녀들이 배우는 경우는 없었다"라고 기록했다. 그리고 수영을 즐기는 이들은 기이하다고 치부되기도 했다. 영국의 에드워드 2세는 '물놀이'를 즐겼다고 알려졌지만, '놀이'라는 말 자체가 암시하고 있는 부정적인 느낌이 있다. 1315년, 그는 한 연대기 작가가 '멍청한 수영 친구들'이라고 표현한 한 무리의 친구들을 데리고 수영 휴가를 떠났다. 셰익스피어도 사극 〈헨리 8세〉에서 울시 추기경이 자신이 감당할 수 없는 문제에 깊이 빠졌을 때 "공기주머니 위에서 헤엄치는 방탕한 소년들처럼"이라는 비유를 들며 수영을 부정적으로 묘사했다.

물론 중세에도 사람들은 목욕을 했다. 온탕과 냉탕을 오가며 떠다니고, 몸을 담그는 것은 여전히 매력적인 행위였다. 하지만 로마인들의 집단 목욕이나 수영의 부활에 이를 정도는 아니었다. 카세르타 베키아의 목욕탕은 그 도시를 지배하는 성 내부에 지어진 시설이었다. 왕의 목욕탕도 대중과는 거리가 멀었으며, 한때 앵글로 색슨족이 신성시했던 온천 근처의 수도원 내부에 있었다. 이러한 예외들을 제외하면, 중세에 물은 주로 사람들을 처벌하기 위한 용도로 사용되었다. 일례로 '와핑의 은혜Grace of Wapping'라고 아름답게 이름 붙여진 처형 방식이 있었다. 약탈자를 사형시키는 방법 중 하나인 그 '은혜'는 유죄로 선고받은 사람을 교살한 뒤 쇠줄로 묶어서 런던 중부 와핑 지역의 템스 강에 넣고 조수가 세 번 빠지길 기다렸다가 꺼내어 처리했다.

마녀와 물은 중세 시대에 빼놓을 수 없는 치명적인 조합이었다. 이 시기에 마녀로 지목된 인물들은 '마녀 물고문'을 당했다. 1613년 런던에서 발행된 〈체포되고, 조사받고, 처형당한 마녀들〉이라는 제목의 팜플렛에는 베드퍼드에서 두 여인이 어떻게 물고문을 당했는지 기록되어 있다.

서튼Sutton과 그녀의 딸은 주인의 아들을 살해한 혐의로 체포되었다. 우선 사전 재판에서 두 여인은 속옷만 빼고 다 벗겨진 뒤, 팔이 묶인 채로 깊은 연못에 던져졌다. 밧줄에 묶인 채로 물에 빠져서 바닥으로 가라앉으면 구조되지만, 수면으로 떠오르면 죄가 있다고 여겨졌다. 두 번째 재판도 거의 유사한 방식으로 진행되는데, 조금 더 전통적인 방식으로 몸이 묶였다. 왼손 엄지손가락을 오른쪽 발가락에 묶고, 오른손 엄지손가락은 왼쪽 발가락에 묶은 것이다. 서튼과 그녀의 딸은 이 재판에서 가라앉지 않고 떠올랐다. 이후 마녀 혐의에 대한 형식적인 재판들이 이어졌고, 그 결과는 예견된 대로 처형으로 이어졌다.

그런 장면을 본 다음 수영을 상상해보라. 몸이 뜨면 유죄라니, 정말 끔찍하다! 옥스퍼드 출신의 의학 작가이자 학식 있는 계몽인이라고 알려진 리차드 볼튼Richard Boulton도 신학적인 처벌 행위들을 옹호했다. 다음은 1722년에 출간된 볼튼의 《마법, 주술 그리고 마술의 완전한 역사》라는 책에 나온 구절이다. "마녀를 찾아내는 가장 확실한 방법은, 그들의 악한 삶과 대화는 우선 뒤로하고, 그들이 의식하지 못하는 자국을 확인하는 것 그리고 물에 뜨는지를 보는 것이다. 신이 명한 대로 세례를 위해 물에 던지면 그들은 물에서 받아들여지지 않고 뜨게 된다."

　　이러한 중세 시대에도 수영 영웅들은 존재했다. 이들은 DC 코믹스 시리즈에서 슈퍼맨, 배트맨, 원더우먼 그리고 아쿠아맨과 나란히 있어도 될 만큼이나 위대했다. 8세기에서 11세기 사이에 쓰여진 앵글로 색슨족의 서사시 《베오울프》에는 아주 특별한 이야기가 담겨 있다. 베오울프와 브레카는 다섯 밤낮 동안 "목숨을 걸고 먼바다에서" 갑옷을 입은 채 무거운 검을 들고 수영을 하면서 "고래로부터 자신들을 보호"했는데, 어느 순간 "강한 파도와 차가운 물이" 두 사람을 갈라놓는다. 베오울프는 결국 혼자서 바다 깊은 곳에서 올라온 극강의 괴물 '그렌델의 어미'와 맞닥뜨린다.

　　베오울프는 당시 다른 수영 영웅들의 모델이 되었다. 그는 언젠가는 죽는 인간의 한계를 넘어선 영웅적 인물을 만들려는 충동에서 만들어진 인물이었을 것이다. 누구도 그 배경에 대해 정확히 알지는 못하겠지만 피터 A. 요르겐슨Peter A. Jorgensen은 1978년 〈민속학, 베오울프〉이라는 글에서 당시 비슷한 이야기가 많았음을 보여준다.

　　아이슬란드에서 전해지는 이야기를 담은 《하프단의 영웅전설Halfdanar saga》에서는 주인공인 하프단과 그의 적 아키가 갑옷을 입고 무거운 검을 든 채로 폭풍우 속을 헤엄쳤다. 하프단은 한 손을 물 위로

든 채, 다른 한 손은 아키를 잡고 아침부터 오후까지 끌고 헤엄쳐 다녔다. 지칠 대로 지친 아키는 더 이상의 싸움을 포기했다. 이렇듯 중세 후기까지 장대한 수영 이야기와 호흡을 오래 참은 이야기를 담은 각종 무용담이 이어지고, 상상을 뛰어넘는 활약들이 펼쳐진다. 대체로 이 시기는 수중에서 할 수 있는 온갖 대담한 행동의 황금기였다고 볼 수 있겠다.

이 모든 것이 상상이라는 점만 빼면 말이다. 사람들이 수영에 대해 잘 모를수록 불가능해 보이는 수영 이야기가 흔해진다. 이러한 설화들이 최고조로 많아졌을 때 중세는 르네상스를 향해 문을 열기 시작했고, 대부분 유럽인은 팔과 다리를 어떻게 저으며 물속에서 나아가는지, 혹은 물에 빠지지 않으려면 어떻게 해야 하는지, 가장 기본적인 지식조차도 잊고 말았다.

4

잃어버린
기술을 찾아서

위험한 전시 상황에서 굉장히 유용한 운동이 있다.
하지만 특히 귀족들은 오랫동안 하지 않았기 때문에,
아마도 대부분의 독자는 그것이 무엇인지 모를 것이다.
그것은 바로 수영이다.

– 토머스 엘리엇

두 시인의 이야기이자, 신화 그리고 수영에 관한 이야기를 해보자.

두 시인은 거의 1천 년이나 되는 시간을 사이에 두고 서로 완전히 다른 시대에 활동한 무사이오스Musaeus와 크리스토퍼 말로우Christopher Marlowe다. 무사이오스에 관해서는 거의 알려진 것이 없다. 그는 그리스 시인이자 교사로, 나일 강 하구인 알렉산드리아에 살았고, 로마 제국이 운을 다했던 5세기 중후반의 사람이었다.

크리스토퍼 말로우에 관해서는 많은 것이 알려져 있다. 영국 켄터베리에서 셰익스피어와 같은 해인 1564년에 태어난 그는 엘리자베스 1세 시대의 문학계에 혜성처럼 등장해 비극작가로 이름을 날렸다. 《에드워드 2세》와 《포스터스 박사의 비극》이 그의 대표작이다. 그러나 말로우는 '비도덕적 이교도의 신념'을 담은 글을 썼다는 죄목으로 체포되었고, 1593년에 29세의 나이에 살해당했다. 그때까지 셰익스피어는 그의 그늘에서 일했다. 정말 말로우에게 그러한 '신념'이 있었는지 밝혀지지 않았고, 그것과 살인에 연관성이 있는지도 확실치 않았으며, 의혹만 무성했다.

1천 년을 사이에 둔 두 시인을 연결해준 신화는 앞서도 언급한 적이 있는 헤로와 레안더 신화로, 폭풍우가 이는 헬레스폰트 해협을 사이에 두고 서로를 그리워하다 결국 연인에게 닿지 못한 레안더와 그의 죽음을 슬퍼해 바다에 몸을 던진 헤로의 슬픈 사랑 이야기다. 무사이오스는 342줄짜리 시를 통해 헤로와 레안더의 사랑을 노래했고, 그의 작품 중 이 작품만이 오늘날까지 남아 있다. 말로우의 다양한 작품 중에도 이 신화를 다룬 시가 있는데, 두 시인이 같은 주제를 두고 쓴 작품은 수영에 있어서만큼은 확연한 차이를 보여주었다.

　　무사이오스의 시를 보면 그는 수영을 했던 사람이었고, 거친 물에서도 헤엄쳐 본 것이 분명했다. 다음은 레안더가 죽음을 무릅쓰고 바다에 몸을 던지는 장면을 묘사한 부분이다.

> 깜깜한 새벽녘에
> 세찬 바람이 휘몰아치고
> 치명적인 바람의 투창이 바다를 향해 퍼부을 때,
> 신부를 보겠다는 충동에 휩싸인 레안더가
> 부푼 파도를 헤치고 나아가기 시작하네.
> 미친 듯 날뛰는 숙달되지 않은 바다에 올라타니
> 고삐 풀린 말처럼 속수무책으로 내달리네.
> 파도가 끝없이 넘실대는 바다는 하늘의 지붕과 섞이고,
> 바림은 온통 흉포한 폭군처럼 몰아치며
> 서쪽과 동쪽에서 불어오는 바람이,
> 남쪽과 끔찍한 북쪽에서 불어오는 바람이,
> 서로 싸우듯 비명을 질러 대네.
> 용서할 줄 모르는 우레 같은 파도는 잦아들 줄을 모르네.

무사이오스의 시를 처음 읽었을 때, 나는 어릴 적 친구 존과 함께 거친 바다에서 헤엄을 쳤던 기억이 떠올랐다. 바다에는 거친 폭풍이 몰아쳤고 텔레비전에서만 보던 괴물 같은 파도가 넘실댔다. 우리는 그 파도를 보자마자 보디서핑이 하고 싶었다. 철썩이는 파도를 헤치고 20분가량 헤엄쳐가자 가장 큰 파도가 일어나는 곳에 닿았다. 해안으로 다시 돌아올 때의 파도가 너무나 크고 강해서 우리는 정말 무사이오스가 묘사한 대로 "숙달되지 않은 바다에 올라타, 고삐 풀린 말처럼 속수무책으로 내달리는" 느낌이 들었다. 1천 년 후, 말로우는 같은 이야기를 두고 앉아 완전히 다른 시를 썼다.

레안더는, 일어나, 헤엄치기 시작했네.
그러다, 뒤돌아보니, 넵튠이 쫓아왔네.
그 순간 겁에 질려, 가엾은 영혼이 울며 애원했네.
"오, 헤로에게 닿지 못하면 저는 죽습니다!"
바다의 신은 헬레스폰트의 팔찌를 그의 팔에 끼워주며
바다가 절대 해치지 않으리라 다짐했네.
신은 그의 투덕투덕한 볼을 만지고 기다란 머리칼로 장난을 치더니,
방자하게 미소 지으며, 속마음을 드러냈네.
헤엄치며 휘젓는 그의 팔을 보고 있다가,
팔을 넓게 벌리면, 그 사이로 미끄러지듯 들어가
입술을 훔치고, 도망쳐 나와 춤을 추고,
그러다 그가 몸을 돌리면, 욕정에 가득 찬 눈빛을 던지고,
그러다 그를 즐겁게 해주려고, 천박한 노리개들을 던지고,

그러다 물속으로 뛰어들어,

그의 가슴, 허벅다리 그리고 팔다리 모두를 염탐한 뒤,

다시 물 위로 올라와 가까이서 헤엄치며,

계속해서 사랑을 속삭였네.

말로우의 시에서 바다의 신 넵튠은 분명 투덕투덕한 레안더의 볼을 보며 사랑에 빠졌고, 레안더를 유혹하는 수상쇼를 벌인 듯하다. 그렇다면 이 시에 등장하는 바다의 모습은 어떠한가? 말로우의 묘사에 따르면 레안더가 팔을 휘저을 때마다 넓게 벌린다고 했는데, 이것은 무슨 동작일까? 수영의 평형을 말하는 것일까? 아주 넓게 벌려서 넵튠이 미끄러지듯 들어와 "입술을 훔친"다니? 말로우의 시에는 무사이오스가 말한 "숙달되지 않은 바다"의 "부푼 파도"는 어디에서도 찾아볼 수 없다. 그 이야기에 등장하는 바다는 잔잔한 바다가 아닌, 폭풍우가 몰아치는 어두운 밤의 바다였는데 말이다.

고전학자 더글라스 부시Douglas Bush는 이런 질문을 던졌다. "왜 말로우가 쓴 레안더의 수영 이야기에서는 바다의 느낌이 그토록 부족할까? 구절들이 아름답긴 하지만, 그의 시에서 전해지는 느낌은 레안더가 헤엄을 치는 것이 아니라 신화적 융단의 파도 위를 미끄러져 가는 것 같다."*

---

*   마이클 웨스트Michael West는 1984년 〈르네상스 학회지〉에 실린 기사에서 "이 구문은 말로우가 직접 헤엄쳐본 경험을 반영한 것인가, 아니면 공중목욕탕에서 누군가 몸을 더듬는 판타지를 담은 것인가?"라고 덧붙였다.

인간 활동 중 한 영역 전체가 사실상 온 대륙에서 천 년 가까이 사라졌다는 것은 아무리 생각해봐도 의아한 일이다. 특히나 영국 제도처럼 섬으로 이루어진 나라에서 이런 일이 일어났다고 하면 더욱 이해할 수 없는 일이다. 제도란 사전적 의미로 물에 둘러싸여 있는 곳이다. 그곳의 사람들은 해안에서 삶을 영위해왔다. 배를 탈 수도 있지만, 배는 가라앉을 수도 있다. 헤엄을 치지 않고 해안가에서 살아가기는 매우 힘든 법이다. 게다가 영국 제도의 경우 들쭉날쭉한 만과 모래 해안으로 둘러싸여 있어 헤엄을 치기에도 매우 좋은 곳이다. 깨끗한 물이 고인 셀 수 없이 많은 호수와 유유히 흐르는 강, 여름날의 시원한 연못 등은 말할 것도 없다.

왜 그런 즐거움을 굳이 거부하고, 생존 확률을 낮출 필요가 있을까? 하지만 말로우와 셰익스피어 시대의 영국은 다른 유럽의 나라들만큼이나 수영이 뒤떨어져 있었다. 헤엄치는 방법을 제대로 아는 이가 거의 없었고, 배울 길도 없었다. 의학자들은 보통 수영을 반대했고, 교육자들도 신체적 훈련을 시간 낭비라고 여겼다. 학교에서 스포츠를 가르치는 것을 옹호하는 사람들도 수영은 멀리했다. 리차드 멀캐스터 Richard Mulcaster의 예를 살펴보자.

당시 영국에서 가장 큰 학교였던 머천트 테일러스 스쿨Merchant Taylors' School의 교장 멀캐스터는 1581년에 《포지션즈Positions》라는 저서를 통해 소년들에게 스포츠를 가르쳐야 한다고 주장했다. 하지만 1973년 마이클 웨스트는 《르네상스 학회지》에 기고한 기사에서, 수상 스포츠에 대한 멀캐스터의 열정은 약했다고 기록했다. 멀캐스터의 주장에 따르면, 수영은 신체에 위협을 가할 수도 있다. "썩거나 오염된

증기가 신체의 구멍에 들어가기 때문이다." 이에 더해, 구체적으로 무슨 의미인지는 몰라도 "모든 수영인은 계속해서 물 밖으로 머리를 내밀고 숨을 쉬어야 했기에 머리가 아플 수밖에 없었다"라고 주장했다.

하지만 영국에서는 이미 50년 전에 수영의 중요성에 대해 언급했던 책이 있었다. 바로 토머스 엘리엇이 1531년에 출간한《주지사의 책The Boke Named the Governer》이다. 1490년에 태어난 엘리엇은 학자이자 외교관으로서 헨리 8세의 신임을 받아 헨리와 아라곤의 캐서린 사이의 이혼을 승인받기 위해 신성로마제국의 황제인 카를 5세에게 보내진 적도 있었다. 엘리엇은 정치 전반의 개선에도 관심이 많았다. 그의 저서는 영국 지배층(왕족, 귀족, 드물게 높은 지위로 올라간 평민)에게 인간의 덕성, 고상한 인격, 고대 그리스와 로마인들의 건전한 관행들을 상기시키려 했다.

엘리엇의 책 앞부분에는 "첫째 장에서는 고귀한 혈통의 어린이들을 출생부터 최고의 교육을 받게 하거나 잘 길러서, 가치 있는 인간으로 성장하고 공공복리를 위하는 주지사가 되는 방법에 관해 알려준다"라고 되어 있다. 이것은 중요한 과제로, 엘리엇이 되살리고자 했던 고대 문화인 수영도 논의의 대상이 되었다.

엘리엇은 "위험한 전시 상황에서 굉장히 유용한 운동이 하나 있다"라고 하며 "하지만 배우는 데 위험이 따르고 사람들, 특히 귀족들은 오랫동안 하지 않았기 때문에, 아마도 대부분 독자는 그것이 무엇인지 모를 것이다. 그것은 바로 수영이다"라고 썼다. 엘리엇이 이리도 조심스럽게 말을 꺼내는 것만 보더라도, 16세기가 되도록 수영이 얼마나 존중받지 못하는 행위였는지를 알 수 있다. 감히 그 단어를 입

밖으로 내서는 안 될 정도로 말이다. 하지만 엘리엇은 자신의 주장을 굽히지 않는다. 그는 다양한 사례를 인용해 과거 수영 능력이 전쟁을 유리하게 이끌거나 역사를 바꾼 사례를 보여준다. 그중에는 다음과 같은 내용도 있었다.

- 호라티우스 코클레스Horatius Cocles는 에트루리아 군대가 로마를 포위했을 때 침략자 무리로부터 티베르 강 다리를 혼자서 방어했다. 전세가 기울고 희망이 사라지자, 그는 다리를 파괴했고, 적과 함께 물에 빠졌다. 헤엄치는 법을 몰랐던 에트루리아 군사들은 물에 빠졌지만, 호라티우스는 갑옷을 입고 몸에 상처가 있었음에도 해안가로 헤엄쳐와 "로마를 구원했다."*
- 세르토리우스는 로마가 프랑스에서 군사 작전을 펼칠 때, 먼저 적을 완패시키고, 상처 입고 말을 잃은 상태에서 방패와 칼을 들고 "거친 물살의 론 강으로 뛰어들어, 물살을 거슬러 아군의 품으로 왔다. 그의 적들은 놀라운 듯이 가만히 서서 그를 지켜보았다."
- 로마와 카르타고의 첫 번째 해전에서 적의 함대가 퇴각하자 젊은 로마군들이 "바다로 몸을 던지고 함대로 헤엄쳐 가서 적들을 물리쳐 로마군의 수장인 루크레티우스가 쉽게 그들을 포로로 끌고 갈 수 있었다."

---

*   2장에서 다뤘던 내용으로, 클로일리아를 수영 영웅으로 만든 로마 포위 사건과 같은 사건이다.

엘리엇의 글에 등장하는 인도 아대륙 이야기에서는 알렉산더 대왕도 카메오로 출연한다. 포루스의 왕을 상대로 군사 작전을 펼치다 인더스 강에 가로막힌 알렉산더 대왕은 "오, 다른 무엇보다 헤엄치는 법을 배우지 않았던 것이 후회되는구나!"라고 한탄했다. 두려움을 극복한 알렉산더 대왕은 방패를 물에 던지고 그 위에 올라타, 방패를 뗏목 삼아 건너편 해안에 닿았고 망설이던 군사들도 그의 뒤를 따랐다. 엘리엇의 이야기에는 말들도 등장했다. 그는 말들도 헤엄치는 법을 훈련해야 한다며, "그래야만 큰 강도 과감하게 건너고, 잘 견디며, 파도도 헤칠 수 있다. 과거 헤엄치는 말들 덕분에 많은 군사가 살았다"라고 했다.

마지막으로 엘리엇은 헨리 8세에게 "어떤 왕도 전쟁을 맞닥뜨렸을 때 완벽하거나 강력하지 못했다는 점을 고려한다면, 수영 기술이 얼마나 유리한지 아는 것만으로도 죽을 운명에 놓인 군사들의 운을 바꿀 수도 있을 것입니다"라고 상기시켰다. 튜더 왕가가 선을 넘는 자들을 용서하지 않고 처형하던 시대였음을 감안할 때, 이는 매우 용기 있는 발언이었다.

엘리엇의 저서가 굉장한 인기를 끌긴 했지만(1537년, 1544년 그리고 1546년에 재판되었다) 수영의 황금기가 바로 열리지는 않았으며, 스포츠 비관론자들을 억누르는 데도 큰 역할을 하지 못했다. 하지만 엘리엇은 수영 옹호자들과 열렬한 지지자들이 따라올 수 있도록 문을 조금 열었고, 혹은 영국 제도와 유럽에 침투한 흐름을 맨 앞에서 이끌었다고 볼 수 있다.

《주지사의 책》이 처음 출간되고 7년 뒤, 독일에서는 스위스 출신의 언어 학자였던 니콜라스 빈만Nicholas Wynman이 온전히 수영 이야기만을 다룬 최초의 책이라고 알려진 《콜림베테스Colymbetes》를 출간했다. 콜림베테스는 수영하는 사람이나 다이버를 의미하는 그리스어로, 그리스인들이 열렬한 수영 애호가였고 라틴어로 쓰인 이 고전 방식의 책이 두 사람이 수영에 관해 나눈 긴 대화를 실은 책이라는 점을 고려할 때 매우 적절한 제목이었다. 대화의 한쪽 화자는 저자인 빈만 자신이었다.

빈만은 어릴 적부터 수영을 할 줄 알았다. 당시로선 흔치 않은 경우였다. 그는 13세에 다른 소년들이 집 근처의 온천에서 신나게 노는 것을 보고 수영을 배웠다. 책에서 그는 기본 스트로크 방법을 알려주며 강 수영과 연못이나 바다 수영을 비교하기도 한다. 엘리엇처럼 빈만도 다양한 로마의 수영 영웅들을 인용했고, 독일 독자들에게 헤로도토스나 타키투스 등의 글을 인용하며 고대인들이 수영에 위대한 재능이 있었음을 상기시켰다.

하지만 니콜라스 오메가 《초기 영국의 수영》에서 '즐거운 대화와 기분 좋은 읽을거리'라고 언급했듯이 《콜림베테스》는 수영과 수상 안전을 교육하려는, 혹은 대중이 수영하게 하려는 체계적인 글이라기보다는 수영에 바치는 긴 송시頌詩였다. 빈만과 그의 책은 큰 관심을 받지 못한 채 등장했다가 사라졌고, 수영의 위상을 높이는 데 크게 기여하지는 못했다.

토머스 엘리엇이 수영이 중요한 기술이라고 주장한 지 40년 뒤 그리고 니콜라스 빈만이 이러한 주장에 동참한 지 약 30년 뒤, 케임브리지대학교의 부총장은 대학 근처 캠 강에 학생들이 들어가는 것을 전면 금지했다. 위반 시 이틀간의 태형에 처했는데 타당한 이유가 있었다. 당시 물에서 헤엄치는 방법을 아는 학생들이 거의 없었고, 아무래도 학생들이다 보니 술을 마시고 물에 들어갔다가 사고를 당하는 일이 많았기 때문이었다.

하지만 20년이 채 지나지 않아 케임브리지대학교는 근대 최초의 수영 선구자를 배출했다. 현대 수영의 아버지로 알려진 에버라드 딕비Everard Digby는 《수영의 기술De arte Natandi》이라는 책을 통해 르네상스 시대 사람들에게 물의 세계에 관해 다시 알리고 독자들에게 물에서 사용할 수 있는 도구와 지식 그리고 '실용적인' 조언을 소개했다. 에버라드 딕비는 독선적이고 자신만만하며 고집불통의 호전적인 성격을 지닌 명망 있는 학자였으며, 케임브리지대학교 내 세인트존스 컬리지St. John's College의 연구원이자 대학 부근 교회의 교구 목사이기도 했다.

1595년, 《수영의 기술》을 영문으로 요약 번역한 크리스토퍼 미들턴Christopher Middleton은 도입부에서 에버라드 딕비를 칭송하며 다음과 같이 비유했다. 토지 경작에는 베리길리우스Virgil가 있었고, 군사 기술에는 베게티우스Vegetius, 의학에는 히포크라테스와 갈레노스Galen가 있었고, 법에는 유스티니아누스 1세가 있었고, 이학에는 아리스토텔레스, 유클리드Euclid 등이 있었고, 전지학에는 폼포니우스 멜라Pomponius Mela가 있었고, 지리학 도법에는 메르카토르Mercator가 있었다면, 수영에는 딕비가 있었다고 말이다.

그것은 다소 얇은 책의 두께(미들턴이 요약 번역한 책은 115페이지였고, 그중 40페이지에는 목판화가 실려 있었다)를 감안했을 때 과장된 면도 있었다. 책에서는 수영에 관한 다소 정리되지 않은 주장들과 조금은 특이한 수영 방법을 소개하기도 했다. 딕비의 방법론적 묘사와 특히 그의 영향력에 관해서는 니콜라스 오메의 평가가 옳았다. "수영의 역사는 거대한 유럽 역사의 흐름 옆에 있는 작은 개울에 불과했지만, 딕비는 16세기의 위대한 물고기였고, 19세기 이전까지도 영향력이 대단했다."

책의 초반부에서부터 딕비는 책의 가치와 수영의 중요성에 관해 강력한 주장을 펼치고 있다.

> 만일 의학이 인간에게서 독성을 제거하고, 전염병을 퇴치하고, 수명을 연장한다는 점에서 인정받아 마땅하다면, 수영의 기술도 다른 과학과 마찬가지로 무법 상태의 분노한 파도에서 인간의 소중한 삶을 보호해준다면, 부유함도 친구도 출생 신분도 가족도 이학이나 다른 기술도 죽음의 위험에서 건질 수 없을 때, 수영만이 인간에게 유용하다면, 심지어 땀이나 이물질 같은 외부 오염물을 씻겨내고, 일 년 중 뜨거운 여름날 몸의 열을 가라앉혀 주어 삶을 쾌적하고 안전하게 해준다면, 인정받아 마땅하다.*

하지만 딕비의 주장에는 특이한 점도 많이 있다. 예를 들어, 인간은 "하늘을 나는 모든 가금류, 바다의 모든 물고기, 땅 위의 모든 짐승, 혹은 어떤 생명체보다도 수영에 뛰어나다" 같은 문장이 있다. 물고

---

* 이 책에 쓰인 문장과 다음에 나올 문장들은 딕비의 책을 미들턴이 영어로 (1595년에) 요약 번역한 내용으로, 철자나 문장을 재구성하고 읽고 이해하기 쉽도록 단어를 보충했다.

기보다 뛰어나다니, 정말일까?

평생을 물에서 보내는 바다의 물고기들에게 헤엄치는 능력이 자연의
선물이라는 사실은 누구도 부인할 수 없다. 인간에게는 그것이 인위적
인 능력이라고 우리는 생각하지만, '물'에서는 물고기를 훨씬 능가한
다. 깊은 물 아래까지 입수해서 뭐든지 가라앉은 것을 가져올 수 있고,
원하는 대로 여기서 저기로 옮길 수 있으며, 앉고, 구르고, 뛰어오르고,
걷고, 많은 기술을 편하게 행한다. 인간의 신체는 체질적으로 물에 알
맞다. 철저히 생각해봤다면 내 의견에 동의할 수밖에 없다. 인간은 지
구의 그 어떤 다른 생명체들보다 수영에 뛰어나다.

닥비는 인간이 물고기보다 혹은 개, 사슴, 말, 다람쥐 등보다 물
에 잘 들어가고, 물 안에서 다른 모든 생명체를 능가한다는 주장을 펼
쳤다. "인간은 지금까지 헤엄치는 연습을 하지 않았다. 위험한 상황에
서 물에 빠지면, 두려움에 신중함을 잃고 막무가내로 몸을 움직였다.
올바르지 못한 움직임 때문에 물속으로 계속 가라앉다 익사를 하니,
수영의 기술이 얼마나 중요한지는 여러분의 판단에 맡긴다."

닥비는 정말 기초부터 설명했다. 마치 독자들이 생전 처음으로
지구의 4대 필수 요소인 물을 맞닥뜨렸다고 상정한 것처럼 말이다. 그
는 영국에서 수영하기 가장 좋은 시기는 5월에서 8월까지로, 해가 밝
게 빛나고 수온이 적당할 때라고 기록했다. "차가운 북풍을 경계하라.
비가 올 때는 몸도 상하고 시야도 가리니 피해라. 풀이 많은 강둑에는
뱀이나 독두꺼비가 숨어 있으니 조심하라. 깨끗하게 흐르는 물을 찾

고, 점액질이 고인 연못은 피해라" 같은 등의 조언도 아끼지 않았다. 1587년에 살던 사람들이 이 정도도 모르고 있었던 것일까? 정말로 그랬던 것 같다.

책에는 40편의 목판화도 실려 있는데, 매우 정교한 이 목판화들은 전부 조금 이상한 면이 있다. 목판화 3번을 예로 들면, 이미 수영을 할 줄 아는 이들에게 "두 손을 목 뒤에 얹고 둑으로 재빠르게 달려가 머리를 아래로 숙이면서 발목 아래로 몸을 돌려 등으로 물을 공격하듯 뛰어들라"고 설명한다. 반쯤 공중제비를 돌아 등치기 다이빙 자세로 들어가라는 것이다. 그 방법이 힘들다면, 목판화 4번에서는 옆으로 뛰어들라고 알려준다. 왼쪽이든 오른쪽이든 상관없이 말이다.

목판화 6번은 '수영의 첫 단계'를 알려주며, 편안히 개헤엄을 치는 모습을 보여준다. 7번은 '등을 대고 하는 수영'으로 넘어가서 "자연이 바닷속 생물에게도 허락하지 않은 재능"이라고 말한다. "어떤 물고기나 가금류, 혹은 다른 어떤 생명체들도, 깊은 바다에서든 얕은 물가에서든 등을 대고 헤엄칠 수 없으며 인간만이 예외다"라고 말이다. 고래나 바다표범, 수달이 들으면 놀랄 이야기다.

책에는 등을 대고 다리를 올렸다 내렸다 하며 헤엄치는 방법, 배를 대고 두 손을 모아 "엄지손가락을 위쪽으로 들고, 양손을 붙인 상태에서 가슴 쪽으로 당겼다가 앞으로 밀어내는" 방법, 현대의 횡영과 매우 유사한 것으로 보이는 누워서 헤엄치는 방법, 물을 밟듯 나아가 "잉어처럼 도는" 방법, "경련과 다른 질환들을" 완화하기 위해 한쪽 발을 등 뒤로 접고 반대편 손으로 잡은 뒤 배와 등을 대고 헤엄치는 방법, 등을 대고 헤엄치며 발톱을 깎는 법, 팔다리를 동시에 물 위로 올리면서 헤엄치는 방법 그리고 마지막으로 목판화 40번에서는 신나는 돌고래처럼 헤엄치는 법을 그림으로 설명해주고 있다.

하지만 이 이상해 보이는 모든 것들은 사실 에버라드 딕비가 수영을 재조명했다는 점을 감안하면 매우 사소한 문제라고 할 수 있다. 에버라드 딕비의 책이 중요한 이유는 (그리고 인지했든 아니든, 그 많은 이상한 방법을 설명한 이유는) 수영의 암흑기가 천 년이나 흐른 시점에서 수영이 재미있고 유용할 수 있다는 점을 알리고 있다는 것이다. 수영은 중요한 활동이 되어야만 한다. 물에서 익숙해지면 물에서 빈둥거려도 되고, 구르고, 옆으로 뛰어들고, 딕비가 목판화에서 보여준 대로 반쯤 몸을 젖힌 듯한 이상한 자세를 취해도 된다.

에버라드 딕비에 관해 한 가지 더 언급하자면, 그와 그의 책은 영국 문학의 초기 대작 중 하나인 에드먼스 스펜서Edmund Spenser의《요정 여왕The Faerie Queens》에도 영향을 미쳤다.《르네상스 학회지》에 실린〈스펜서, 에버라드 딕비 그리고 수영의 르네상스 기술〉이라는 제목의 논문에서, 마이클 웨스트는 스펜서가《요정 여왕》의 첫 네 권에서는 수영을 언급하지 않지만, 다섯 번째 책에서는 갑자기 두 기사가 위장 폭탄이 설치된 다리에서 강으로 뛰어든 뒤 싸우는 장면이 나온다고 밀한다.

스펜서는 악당인 폴렌테는 수영하는 법을 "잘 알아 물에서 싸우기에 대단히 유리했다"고 말한다. 영웅인 기사 아르테갈도 풋내기 선원은 아니었다. 그 또한 "수영에 능숙해 과감히 깊은 물로 뛰어들었다. 기사들은 수영에 능숙했기에, 위험을 무릅쓰고 물살을 헤치고 나아갔다." 막상막하의 대결이었지만, 결국 영웅이 승리했다. "두 사람

모두 헤엄에 능숙했지만 아르테갈이 호흡을 더 잘했다." 폴렌테가 지쳐서 해안으로 가자, 상태가 더 나았던 아르테갈이 그를 쫓아와 참수시켰다. 마지막에는 죽음에 이른 수영 이야기였지만, 단거리 수영 연습을 그만둬서는 안 되는 이유를 말해주기도 한다.

스펜서는 왜 갑자기 수영이라는 소재를 사용해 수중 싸움 장면을 그렸을까? 웨스트가 말하길, 1589년 스펜서가 영국으로 돌아와 딕비의 《수영의 기술》을 런던의 한 서점에서 발견하고 저자가 누구인지 확인한 뒤 책을 구매했다고 한다. 딕비가 케임브리지에서 학생으로, 강의자로 그리고 연구원으로 활동하고 있는 명망 있는 학자라는 점이 크게 작용한 듯하다. 그러나 크리스토퍼 말로우의 작품에서처럼 스펜서의 수영 장면에서도 수영이라는 행위의 진짜 느낌이 전해지지는 않는다. 스펜서는 수영은 할 줄 아는 인물은 아니었던 것 같다. 그래서 스펜서가 그린 두 기사는 갑옷을 벗지 않고 계속 물에서 싸웠던 것이다.

딕비의 책은 엘리엇이 쓴 《주지사의 책》보다 더 인기를 끌었지만, 수영을 등한시하는 전반적인 분위기를 바꾸지는 못했다. 이 책이 출간되고 25년 뒤, 웨일스의 왕자 헨리 프레더릭Henry Frederick이 병으로 사망했을 때, 왕실 주치의는 "식사 후에나 비오는 날 달빛 아래서 산책한 뒤 강에서 수영하던 것을 좋아하던 그의 열정을 한탄했다"고 한다.

수영이 다시 사람들의 이야깃거리로 떠오른 것은 분명했으나 아직까지는 아주 소수의 사람들에게만 국한되어 있었다. 수영이 여러 사람들에게 더욱 광범위하게 받아들여진 것은 딕비의 책 이후 한 세기가 지난 뒤였다.

5

수영
ver.2

성의를 다해 수영을 배우시오.
모든 사람이 어렸을 적부터
수영을 배울 수 있으면 좋겠습니다.
수영을 배우면 여러 상황에서 안전하게
자신을 지킬 수 있고, 더 행복해집니다.

– 벤자민 프랭클린

서구 세계에서 수영이 부활하게 된 데는 세 인물의 공이 크다. 벤자민 프랭클린, 리처드 러셀 그리고 바이런 경이라고도 알려진 조지 고든 George Gordon이 바로 그 세 인물이다. 에드거 앨런 포 또한 인정받길 원했겠지만, 그는 혼자서 너무 앞서갔다.

에버라드 딕비의 책은 17세기에도 여전히 많은 이들이 읽고 있었다. 특히 미들턴이 요약 번역한 《수영의 기술》 영어판은 계속해서 재판되었을 뿐 아니라, 딕비를 이어 수영이라는 주제를 다루고자 하는 몇몇 작가들은 원서를 구해 보기도 했다.

윌리엄 퍼시William Percy는 1658년에 출간한 《수영에 능숙한 사람The Compleat Swimmer》이라는 책에서 자신의 어린 시절, 특히 거의 익사할 뻔했던 사건에 대해 언급했다. "위험천만한 상황을 겪고 나니 수영을 배우고자 하는 열망이 강력해져서 단 하루도 연습을 거르지 않았고, 결국 나는 완벽한 수영인이 되었다." 그는 책에서 에버라드 딕비도 이야기하지 못했던 부분을 언급했다. 여성들도 자신처럼 능숙하게 헤엄칠 수 있도록 가르쳐야 한다는 것이다. 하지만 니콜라스 오메에 따르면, 퍼시의 글은 "그 논문의 형식과 내용이 완전히 딕비의 저서를 바탕으로 했으나" 딕비의 책에서 많은 영향을 받은 것을 인정하지도 않았고, 여성의 수영에 관해 논하려는 구체적인 노력도 없었다고 한다.

그로부터 약 40년 후인 1696년, 수영에 대한 더 유명한 논문이 나왔다. 바로 멜기세덱 테베노Melchisédech Thévenot의 논문이다. 테베노가 사망하고 4년이 지난 후 출간된 그의 책은《수영의 기술》의 프랑스어판이라고 할 수 있다. 윌리엄 퍼시와 마찬가지로 테베노도 서문에서 자신만의 논리를 펼친다. 그는 상당히 급진적인 주장을 했는데, "인디언과 흑인들이 수영과 다이빙의 기술에 있어서 다른 모든 인종을 능가한다"라는 주장이었다(다음 장에서 살펴보겠지만, 그들은 실제로 다른 인종들보다 수영에 뛰어났다). 그 또한 딕비와 니콜라스 빈만의 저서를 참고했지만, 니콜라스 오메의 주장에 따르면, "그의 책이 거의 전적으로 딕비의《수영의 기술》을 참조한 것을 감안할 때, 딕비에 대한 인정이 아주 절제되어 있었다"고 한다. 심지어 그는 딕비의 목판화를 조금 더 현대적인 스타일로 바꿔 다시 찍어낸 판화를 자기 책에 실기도 했다.

테베노의 책이 표절이긴 했지만, 그가 책을 출간한 덕분에 한 중요한 독자가 프랑스어로 쓰인 책을 공부하고, 습득하고, 완전히 소화할 수 있었다. 그 독자는 바로 벤자민 프랭클린이다. 1771년 65세의 벤자민이 아들에게 보낸 서신에서, 그는 보스턴에서 지내던 어린 시절 바다와 수영에 끌렸음을 이야기한다. 프랭클린은 열 살부터 양초를 제작하는 아버지의 사업을 돕기 시작했지만, 그 일에서 즐거움을 찾지 못했다. "나는 사업을 돕는 게 싫었고, 바다로 나가고 싶었단다. 그런데 아버지가 반대하셨지. 하지만 바다 근처에 살면서 나는 많은 시간을 물에서 보냈고, 어려서부터 헤엄치는 법을 익혔으며, 보트도 다루게 되었지. 다른 소년들과 보트나 카누를 타면 주로 내가 주도했고, 특히 위험한 상황에서 나의 능력은 빛을 발했단다."

10년이 지나고 20대 초반이 되었을 때, 프랭클린은 런던의 와 츠 프린팅하우스에서 일자리를 구하게 되었고, 그곳에서 만난 와이게 이트라는 동료에게 헤엄치는 법을 가르쳐주게 되었다.

나는 그와 그의 친구에게 수영을 가르쳤단다. 템스 강에 두 번 정도 나 갔을 때, 그들은 곧잘 헤엄을 치게 되었지. 그들은 나를 어떤 신사에게 소개해줬고, 우리는 첼시에 가서 대학과 진귀한 물건들이 많은 돈 살 테로를 구경했어. 돌아오는 길에 와이게이트의 얘기를 듣고 궁금해하 던 그들이 내게 수영을 해보라고 요청했고, 나는 옷을 벗어 던지고 강 으로 들어가 첼시부터 블랙프라이어스까지 헤엄을 치며 물속에서 여 러 동작을 선보였지. 귀족들이었던 그들은 매우 놀라고 즐거워했단다. 나는 어릴 적부터 이 운동을 해왔고, 테베노의 책에 소개된 동작과 자 세를 연습한 뒤 거기다 나만의 기술도 더해 우아하고 쉽게 그리고 효 율적으로 수영을 했지. 그들에게 나의 기술을 선보이자, 그들은 찬사 를 아끼지 않았단다.

미래의 외교관이자, 많은 이들에게 존경받았던 건국의 아버지 인 그가 홀딱 벗은 채로 템스 강에서 딕비가 창안한 '잉어 회전'을 선 보이고, 동시에 몸의 네 군데를 물 위로 보여주고, 한쪽 팔을 등 뒤로 들어 반대쪽 발을 잡고 엎드린 자세로 헤엄을 쳐서 첼시에서 블랙프라 이어스까지 대략 4.8킬로미터를 헤엄쳐 갔다는 것은 매우 놀라운 일 이다. 템스 강에서 프랭클린이 선보인 무모한 장난은 런던 전역에 소 문이 쫙 퍼졌고, 그는 금세 큰 관심을 받게 되었다. 토리당 당원으로 잘 알려졌던 윌리엄 윈덤Sir William Wyndham 남작은 육군 장군이자 재무 장관으로 재임 중이었는데, 그는 자신의 두 아들에게 수영을 가르쳐 달라고 프랭클린에게 부탁하며 큰 보수를 주겠다고 제안하기도 했다. 물론 두 아들이 바로 런던으로 오지 못했고, 프랭클린도 미국으로 돌아가야 해서 그들에게 수영을 가르치지는 못했지만, 그에겐 큰 유혹이었을 것이다.

"이 일이 있었던 직후, 나는 '만일 영국에 남아 수영 학교를 설립했다면 큰돈을 벌었을 텐데' 라고 생각했다. 조금만 더 일찍 이런 제안을 받았더라면 아마 미국으로 돌아가지 않았을 거란 생각이 아주 강하게 들었거든." 만일 정말로 그랬다면, 미국의 역사와 수영의 역사에 커다란 변화가 있었을지도 모르겠다.

수영은 또한 프랭클린에게 여러 가지 아이디어를 떠올릴 수 있는 영감을 제공했다. 그는 직접 손과 발에 다는 노를 만들어 실험했는데, 그것은 오늘날 사용하는 수영 훈련 도구와 매우 비슷한 것으로, 프랭클린의 발명품이 원조라고 할 수 있다. 프랭클린에게 수영은 그가 관심을 두었던 많은 것(소방서, 상호보험회사, 공공 도서관, 우편 업무 등)들과 함께 주변 사람들과 사회를 더 나은 곳으로 만들려는 끝없는 시도의 일환이었다. 1749년 필라델피아에서 발행된 '펜실베이니아 젊은이와 어린이 교육과 관련된 제안'에서 프랭클린은 "이 주의 학생들이 정규 교육을 완수할 수 있는 기관이 없다"라고 아쉬워했다. 그런 다음 그는 정규 교육 기관에서 반드시 갖추어야 할 다섯 가지 필수 요건을 열거했다.

- 필라델피아 또는 근교에 있는 건물로, "강이 흐르는 곳과 가깝고, 정원, 과수원, 목초지 그리고 운동장이 한두 개 있어야 한다."
- 도서관을 갖추어야 하며, 도서관에는 "자연 철학 연구를 위한 모든 국가의 지도, 지구본, 제도 기구, 실험 장치를 그리고 기술 연구를 위해서는 관찰, 건축물, 기계 등에 관한 모든 문헌을 갖춘다."
- 교육 기관의 학장은 "이해심과 도덕성을 갖춘 자로 부지런하고 인내심이 있어야 하며 언어학이나 과학 전공자로 영어 말하기와 작문에 정확하고 능해야 한다."
- 학자 위원회는 소박하고, 절제된 그리고 검소한 규정식을 함께 먹는다.
- 학생들을 "건강하게 하고, 신체 활동 증진을 위해서는 주기적으로 달리기, 높이 뛰기, 레슬링 그리고 수영 등을 연습한다."

수영이 그의 인생에서 중요했던 까닭은 아마도 수영과 물이 그의 끝없는 호기심을 충족시켰기 때문일 것이다. 프랭클린은 그저 주어진 삶을 살아가는 사람이 아니라 끊임없이 세상을 탐구하고 뭐든 관심을 가지면 가던 길을 멈추고 자세히 알아보고 알아낸 것을 실천하는 사람이었다. 그가 남긴 글에는 관련 사례들이 많이 등장한다. 1761년 그가 남긴 서신을 보면 그는 피부 구멍의 '흡수'와 '방출'에 관해 자세히 설명했다. 그는 '흡수'의 경우, 목이 마른 상태로 물에 들어가면 오래 있어도 목이 마르지 않으며, 그것으로 설명할 수 있는 것들이 많다고 기록했다.

흡수를 담당하는 피부의 구멍들은 매우 작은데, 아마 너무 작아서 해수에서 소금을 여과할 수 있는 것인지도 모른다. 나는 어릴 때 며칠 연속으로 하루에도 몇 시간 동안을 해수에 몸을 담그고 시간을 보낸 적이 있었지만, 어떤 경우도 목이 마르거나 입에서 소금 맛이 느껴질 만큼 피와 땀의 염도가 상승하는 증상을 겪지 않았다. 주목할 만한 점은, 해수에 사는 어류들의 살에도 염도가 없다는 사실이다. 하여 내가 예상컨대, 바다에서 시간을 보내다가 갈증이 나는데 마실 물이 다 떨어졌다면, 나무통을 욕조 삼아 해수로 채우고 한두 시간 몸을 담그고 있다 보면 갈증이 해소될 것이다.

물론 프랭클린도 때로는 틀릴 때가 있다. 1773년 그의 벗이자 미국 독립선언서 공동 서명자인 동료 벤자민 러시Benjamin Rush에게 보낸 서신에서, 프랭클린은 수영을 예로 들면서 우리가 일반적으로 생각하듯 감기는 추위나 습기로 인해 걸리는 것이 아니라 "사는 게 바쁘다는 핑계로 운동을 안 해서" 걸리는 것이라고 썼다. 프랭클린은 자신이 날씨가 추울 때 얼마나 자주 그리고 오래 수영했는지를 그 증거로 들었다.

"지독한 겨울에 여행을 하면서 때로는 살을 에는 듯한 추위로 고통을 받기도 했지만, 그렇다고 해서 감기에 걸리진 않았네. 수분 유지를 위해 나는 2주간 매일 강에 나가 두세 시간씩 물에 들어가 있었네. 누군가는 내가 차가운 수분을 흡수해서 감기에 걸렸을 거라 생각했겠지만, 그런 증상은 없었다네. 소년들은 수영한다고 해서 감기에 걸리진 않네."

1784년에 쓰인 또 다른 서신에서 프랭클린은 뱃사람들을 위해 배가 난파되었더라도 희망과 의지가 있다면 살아날 수 있는 방법에 대해 조언했다. "수영할 수 있는 사람은 나뭇가지 두 개를 십자 모양으로 붙인 다음 손수건을 모서리에 매달아 연처럼 만들면 도움을 받을 수 있다. 선선한 바람이 제법 불어올 때 등을 대고 물에 누워 있으면 바람이 밀어줄 것이다." 매우 가능성이 있는 것처럼 보이지만, 어쩐지 벤자민 프랭클린 외의 다른 사람이 이 방법을 진짜 시도하는 장면은 잘 상상되지 않는다.

1762년 그가 올리버 니브Oliver Neave에게 보낸 서신에서는, 수면 아래서 두 돌멩이가 제대로 부딪히면 "그 소리는 강을 따라 아주 멀리까지 가며, 공기로 전달되지 않아도 물속에서 전달되어 들을 수 있다"라고 했다. 그의 주장에 따르면 약 1.6킬로미터 이상 떨어진 곳까지도, 혹은 그 이상도 가능하다고 한다. 벤자민 프랭클린은 늘 '왜?'라는 질문을 달고 살던 호기심 많은 인물이었다.

수영을 배우는 방법과 이유에 관한 프랭클린의 의견은(올리버 니브에게 보낸 또 다른 서신에 담겨 있다) 에버라드 딕비나 그의 저서를 참고한 글 그리고 표절자들의 저서와는 확연히 다른 내용이다. 과학, 호기심, 공공복지, 끊임없는 관찰과 독서 그리고 모든 개인적인 경험들이 함께 녹아들어 만들어진 이 문서는 적십자에서 제공하는 수중 안전 입문 교육의 단단한 토대가 되었다.

프랭클린은 매우 실용적인 조언으로 글을 시작한다. 그는 물에서 두려움을 극복하려면 정면으로 부딪치라고 조언했다. 강물로 들어가 바닥이 점점 깊어지는 곳에서 물이 가슴까지 찰 때까지 걸어 들어간다. 그리고는 뒤돌아 물가로 걸어 나온 다음, 달걀을 던져 잠수하지 않으면 쉽게 손이 닿지 않는 지점까지 가라앉도록 둔다. 마지막으로, 눈을 뜬 채로 물에 들어가 어떻게든 달걀을 손에 쥐고 물 위로 올라온다. 그런 다음 물속에 들어가 잠수하는 것이 얼마나 힘들었는지 기록한다!

프랭클린은 물에 뜨는 원리 7가지를 길고 자세히 설명한 다음, 니브에게 수영을 배우라고 간곡히 권고하며 글을 마무리한다.

성의를 다해 수영을 배우시오. 모든 사람이 어렸을 적부터 수영을 배울 수 있으면 좋겠습니다. 수영을 배우면 여러 상황에서 안전하게 자신을 지킬 수 있고, 더 행복하며, 위험으로 인한 불안감에서 자유로워집니다. 즐겁게 수영하며 느끼는 온전한 기쁨은 말할 것도 없습니다. 특히 군인들은 수영을 반드시 배워야 한다고 생각합니다. 적을 기습하는 데도 활용할 수 있고, 자신을 지킬 수도 있습니다. 만일 내가 가르쳐야 할 소년들이 있다면, 나는 (다른 조건이 동일하다는 전제하에) 그 유리한 기술을 가르쳐 주는 학교로 소년들을 보낼 것입니다. 한번 배우면 평생 잊지 않는 그 기술 말입니다.

리처드 러셀이 수영을 잘했다는, 혹은 수영에 관심이 있었다는 증거는 찾을 수 없다. 그렇지만 프랭클린이 많은 대중에게 수영을 배워야 하는 이유와 열정을 가져다주었다면, 리처드 러셀은 의도치 않게 수영에 중요한 시설이 생기는 단서를 마련해주었다.

러셀은 1687년 11월, 잉글랜드 남부의 루이스에서 태어났다.

그의 아버지는 외과 전문의였으며, 할아버지는 약재상이었으므로 어린 러셀은 가업에 따라 아버지에게 의술을 배웠다. 부잣집 딸과 결혼하여 경제적으로 독립한 이후 러셀은 네덜란드의 라이덴대학교University of Leiden로 가서 현대 의료교육 병원의 아버지라고 알려진 헤르만 부르하버Herman Boerhaave 밑에서 공부했다. 1724년, 40세가 된 러셀은 의학 박사학위를 받고 의사로 개업하기 위해 영국으로 돌아왔다.

라이덴대학교에서 공부할 당시 러셀은 소아간질에 관한 논문을 썼지만, 그는 사실 해수 섭취와 해수 목욕과 관련해 해수의 의학적 성질이 신체에 어떤 영향을 미치는지에 더 관심이 있었다. 1750년, 63세의 러셀은 25년간의 실험 끝에 〈분비 기관 질병 등의 치료에 있어 해수 사용에 관한 논문〉을 내놓게 되었다. 논문의 제목은 길지만 꽤 단순한 전제를 암시하고 있다. 역사적으로 많은 사람을 두렵게 했던 거친 파도, 폭풍우, 강한 해류 등을 떠올리게 하는 바다의 특성이 건강을 위한 자원으로 귀하게 쓰일 수도 있다는 사실이었다. 러셀은 서문에서 다음과 같이 말하고 있다.

우리가 바다라고 부르는 거대한 물의 집합체는, 전 세계에 걸쳐 험한 폭풍우와 파도로 넘실대며, 해양의 식물, 어류, 염분, 광물 자원을 뒤덮고 있다. 간단히 말해, 해안과 해안 사이에 무엇이 있든 그것은 해수와 섞이고 해수에 스며들어, 굳이 이름을 붙이자면 증산 작용transpiration을 하는 것이다. 아주 미세한 입자들이 지속해서 수증기가 되어 증발하려고 하지만, 증발 전에는 해수에 얽매여 해수의 구성 요소가 된다. 바다의 염분은 입자들을 풍성하게 할 뿐 아니라 부패를 막아준다.

이 서문에서 러셀은 해수의 네 가지 특성이라 칭한 소금기, 쓴맛, 질소, 유질에 관해 자세히 설명한 다음 각 특성이 다양한 방식으로 "분비 기관 질병을 가라앉히는"데 효과가 있음을 설명했다. 우리가 그 내용을 자세히 살펴볼 필요는 없지만, 현대의 대안 의학 논문 또한 해수에 주목하고 있다는 사실을 짚고 넘어갈 필요는 있다. 현대 의학에서는 수면 200미터 아래 깊이에 있는 심해수에 열광한다. 하지만 필자가 상담한 신장 전문의는 어떤 깊이의 해수든 일정량 이상의 해수를 섭취하면 신장과 간 질환을 유발하거나 의식을 잃을 위험이 있으며, 미미한 심장 기능 이상이 발생할 수 있다고 했다. 러셀의 주장처럼 해수가 질병 치료에 효과가 있었다면, 1750년대 사람들의 분비선과 장기들은 더 튼튼했던 게 아닌가 싶다.

궁극적인 의학적 가치가 어떻든 간에 러셀의 저서는 수영을 향한 관심을 불러일으키면서 큰 인기를 끌었고, 영국해협 해안가에 리조트들이 들어서는 데 영향을 미쳤으며, 과학과 의학에 대한 믿음이 급증하는 계기가 되었다. 그의 논문이 굉장한 인기를 끌면서 러셀은 큰 주목을 받아 1752년 왕립학회의 정식 연구원으로 선출되었으며, 라틴어로 된 책의 초판도 모두 팔려나갔다. 그해 런던에서는 비공식 번역판들이 등장하기 시작했으며, 이듬해에는 더블린에서까지 등장하게 되자 러셀이 직접 자신의 모국어로 번역판을 내놓게 되었다. 가장 최근에 출판된 런던판은 50번째 인쇄본으로, 러셀이 사망한 1769년으로부터 10년이 지난 후에 출간된 것이었다. 그가 죽은 뒤에도 그의 영향력은 여전했던 것이다.

러셀은 책에서, 어릴 적 고향인 루이스에서 16킬로미터가량 떨어진 곳에 있는 브라이텔름스턴Brightelmston이라는 해안가 마을 근처 해수의 의학적 가치에 특히 주목했다. 1753년 러셀은 자신에게 치료를 받으러 온 환자들을 위해 그곳 해변에 큰 건물을 지었다. 이후 조지 3세의 동생인 컴벌랜드 공이 러셀 사망 후 수십 년간 여름철마다 이곳을 방문할 만큼 훌륭한 건물이었다. 1783년에는 컴벌랜드 공의 조카인 영국 왕세자가 이곳에 방문했다가 해변과 사랑에 빠져 40년 간 꾸준히 이곳을 찾았는데, 그는 바로 조지 4세였다. 작은 어촌 마을이었던 브라이텔름스턴은 화려하게 탈바꿈했고 오늘날 우리가 브라이튼Brighton이라고 부르는 휴양지가 되었다.

다른 해변의 휴양지도 성행했다. 웨이머스Weymouth에는 조지 3세가 왕실 휴가 때마다 자주 찾아오면서 그의 동상이 세워졌다. 램즈게이트, 마게이트, 사우스엔드 그리고 스카버러는 모두 상류층이 여름을 보내는 휴양지가 되었고, 제인 오스틴의 미완성 소설인《샌디턴Sanditon》의 주요 무대도 해안 휴양지였다.

그런데 이러한 상류층의 휴양에는 수영이 없었다. 러셀이 제안한 요법은 딕비의 안내서에서 등장하는 물에서의 무분별한 행동을 허용하지 않았다. 여성들에게는 물에 과하게 들어가면 오히려 건강을 해칠 수 있으니 최대 1~2분 정도 바닷물에 들어가도록 하는 것이 전부였다. 남성들도 물에 몸을 누이거나 뛰어드는 대신 파도에 발을 담그는 것이 전부였다. 러셀의 문헌을 보면 18세기에는 물속으로 뛰어드는 행위가 오늘날의 번지점프보다 조금 덜 무서운 행위쯤으로 인식되었다는 느낌을 받게 된다.

벤자민 프랭클린이 수영을 모호한 기술에서 과학으로 이끌었다면, 리처드 러셀은 사람들이 해변으로 향하도록 만들었다고 할 수 있다. 아쉬운 점이 있었다면, 사람들의 마음을 움직일 수 있는 매력적인 수영 영웅의 부재였다. 모두가 물에 뛰어들어 팔다리를 휘젓고 가깝든 멀든 다른 해안을 향해 헤엄치도록 만들 그런 존재 말이다. 이제 바이런 경으로 더 잘 알려진 조지 고든에 관해 알아보면서 사람들의 주목을 끈 그의 재주를 살펴보도록 하자.

바이런 경의 집안은 물과 깊은 악연이 있었다. 공식적인 기록을 보면 그의 외할아버지와 외증조할아버지는 익사했다고 한다. 물론 2004년 바이바르 크리건-리드Vybarr Cregan-Reid는 《크리티컬 서베이》에 기고한 논문에서 그들이 익사가 아닌 자살이었을 가능성이 더 높다고 추정했지만 말이다. 예를 들어 바이런의 외할아버지는 한밤중에 얼어붙은 강에서 익사했는데, 수영하러 나갔다고 하기엔 이해하기 힘든 상황이 아닐 수 없다. 당시의 법에는 자살한 경우 사망자의 모든 재산이 왕실로 넘어가게 되어 있었고, 바이런 외갓집의 경우 재산이 상당했기 때문에 사인을 익사로 처리했던 것이 아닐까 추정해볼 수 있다.

어린 바이런 경이 선조들의 불운에서 교훈을 얻어 수영을 배웠는지, 아니면 선천성 내반족을 앓던 그가 장애가 아무런 문제가 되지 않던 물을 운동장 삼아 수영에 빠지게 되었는지는 확실하지 않다.* 아

---

* 바이바르 크리건–리드에 의하면 바이런의 '장애'가 실제로 그의 수영 능력에 도움이 되었을 거라고 한다. "아킬레스건이 짧아서 스트로크에 유리한 작용을 했을 수도 있다. 이는 평영에서 측면으로 넓게 발차기를 할 때 도움이 된다. 발차기는 몸을 추진하는 데 가장 큰 역할을 하며, 손은 그때 몸을 지탱하고 있다가 제자리로 돌아온 다리가 다시 스트로크를 할 수 있도록 해준다."

영어권 국가에서 수영의 아버지였던 벤자민 프랭클린(좌측 상단), 리처드 러셀(우측 상단) 그리고 헬레스폰트 횡단 후 휴식 중인 바이런 경(하단).

마도 두 이유 모두 영향을 주었을 것이다. 어쨌든 바이런은 완전히 수영에 빠져 있었다. 1810년 4월 말, 겨우 스물두 살이었던 바이런은 친구 엑켄헤드 중위와 함께 레안더가 최후를 맞았던 수영을 재현하기 위해 헬레스폰트를 횡단하기로 했다. 방향은 반대였다. 하지만 첫 시도에서는 해류 방향을 오판해 다르다넬스 해안으로 휩쓸릴 뻔해 횡단을 포기했다. 일주일 뒤인 5월 3일, 두 사람은 다시 횡단을 시도했고 이번에는 성공적으로 해협을 건넜다. 처음부터 끝까지 평영으로 헤엄쳐 1시간 10분이 걸렸다(엑켄헤드가 바이런보다 5분 먼저 완주했다는 사실은 역사에서 거의 잊혔다).

물가로 나온 그는 급하게 서신을 작성해 자신의 성공을 세상에 알리기 시작했다. 그는 아직 몸이 다 마르지도 않은 상태에서 "오늘 아침, 내가 세스토스에서 아비도스까지 헤엄쳐 갔다네. 거리상 1마일(1.6킬로미터)이 넘지는 않지만 급류가 아주 위험한 곳이라네"라고 써서 친구인 헨리 드루리Henry Drury에게 보냈다. 5월 5일, 5월 23일 그리고 6월 23일에도 다른 친구들에게 유사한 서신을 보냈다. 5월 18일에서 6월 28일 사이에는 어머니에게도 세 통의 서신을 보냈다. 그중 한 서신에서 바이런은 "이 성공을 기념하기 위해 저는 그 어떤 영광스러운, 정치적인, 시석인, 혹은 과장된 기념일보다 더욱 멋지게 차려입었습니다"라고 썼다.

바이런은 시에서도 두 번이나 자신의 수영 실력을 드높였다. 첫 번째 시는 그가 헬레스폰트 횡단에 성공한 직후에 쓴 것으로, 그 명랑한 시의 제목은 당연히, "세스토스에서 아비도스까지 헤엄친 이후 쓰다"였다. 한 구절을 살펴보면, "5월의 어느 온화한 날 / 나는 흠뻑 젖은 팔다리를 힘없이 뻗었고 / 드디어 위업을 달성했다고 생각한다"라고 나온다. 그 후 9년이 지나고 1819년, 바이런의 작품 중 가장 잘 알려진 영웅시 〈돈 후안Don Juan〉에서, 바이런은 수영 재능을 높이 사며 영웅을 찬미하는 기준으로 삼는다. "그는, 아마도, 헬레스폰트를 건널 수 있었으리라 / 한때 (우리의 자랑이기도 한) 레안더, 엑켄헤드 중위 그리고 내가 그랬듯이." 당시 바이런은 낭만주의파에서 가장 유명한 시인이었고, 유럽 전역의 영웅이었으며, 최초로 진정한 의미의 현대적 유명인사였는데, 수영이 그의 명성을 드높이는 데 큰 역할을 했다.

바이런 경은 1816년부터 1819년까지 베니스 그랜드 운하 근처의 모체니고Mocenigo 성에서 하인 14명, 원숭이 2마리, 여우 1마리 그리고 사냥견인 마스티프 두 마리와 함께 살았다. 그곳에서 바이런은 "수영에 관해서라면 낙타보다도 무지한 한 이탈리아인"의 도전에 기쁘게 응수한 적도 있었다.

적어도 외국인한테 실력으로 밀릴 수 없다는 생각으로 나는 이 대결을 받아들였다. 알렉산더 스콧Alexander Scott도 참여를 원했고, 우리는 리도에서 출발했다. 이탈리아 풋내기 선원은 이내 뒤처지기 시작했다. 스콧은 그가 곤돌라로 향하는 것을 보았다고 했다. 그는 곤돌라에 기대어 처음 한 번 쉬더니, 또 다른 곤돌라에서도 쉬었고, 우리가 산마르코 광장을 향해 반쯤 오기도 전에 항복했다. 우리는 더 이상 그를 보지 못했지만, 계속해서 대운하를 통과했고, 나의 궁전 계단에 도착할 수 있었다.

"나의 궁전 계단에 도착"했다는 표현에서 바이런의 성격이 보이는 것 같다. 그는 엉뚱하고 기발한 방식으로 치열한 경쟁을 벌였고, 이 모든 것을 즐거움으로 전염시켰으며, 당시로선 무모했던 행동들로 자신을 널리 알릴 수 있었다. 사실 나는 2008년 윌라드 스피겔먼Willard Spiegelman이 학술지인 《아메리칸 스칼라American Scholar》에 기고한 논문에서 한 유명한 수영 선수에 관해 쓴 내용을 봤을 때 바이런 경이 떠올랐다. "마크 스피츠Mark Spitz에 따르면 수영은 자기애에 빠진 이들에게 완벽한 스포츠다. 수영을 할 때는 마음뿐 아니라 육체도 자기 자신에게 푹 빠져 몰두하게 된다. 스피츠는 수영이 모든 경쟁 참가자들을 심지어 경기를 시작도 하기 전에 출발대에 올려놓고 관중에게 소개하고 박수를 받게 해주는 유일한 스포츠라고 했다. 아직 아무것도 하지 않았는데도 출발선상에 섰다는 것만으로 인정을 받는 것이다. 그것은 모든 운동선수가 원하는 것이다." 아마 시인들도 마찬가지일 것이다.

바이런 경으로 불린 조지 고든은 오늘날에 태어났다면, '셀카'를 사랑했을 것이고, 트위터도 즐겨 했을 것이다. 여기서 동시대의 또 다른 시인이자 작가 한 명을 언급하고 넘어가려 하는데, 그는 바이런의 수영 능력을 그다지 높게 사지 않았다.

에드거 앨런 포Edgar Allan Poe는 1843년 친구에게 보낸 서신에서 자신의 수영 능력과 바이런의 헬레스폰트 횡단을 비교하며 아직 이루지 못한 목표를 드러냈다. 포는 자신이 열다섯 살이었던 1824년에 버지니아 리치몬드 근교의 제임스 강의 '폭포'에서 시작해 동쪽으로 타이드워터Tidewater를 지나 대서양까지 헤엄쳐 갔다고 썼다.

그건 비교 대상이 못 돼. 당시 '폭포'에서 수영할 수 있었던 사람이라면 헬레스폰트 해협도 전혀 문제가 될 게 없다네. 나는 러들램 부두에서 워릭까지 (9킬로미터가 넘는 구간을) 태양이 뜨겁게 내리쬐는 6월에 헤엄쳐 갔지. 강에서 제일 강한 조류 구간을 지나서 말이야. 잔잔한 물에서라면 32킬로미터에 해당하는 거리를 헤엄칠 수 있는 실력이라네. 영국해협을 건너 도버에서 칼레까지 헤엄쳐가는 게 그리 대단한 시도라고 생각지 않네.

포는 실제로 누군가가 영국해협 횡단을 성공하기 25년 전에 죽지만, 영국해협을 처음으로 정복한 그 영법은 포가 러들램 부두에서 워릭까지 헤엄칠 당시 이미 런던 어딘가에 있는 최고의 욕조에서 완성되고 있었다.

6

욕조마다
개구리 한 마리

물속에서 몸을 추진하는 데 있어 손은 무용하다.
그것은 오롯이 빌의 몫이다.

– 존 리히

벤자민 프랭클린, 러셀 그리고 바이런 경은 구대륙에서 수영이 부활하는 데 각각 중요한 역할을 했다. 이들 덕분에 수영에 대한 관심이 점점 높아지고 있었다(누구든 바이런 경처럼 되고 싶지 않았겠는가? 물론 그의 내반족은 닮고 싶지 않았겠지만 말이다). 해변뿐 아니라 여러 곳에 수영 관련 기반 시설이 생겨났다. 런던에는 18세기 중반부터 야외 수영장이 생겨났는데, 가장 거대한(길이 51미터 폭 32미터) 개인 수영장인 피어리스 풀Peerless Pool은 이전에 오리들이 헤엄쳐 다니던 자갈 바닥에 제방을 쌓아 만든 온갖 사치스러운 시설을 갖춘 곳이었다. 오늘날 기준으로 일 년에 300달러만 내면 귀족들과 귀족이 되고자 하는 이들은 얼마든지 피어리스 풀에 들어갈 수 있게 되었고, 기회도 더 많아졌다. 산업 혁명 덕분에 중산층이 늘어났고, 여가 시간이 생겼기 때문이었다. 유행을 따라 출판업계도 이 흐름에 주목했다.

1832년, 《페니 매거진》에는 프랭클린이 올리버 니브에게 보냈던, 달걀을 활용한 수영 연습과 관련된 서신이 실렸다. 영국 사람들에게 그것은 지금껏 접한 수영에 관한 설명 중 가장 실용적인 내용이었다. 1834년에는 도널드 워커Donald Walker의 《영국의 남성적인 운동British Manly Exercise》이 출간되었는데, 수영에 관한 26개의 삽화가 13페이지에 걸쳐 실려 있었다. 워커의 책은 너무나 인기를 끈 나머지 첫 출간

후 2주도 채 지나지 않아 2쇄가 나왔다. 이 책은 이후 50년 동안 꾸준히 판매되었고, 총 11쇄가 출간되었다. 그중에서도 헬레스폰트를 횡단한 바이런의 이야기는 수영 역사상 가장 '완벽한 성취'라고 극찬을 받았고 그것을 넘어서는 성취는 없다고도 표현되어 있었다.

유럽 대륙과 영국에서 스포츠가 재탄생하던 이 시기에, 워커의 책은 수영 그 자체만큼이나 특이한 조합으로 이뤄져 있었다. 프랭클린이 올리버 니브에게 실용적인 내용을 담아 보낸 서신은 여러 차례 그 책에 언급되었으며, 그 다음에는 '직립 수영에 관한 베르나르디 방법Bernardi Method of Upright Swimming'이 언급되기도 했다. 이 책 때문에 1794년 오론지오 드 베르나르디Oronzio de' Bernardi가 나폴리에서 출간한 두 권짜리 논문이 처음으로 주목을 받았다. 그는 인간이 직립 보행을 하므로 수영도 직립으로 하는 것이 가장 자연스럽다고 주장했다. 기본적으로 직립 수영은 양팔을 함께 뻗쳤다 뒤로 당기며 물을 헤집고 앞으로 나아가는 방법으로, 발차기가 빠진 직립 평영과 마찬가지였기에 물의 저항을 최대화하는 영법이었다.

이 책은 수년간 다양한 언어로 번역되면서 베르나르디의 방식에 관한 여러 주장이 추가되었는데, 가장 주목할 만한 주장은 베르나르디의 방법으로 한 시간에 4.8킬로미터를 헤엄칠 수 있다는 것이었다. 이는 대략 20분에 1,600미터를 가는 수준으로, 1932년 올림픽에서 1,500미터 자유형 금메달을 딴 일본의 기타무라 구스오Kitamura Kus-uo와 미국의 버스터 크래브Buster Crabbe가 20분 전후의 기록을 세운 것을 감안한다면 매우 놀라운 주장이다.

놀랍게도 수영 학자들은 1867년까지도 직립 수영이 빠르냐 수평 수영이 빠르냐로 논쟁을 벌였다. 당시 호주의 수영 챔피언 찰스 스티드먼Charles Steedman이 죄 없는 해마를 예로 들어 이 문제를 논하기에 이르렀다. "어류들이 수평 수영을 한다는 규칙의 예외 중 가장 잘 알려진 것은 해마로, 직립으로 선 자세를 취하고 있다. 하지만 해마가 모든 어류 중 가장 느리다면, 직립 수영보다는 수평 수영이 더 낫다는 주장에 힘이 실린다." 대체 어떻게 이러한 논란이 일어났을까? 이때가 불과 150년 전이라는 점이라는 점을 잊지 말자. 고대 그리스와 로마인들이 베르나르디 수영법을 들었다면 아마도 그들은 석기 시대의 이야기를 하는 것인지 의심했을 것이다. 또한 누군가는 베르나르디가 상상 속에서만 직립 수영을 해봤을 것이라고 생각했을 것이다. 5분 만이라도 물에 들어가 보았다면, 그 방법으로는 도저히 수평 수영을 이길 수 없다는 사실을 알아차렸을 것이니 말이다.

1832년 《페니 매거진》에서 벤자민 프랭클린에게 경의를 표하고, 1834년 도널드 워커의 수영 책이 베스트셀러가 되는 사이인 1833년에 에버니저 컬칙위드Ebernezer Cullchickweed라는 필명을 사용한 윌리엄 클라크William Clark는 30쪽 분량의 《12가지 격언Twelve Maxims》을 출간했다. 이전에 다른 저자들도 그랬듯이 컬칙위드 또한 영국인들이 효과적인 수영 방법을 전혀 모르고 있다고 한탄했다. "수영이 권장되지 않았을 뿐 아니라 소년들에게 수영은 금지되다시피 했다. 그 결과 드넓은 바다만큼이나 많은 지구상의 어떤 사람들도 물이라는 이 액체에 관해 영국인만큼 무능하지 않다."

하지만 해결책이 하나 있었으니, 그것은 바로 개구리였다. 클라크는 수영을 가르치는 "학교는 연못, 개울, 운하와 강 그리고 바다"라고 주장했다. "학교의 위대한 스승은 바로 '지난 수 세기 동안 초보 인간들에게 무료로 수영을 가르쳐준' 개구리다. 여름날 저녁이면, 캠 강과 아이시스 강(오늘날의 템즈 강-역자 주) 주위를 두른 강둑의 이슬이 내려앉은 목초지에서 즐기고 있는 개구리들을 찾을 수 있다. 만일 젊은 학생들이 부드럽게 간청한다면, 개구리들은 연못에서 기꺼이 시범을 보여줄 것이다." 1833년에 수영하는 사람들이 개구리들을 흉내 낸다는 것은 그리 새로운 생각은 아니었다. 1538년 니콜라스 빈만이 쓴 수영안내서에서는 이미 개구리의 뒷발 차기를 연구하길 권하고 있었다. 에버라드 딕비가 제시한 다양한 스트로크 방법 중에도 "다리를 끌어당겼다가 다시 쭉 뻗는 방법"이 있었는데, 오늘날 평영의 발차기 방법과 매우 유사했다.

초기 영국의 풍자작가들도 작품에서 '개구리 수영'을 다루곤 했다. 1904년 랠프 토머스Ralph Thomas가 수영 관련 참고문헌을 다룬 매력적인 책에는 토머스 쉐드웰Thomas Shadwell의 1676년 희극 〈비르투오소〉에서 나온 한 장면이 등장하는데, 니콜라스 짐크랙이 수영 강습을 받고 있을 때 두 방문객 롱빌과 브루스가 찾아와 그 모습을 지켜본다.

짐크랙 부인: 그는 지금 수영을 배우는 중이랍니다.

롱빌: 이 근처에 물가가 있습니까, 부인?

짐크랙 부인: 물가에서 수영을 배우는 건 아닙니다, 나으리.

브루스: 물이 아니라니요, 부인! 그럼 어디서?

짐크랙 부인: 넓은 방에 실험실을 만들었지요. 요령만 있으면 방에서 장비를 갖추고 배울 수 있습니다.

롱빌: 어떻게 그게 가능하지요?

짐크랙 부인: 개구리를 잡아다 물을 채운 오목한 그릇에 넣어두고, 개구리 허리춤에 노끈을 묶어놓았지요. 니콜라스 경은 그 노끈을 입에 문 채 탁자 위에 배를 대고 엎드려서 개구리가 발을 차면, 그도 차고, 수영 선생은 옆에 서서 제대로 했는지, 못했는지 알려주지요.

이후 짐크랙 경의 실험실에서 수영 교사와 하인이 짐크랙을 지켜보는데, 하인은 주인에게 굉장히 아첨을 떨면서도 사실 비꼬는 듯한 칭찬을 한다. "진실로 대단한 능력이십니다, 주인님. 아주 짧은 시간에 물 과학에 관한 진귀한 능력을 익히셨으니, 이제 어떤 개구리도 주인님을 능가하지 못할 것입니다."

거의 천년이 넘는 시간 동안 수영이라는 행위는 동면 상태에 있었고, 따라서 그것에 대한 자세한 자료들이 남아 있기 힘들었다. 이러한 상황에서 개구리의 행위를 모방하는 것은 수영에 대한 관심을 충족시키는 거의 완벽하고 논리적인 시작점이었다. (딕비가《수영의 기술》에서 도움을 주는 사례라고 소개한) 개의 수영법은 인간의 수영 모델로는 적합하지 않았다. 말도 마찬가지다. 개와 말은 네 다리를 이용해 수영을 하지만, 개구리는 인간과 비슷하게 두 다리와 (일종의) 두 팔을 가졌고, 물에서 뛰어난 수영 능력을 보였다.

짐크랙처럼 개구리를 잡아서 물통이나 욕조에 묶어두고 수영 교사로 삼는 것이 나쁜 생각은 아닌 것 같다. 아니면《12가지 격언》에서 에버니저 컬칙위드가 제안한 대로 물을 담은 오목한 그릇에 넣어두는 것도 좋을 것이다. 그 정도 수고를 감내했다면 개구리의 동작을 연

평영 자세로 보이는가? 이는 1800년대 후반 독일에서 제
작된 장비로, 한 소년이 팔과 다리를 뻗을 준비를 하며 개
구리 같은 자세를 취하고 있다.

구하면서 개구리의 앞다리를 이용한 스트로크와 발차기가 인간이 다
시금 물에 들어가게 해줄 완벽한 모델이 된다는 사실을 확신하게 될
것이다. 또한 평영이라고 알려진(두 손을 가슴 쪽으로 끌어당겼다가 앞으로
뻗기 때문에 '가슴 스트로크breaststroke'라고 불렸다) 영법도 완전히 이해할 수
있을 것이다.

1833년에는 더 큰 문화적 흐름이 개구리와 수영에 유리한 쪽
으로 흘러갔다. 윌리엄 워즈워스William Wordsworth 같은 낭만주의 시인
들이 위대한 자연의 풍경을 찬양했고, 1831년 비글호를 타고 해외 탐
험을 떠난 찰스 다윈Charles Darwin이 탐험을 절반쯤 마쳤다. 1836년 돌

아온 다윈은 자연 세계에 즉시 적용 가능한 새로운 이론을 발표했다. 그의 주장에 따르면, 인간들은 개구리를 비롯한 다른 살금살금 기어 다니고 깡충깡충 뛰는 것들에게 배울 점이 많았다. 약 25년이 지난 뒤, 다윈과 앨프리드 러셀 윌리스Alfred Russel Wallace는 모든 생물과 인간이 오랜 옛날부터 이어져온 공통적인 연결고리가 있을지도 모른다는 주장을 펼쳤다.

크리스토퍼 러브Christopher Love가《영국 수영의 사회적 역사A Social History of Swimming in England》에서 보여주었듯이, 도시 향상 운동(영국에서 일어난 점점 더 복잡해지는 도시에서의 위생 개선과 목욕 그리고 휴양 기회를 증가시키자는 움직임)도 중요한 역할을 했다. 1828년, 시 자금으로 세운 리버풀 세인트 조지의 배스St. George's Bath는 영국 최초의 실내 공공 수영장이었다. 9년 후에는 요크에서 사립 수영장이 문을 열었고, 영국 수영협회National Swimming Society는 런던 시내와 교외의 6개 야외 수영장에서 회의를 개최했다. 1839년과 1840년에 협회는 글짓기 대회를 개최해 스포츠에 관한 에세이를 평가하고 수상하기도 했다. 1843년에는 홀본 배스Holborn Bath에서 수영 갈라쇼를 개최해 16세 이하 수영 경주와 성인 경주 그리고 (에버라드 딕비와 벤자민 프랭클린의 흔적이 돋보이는) '화려한 수영' 대회도 열었다!

1846년에 제정된 '수영장과 목욕탕 법률Baths and Washing-House Act'은 주로 도시 내 수영장의 위생 문제를 다루었다. 신체와 옷을 깨끗이 할 기회가 거의 없는 이들을 위한 위생 문제를 주로 다루긴 했지만, 야외 수영장에 해당하는 조항들도 있었다. 하지만 법률 내용 중에서 수영장을 이용할 평등한 권리에 대한 내용은 찾아볼 수 없었다. 런던 시내와 교외의 많은 '목욕탕'에는 다양한 수영장이 마련되어 있었는데, 여성용으로 분리된 수영장이 따로 있기도 했다. 어떤 곳에서는 상류층과 중산층을 위한 수영장을 따로 제공했고, 때로는 하층민의 '경험'을 위해 아주 저렴한 입장료를 받고 문을 열기도 했다.

예들 들어, 램베스 배스Lambeth Baths의 상류층 전용 수영장 중앙에는 분수대가 있었지만, 중산층 전용 수영장에는 그런 시설이 없었다. 런던의 이즐링턴, 매릴번, 패딩턴 그리고 세인트 판크라스에 있는 수영장들과 맨체스터 등 영국 전역에 이러한 원칙이 적용되었고, 이 관행은 20세기까지 이어졌다. 1906년 수영장 건축에 관한 안내서에는 상류층 전용 수영장 크기가 길이 100피트 폭 40피트(30미터/12미터), 중산층 전용이 길이 75피트 폭 35피트(22미터/10미터) 그리고 여성 전용 수영장이 길이 60피트 폭 30피트(18미터/9미터)로 나온다.

제1차 세계대전 이후 여과장치가 기본적으로 사용되기 전까지만 해도, 수영장의 수질을 관리할 방법은 물을 빼내는 것 외에는 다른 방법이 없었다. 목욕탕 내 수영장이 하나밖에 없을 때는 수질에 따라 상류층, 중산층 그리고 하층민이 입장하는 날이 정해졌다. 그리고 당연하게도 새로운 물로 갈기 전 가장 물이 더러울 때가 하층민이 입장하는 날이었다. 사실 이것은 실용적인 결정이기도 했다. 가장 청결치 못한 계층 사람들이 가장 오래된 물에 들어가도록 했으니 말이다.

1870년대에는 런던에 수영장이 더욱 많아졌다. 그러나 R. E. 더전R. E. Dudgeon의 조사에 따르면, 수영장들이 하나같이 수영을 오래하기에는 너무 협소했다. "수영하기에는 공간이 너무 부족하여, 많은 이들이 물에 들어가 있으면 계속해서 서로 들이받고, 발로 차고, 심지어 서로 할퀴게 될 수밖에 없다. 그런 환경에서 좋은 성격을 유지하는 것은 불가능한 일이다." 누구라도 중앙선을 침범하는 사람과 수영 레인을 공유해본 경험이 있다면, 즉시 공감할 것이다. 더전은 런던에서 충분히 수영할 수 있을 만큼 긴 수영장은 단 두 군데밖에 없다고 주장했다. 하나는 길이 18미터에 폭 7미터, 다른 하나는 길이 17미터에 폭이 7미터인 수영장이었다.

하지만 런던에는 수영장 외에도 언제든 들어갈 수 있는 강(세번 강, 템스 강, 트렌트 강, 그레이트우즈 강, 와이 강, 에이번 강, 캠 강 등)이 있었고, 하이드파크 내부에는 길이가 1.2킬로미터에 이르는 서펜타인 호수도 있었으며, 주변에는 바다도 있었다. 그런데 당시 영국의 수영인들은 어디에서 모이든 모두 똑같은 영법으로만 수영을 했다. 평영의 대안이 될 만한 영법은 발견되기만을 기다리며 아주 가까운 곳에 숨어 있었는데 말이다. 더군다나 영국 밖에서는 이미 많은 수영인들이 이 영법을 행하고 있었다.

2006년 《미국 역사저널》에 실린 논문에서, 케빈 도슨Kevin Daw-son은 아프리카인들의 수영에 관한 다양한 증언을 소개했다. 1500년대, 플라망 탐험가인 피터 드 마리는 황금해안에서 본 아프리카인들이 "매우 빨리 헤엄을 칠 수 있으며, 수영과 다이빙 면에서 우리나라 사람들을 능가한다"라고 기록했다. 1606년 한 네덜란드 상인은 세네갈의 다카르 해안에 있는 노예무역 중심지인 고리 섬의 아프리카인들이 "특출나게 수영 실력이 뛰어나다"라고 기록했다. 두 사례 모두에서 아프리카인들은 오늘날 우리가 '크롤 영법', 혹은 흔히들 '자유형'이라고 부르는 영법으로 헤엄을 쳤다.

17세기 후반, 무역상이었던 장 발보는 가나의 또 다른 노예무역 요새로 발달한 엘미나Elmina의 아프리카인들이 사용하는 크롤 영법과 유럽에서 산발적으로 인기를 끌기 시작한 평영을 구체적으로 비교했다. "엘미나의 아프리카인들은 수영 기량에 있어 다른 해안의 아프리카인들보다 뛰어나다. 그들은 한 팔을 앞으로 뻗었다가 다시 다른 팔을 앞으로 보내며, 마치 노를 젓듯 움직이고, 유럽인들처럼 두 팔을 함께 동시에 뻗지 않는다." 스포츠에 뛰어난 이들은 남성만이 아니었다. 피터는 서아프리카의 여성들 또한 수영에 능하다고 언급했다.

도슨은 아프리카인들이 서핑도 할 줄 알았다고 강조했다. 1834년 가나를 방문한 제임스 에드워드 알렉산더는 다음과 같이 기록했다. "해변에서는 소년들이 바다로 헤엄쳐 들어갈 때 가벼운 판을 배 아래에 대고 있다. 그들은 파도를 기다렸다가, 파도 위로 올라타서 구름처럼 굴러온다." 좀더 정확하게 표현하자면, 아마도 서핑이 아니라 부기 보드를 타는 것에 가까운 듯하다. 하지만 놀라운 일임은 분명하다. 새롭게 발견된 태평양 연안에서도 유럽인들은 놀라운 발견을 했다. 유럽 탐험가들은 원주민들의 수영 실력에 경이로움을 금치 못했고, 물놀이를 즐기던 원주민들은 낯선 방문자들이 왜 물에 들어올 생각을 않는지 의아해했을 것이다.

1519년부터 1521년까지 세계 일주를 시도했던 마젤란은 미크로네시아 섬 사람들의 수영 기량에 주목했으며, 특히 번갈아 가며 팔을 높이 들어 휘젓는 스트로크에 주목했다. 1785년에서 1786년까지 태평양 섬들을 탐험한 프랑스 탐험가 라페루즈 백작(장 프랑수아 드 갈롭Jean-François de Galaupnt)도 이스터 섬의 주민들 또한 팔을 높이 들어 휘젓는 스트로크를 사용해 놀라운 수영 능력을 선보인다고 기록했다.* 신대륙의 원주민들도 마찬가지였다. 1739년, 윌리엄 버드 2세William Byrd III(식민지 버지니아 농장주이자 리치몬드 설립자, 국회의원, 작가 그리고 제임스 강의 북쪽 제방에 면한 광대한 영토인 웨스토버의 지주)는 아메리카 원주민들의 스트로크는 "두 손을 함께 뻗지 않고, 양쪽을 번갈아 가면서 뻗으며 우리보다 훨씬 빠르게 멀리 나아간다"라고 묘사했다.

그로부터 약 100년이 지나, 원주민 초상화가였던 조지 캐틀린은 "아메리카 원주민들은 모두 수영 기술을 지니고 있고, 아마도 이 땅의 어떤 민족도 이들처럼 공들여 헤엄치는 법을 익히지는 않았을 것이며, 수영을 잘 활용하지도 못할 것이다"라고 기록했다. 캐틀린은 노스다코타의 부족인 맨던족이 헤엄치는 방식을 기록하면서, 오래도록 연구하고 그림을 그렸으며, 그들의 기술과 평영을 구체적으로 비교했다.

> 인디언들은 두 손을 턱 아래서 동시에 뻗거나 스트로크를 수평 방향으로 하는 대신에, 몸을 왼쪽 그리고 오른쪽으로 번갈아 뒤며, 한쪽 팔을 완전히 물 위로 올려서 최대한 앞으로 뻗었다가 물에 담그면서, 물 아래로 휘젓는 팔에 전체 무게를 의지해 노를 젓듯이 몸을 추진한다. 한쪽 팔이 반원을 그리고 물 위로 올라와서 몸 뒤쪽으로 뻗어 있으면, 반대쪽 팔은 머리 위로 비슷한 아치형을 그리며, 뻗을 수 있을 만큼 뻗은 다음 손바닥을 오목하게 만들어 아래로 담근다. 그렇게 팔이 물 아래

---

* 라페루즈 백작이 관찰한 내용은 1786년 그가 호주에서 항해에 나서기 전 남기고 간 탐험 일지에 포함되어 있었다.

로 들어가면 몸을 추진하는 데 가장 효과적이게 또 반원을 그린다.

내 경험을 통해 확신하건대, 이렇게 과감하고 강력한 영법을 통해 그들은 매우 우아하게 헤엄치며 가슴과 척추가 받는 피로와 압박 없이, 힘과 호흡을 더 오래 유지하며 나아갈 수 있다. 번갈아 팔을 휘젓는 동작은 세련된 세계에서 사용하는 일반적인 영법보다 훨씬 낫다.

캐틀린은 《북아메리카 인디언들》 1권 후반부에서 수영하던 맨던족을 만난 일화를 묘사했는데 이번에는 10대 소녀들이 등장한다. 그와 동료 두 명은 버드나무 가지에 물소 가죽을 펼쳐 만든 '가죽배'에 올랐고, 한 젊은 여인이 한쪽 팔로 배를 잡고 다른 한쪽 팔로는 헤엄을 쳐서 아주 수월하게 배를 강물 한가운데로 끌고 갔다고 한다. 캐틀린은 다음과 같이 기록했다.

우리는 이내 열댓 명의 아름다운 소녀들에게 둘러싸였다. 열두 살에서 열다섯 살로 보이는 소녀들이 반대편 해안에서 목욕을 즐기고 있었다.

그들 모두 수달이나 비버처럼 용감하고 우아하게 헤엄쳐 와서 배 주위를 둘러쌌고, 길고 검은 머리를 물 위에 늘어뜨린 채 알아들을 수 없는 말로 우리에게 농담을 던졌다.

마치 낙원 같지 않은가? 캐틀린이 1836년에서 1837년 사이에 완성한, 맨던족과 다른 북부 원주민 부족들이 어퍼 미주리 강과 그 지류들을 따라 야영하던 모습을 생생하게 묘사한 그림은 최고의 작품으로 인정받았다. 게다가 그 그림은 적절한 시기에 그려진 것으로 밝혀졌다. 1836년 캐틀린이 최초로 맨던족을 찾아갔을 때, 그들의 인구는 대략 1,600명에 이르렀다. 그러나 1838년에 그가 초상화를 가지고 동부로 돌아왔을 때, 전염병인 수두가 원주민 부족들을 휩쓸었고, 살아남은 원주민은 125명뿐이었다.

조지 캐틀린의 메모와 서신을 모은 첫 책은 1841년에 출간되었다. 3년 뒤인 1844년 4월 21일, 캐틀린이 '세련된 세계'라고 부른 유럽에서 직접 팔을 들어 앞뒤로 휘젓는 이 특이한 영법을 볼 기회가 생겼다. 오지브웨이Ojibway족의 두 원주민(토바코Tobacco와 플라잉걸Flying Gull)이 런던의 홀본 배스에서 열리는 수영 경주에 초대받은 것이었다. 런던《타임즈》는 현장에서 기사를 송출했다.

"신호를 주자 두 인디언이 물속으로 들어갔고, 출발을 알리는 총소리가 울리자 그들은 (길이 45미터의 수영장을) 헤엄쳐 앞으로 나아가 1분도 채 지나지 않아 반대편 끝에 도착했다. 플라잉걸이 2미터가량 앞섰다. 두 사람은 다시 출발점을 향해 헤엄쳐왔고, 이번에도 플라잉걸(물에서 보여준 놀라운 능력 덕에 붙여진 이름)이 승리했다."

플라잉걸의 기록(45미터에 31초)은 오늘날의 수영 기록에 비교하면 대단하다고 할 수 없지만, 1844년이었다는 점을 감안한다면 충분히 빠른 기록이었고, 신대륙의 오랜 영법이 구대륙의 새로운 영법보다 우월하다는 사실에 반박할 수 없었다. 하지만《타임즈》가 독자들에게 설명했듯이 이들이 보여준 신대륙의 영법은 속도는 빨랐는지 몰라도 품위 면에서는 용납할 수 없는 수준이었다. "그들의 수영 스타일은 유럽의 스타일과는 확연히 달랐다. 풍차의 날개처럼 두 팔을 휘둘러 과격하게 물을 내려치고, 넘치는 힘으로 다리를 아래로 구르며 물을 때려서 괴기한 동작을 선보였다.”

플라잉걸과 토바코는 “수영장의 한쪽 끝에서 반대편까지 활처럼 빠른 속도로 날아갔다”라고 기록되었지만, 이후에《타임즈》에서는 “영국 최고의 수영 선수 중 한 명”인 켄워스Kenworthy가 인디언과 붙은 경기에서 영국 대표는 “아주 우아하고 간단하게 (……) 원주민을 이겼다”라고 발표했다. 결국 세련된 세계가 한번은 지고 한 번은 이긴 것이다.

1866년《런던 소사이어티》의 기사 모음집은 영국에서 수영이 어떤 위상을 지녔는지를 잘 보여주었다. 스포츠 영웅이었던 해리 거Harry Gurr는 163센티미터의 작은 키였다. 그는 19세에 엔델 거리에 있는 공중목욕탕과 세인트 길스와 세인트 조지에 있는 세탁장 앞에서 구두닦이를 하며 일을 시작했다. 수건을 주워 담는 일을 해주는 대신 저녁마다 욕탕에 들어가는 것을 허락받은 그는 목욕탕의 한 직원에게 수영을 배우면서 뛰어난 수영 능력을 드러냈고, 마침내 한 젊은 대학생의 제자가 되었다. 이후 그는 투 마일스 챔피언 컵Two Miles Champion Cup에서 우승하고 그 외 다수의 대회에서 메달을 독차지했다.

기사 모음집에는 “영국에서 수영 챔피언이 된다고 해서 사회적으로 높은 신분을 보장받지는 못한다. 그러나 작은 키의 해리 거는 옷을 벗으면 그 누구보다 당당했다. 그의 신체는 건강하고 다부졌으며, 특히 어깨와 가슴이 그랬다”라고 썼다. 말하자면 오늘날의 수영 챔피언과 체형이 비슷했던 것이다.

당시 일반적으로 적용된 영법은 네 가지였는데,《타임즈》는 독자들에게 다음과 같이 설명했다.

- 우리가 횡영이라고 알고 있는 '측면 수영'은 해류를 헤치고 나아가는 데 훌륭한 영법이다. 주로 속도를 내기 위해 사용되며, 의심할 여지 없이 아담만큼이나 오래된 영법으로 키가 크고 마른 남자들에게 적합하다.
- 배영은 바다에서 휴식을 취하기에 가장 좋지만, '운동'을 위해서는 무용하다.
- '팔을 들어 올리는' 영법, 혹은 크롤 영법은 '가장 힘든' 영법으로, 단거리에서 속도를 내야 할 때, 예를 들면, 수영 경주 막판에 필요하다. 이 방법은 주로 다리보다 팔이 건장한 이들이 선호한다.
- 그리고 '가슴 영법' 혹은 평영은 둥글고 통통한 팔다리를 가진 이들이 선호하며, 지금도 그리고 앞으로도 가장 인기 있는 영법일 것이며 제대로 헤엄을 칠 줄 아는 이들이라면 결코 지치지 않는다. 가장 우아한 영법이면서, 다른 어떠한 영법보다 훌륭한 영법이다."

전 군 병장이자 대학(오늘날 미국의 사립고등학교에 해당한다)의 수영 교사였던 존 리히John Leahy는 이 내용에 동의했다. 1875년 출간된 《이튼 스타일 수영의 기술The Art of Swimming in the Eton Style》에서 그는 "물에서 몸을 추진하는 데 있어 손은 무용하다"라는 문장으로 시작했다. "수영은 오롯이 발의 몫이며, 관찰 결과, 발이 이런 목적을 위한 형태로 되어 있다는 사실을 알게 되었다." 그는 마지막으로 이렇게 기록했다. "일 년 내내 거의 운동을 하지 않은 신사도 팔만 고생스럽게 움직이면서 열심히 연습한 남자를 이길 수 있다. 신사는 다리와 발을 움직여 몸의 무게를 지탱할 수 있기 때문이다." 그는 팔을 머리 위로 들어

올려 휘젓는 영법이나 그 비슷한 것에 대해서는 제대로 알지 못했던 것 같다.

다른 초기 수영안내서들과 마찬가지로, 리히의 《이튼 스타일 수영의 기술》은 이질적인 요소들의 모음집이었다. 남성스러움에 대한 안내, 유용한 조언이 가득한 설명서와 잘못된 정보들, 수영과 스포츠 자체에 대한 찬양들은 교양 있는 학교의 수영 '교수'라면 가지고 있을 법한 맹목성과 우월의식을 잘 드러냈다.

리히는 책의 앞쪽에서 자신의 남자다움을 과시했다. 그는 아라비아 반도 남부의 영국 해군 요새인 아덴에 주둔한 하이랜더 연대에서 복무했을 당시, 어느 날 이른 아침 홍해 앞바다에 선박 한 척이 떠 있는 것을 발견하고 그곳까지 헤엄쳐 가기로 했다. 상어가 많기로 유명한 곳이었지만 신경 쓰지 않았다. 그는 새벽 6시에 바다에 입수했고 재빨리 선박에 다가가 갑판에 올랐다. 그는 배에 오르자마자 가장 먼저 선장에게 정확한 시간(6시 45분이었다)을 물었고 이곳이 해안의 10개 포대에서 거리가 얼마나 되는지 확인했다. 선장은 대략 4킬로미터 정도라고 대답했다. "그렇다면, 내가 4킬로미터를 45분 만에 헤엄쳐온 것이군요."

정말일까? 사실 그의 주장은 믿기지 않는다. 매우 강한 해류의 도움을 받은 것이 아니라면 말이다. 앞서 언급한 베르나르디의 직립 수영 속도의 주장만큼이나 터무니없는 소리였다.

평영으로 헤엄칠 때 적어도 머리를 10센티미터 정도는 물 밖으로 들고 해야 한다는 리히의 주장 또한 받아들이기 어렵다. 목과 등에 불필요한 압박이 가기 때문이다. 물론 1875년의 템스 강과 서펜타인 호수의 수질을 감안한다면, 그의 주장이 이해는 간다.* 하지만 수영을 할 때 손이나 팔의 기능이 다리와 발의 기능과 비교했을 때 별로 중요하지 않다는 주장도 용납하기 힘들다. 가엾은 팔은 헤엄칠 때 아무짝에도 쓸모가 없을까? 겉으로 보기에는 그렇게 보일지도 모르겠다.

리히의 책에는 실용적인 조언들이 몇 가지 언급되어 있는데, 예를 들어 "죽은 것이 분명한" 이를 소생시키는 방법과 수영의 필요성을 강조한 것이다. 그는 "야외 스포츠 활동과 여가 중에 반드시 수영을 배워야 하며, 영국의 모든 남성과 소년은 물에 대한 두려움을 극복하고 물에서 즐길 줄 알아야 한다"라고 당부했다. 그의 주장에 동의한다.

그는 또한 이제 막 수영을 배우는 어린 소년들을 물에 빠뜨리는 상급생들을 향해 거친 말을 쏟아내기도 했다. "그들의 악행에 관해서는 더 강력히 말해도 부족함이 없다. 이런 짓을 하는 소년들은 자신이 세상에서 가장 용기 있는 경주에 나갔다는 사실을 잊은 게 분명하다. 포악하고 불명예스러운 행위는 수영과 어울리지 않는다."

리히의 공을 약간 인정해야 할 부분도 있다. 여성도 수영을 해야 한다고 주장한 것이다. 그는 7세에서 13세 사이의 소녀들도 수영을 배워야 한다고 권고했는데, 그 이유가 조금 불편하기는 하다. "배가 뒤집힐 경우, 여성이 해안까지 45미터에서 55미터를 헤엄칠 수 있는 경우는 아주 드물다. 만일 헤엄치는 법을 조금이라도 안다면, 수영에 무

---

* 1866년 《런던 소사이어티》 모음집을 보면, 수영 챔피언 해리 거가 서펜타인 호수에서 경주하다 물을 먹었는데, 이후 심각하게 아팠다고 한다. 템스 강에서 12킬로미터 경주를 마친 세 남자도 비슷한 경험을 했다고 한다.

지한 여인들이 물에 빠져 죽을 위험이 50분의 1로 줄어들 것이다. 차가운 물에 들어가는 데만 익숙해져도 목숨을 구할 수 있다. 여성은 차가운 물에만 들어가도 갑자기 죽을 수 있기 때문이다." 과거의 남성 우월주의는 이런 식이었다.

이 같은 사례를 하나 더 소개하자면, 리히는 글의 마지막에서 모두가 수영을 배워야 하지만, 귀족들에게 수영이 가장 필요하다고 주장했다. "상쾌한 바다를 여행하다 보면, 하층민보다 훨씬 더 많은 위험에 노출되기 때문이다. 하층민들은 여행하고 싶어도 그럴 돈이 없다." 가난해서 위험할 기회도 없다니, 참 다행이다!

영국인들은 결국 계속 평영 기법으로만 헤엄을 쳤다. 미국인들은 19세기 후반 동시대 영국인들보다는 평영에 덜 집착했지만, 원주민들의 오래된 수영 기술 앞에서는 영국인들만큼이나 거들먹거렸다. 1890년 미국 자원 인명구조대 조합의 데이비스 달튼Davis Dalton의 저서 《헤엄치는 법How to Swim》의 리뷰는 이렇게 시작된다. "남양 제도인들과 하와이인들의 놀라운 수중 능력에 관한 설화들이 많이 전해지면서, 누군가는 수영 기술이 그들에 의해 이미 완벽해졌다고 믿게 되었다." 그리고 리뷰는 이렇게 이어진다. "문명화된 시민은 곧바로 특정한 규칙과 높은 시능을 적용해, 수영을 조상에게서만 배운 열대 원주민들보다 훨씬 더 뛰어난 수중 능력을 획득할 수 있다. 하지만 야만인들과의 대결에서 승리하려면, 연습을 게을리해서는 안 될 것이다."

달튼이 말한 '높은 지능'을 적용했어도, 사실 수영은 과거의 방식과 크게 달라진 것이 없다. 평영, 횡영뿐만 아니라 '인디언 수영'도 마찬가지다. 달라진 점이 있다면, 조상들보다 배영에 훨씬 너그러워져서, 두 팔을 번갈아 휘젓는 방식에 뒤집은 개구리처럼 다리를 차는 영법을 혼합한 오늘날의 배영 방법을 소개하기도 했다는 것이었다. 캡틴 달튼은 인명구조단의 수장답게 수영 교육의 필요성에 관해서도 강력하게 주장했다.

혜엄칠 줄 아는 사람들이 몇 안 된다. 이 성명을 통해 나는 해변이나 강가, 혹은 호숫가에 거주하는 몇몇 소수민족만이 물 위에서 코를 내밀고 적당한 속도로 혜엄칠 수 있다는 사실을 말하려 한다. 국가적으로 인구 대비 수영인의 비율은 아주 미미하며, 그중에서도 수영 전문가라고 할 만한 수준의 사람들은 거의 없다.

그리고 여성 중에 혜엄칠 줄 아는 이가 얼마나 되는가? 수영 애호가들은 사람들로 붐비는 해안 휴양지를 가보면 애석함을 느낀다. 수백 명의 여성이 허리춤 깊이의 물속에 들어가 밧줄을 잡고 아래위로 우왕좌왕하며 누구는 즐거움으로, 누구는 두려움으로 소리를 질러댈 때, 열 명쯤의 처녀들만이 30미터 정도 혜엄쳐서 물통을 띄워둔 곳을 지나 뗏목으로 가는 상황은 뭔가 잘못되었다.

달튼의 말이 옳았다. 그 상황은 뭔가 잘못되었다.

영국을 느려 터진 수영 레인에서 마침내 벗어나게 해준 것은 대영제국의 번영이었다. 용감무쌍한 영국 남성들과 여성들은 7대양을 건너 여행하다 닿은 아주 먼 곳에서, 혜엄치는 법을 결코 잊은 적이 없는 문명에서 살아온 사람들을 만나게 되었다. 드디어 영국인들이 크롤 영법을 발견해 자신들의 것이라고 주장할 수 있게 된 것이었다.

두 명의 인디언이 런던 사람들을 놀라게 하고 자존심을 건드린 지 30년이 지난 후, 존 아서 트러젠John Arther Trudgen은 남아메리카 인디언들이 팔을 번갈아 휘젓는 동작으로 수영하는 것을 발견하고, 그것을 가위질과 유사한 발차기와 짝지어 '트러젠 크롤'을 창안했다. 1900년대로 넘어갈 무렵, 호주에 정착한 영국인 프레데릭 카빌Frederick Cavill은 트러젠의 영법에다 솔로몬 제도 원주민들에게 배운 아래위로 물장구치는 발차기를 보완하여 오스트레일리안 크롤 영법을 만들었다. 여기까지 오는 데 참으로 오래 시간이 걸렸다.

그로부터 또 25년이 지나고서야 크롤 영법으로 영국해협 횡단을 시도한 사람이 나타났는데, 그는 영국인도 호주인도 아닌 미국인이었다. 그리고 남성이 아닌 여성이었으며, 그 기록은 25년간 아무도 깨지 못했다.

7

상금을 건
수영 대회가 열리다

이 경기는 누운 자세로 헤엄치는 처음이자 마지막 경기가 될 것이다.
물에서는 평범한 자세로 추진하는 것이 훨씬 쉽고, 우아하며, 빠르다.
그러니 이 영법에 주목하고 계속 발전시키는 것은 시간 낭비다.

– 《런던 소사이어티》

오늘날 수영으로 많은 돈을 벌 수 있는 기회는 거의 없다. 어린 테니스 선수의 어머니는 언젠가 자신의 아이도 2019 US 오픈에서 19세의 비앙카 안드레스쿠Bianca Andreescu처럼 엄청난 상금(385만 달러)을 받을 것이라고 꿈꿀 수 있다. 골프 영재의 아버지라면 2018년 마스터즈 토너먼트에서 우승한 27세의 패트릭 리드Patrick Reed가 198만 달러를 상금으로 받은 것을 보고, 언젠가 자신의 아이도 그렇게 될 수 있을 것이라고 기대할 수 있을지도 모르겠다. 유소년 축구선수가 뛰어난 실력을 뽐낸다면 2018년 연봉과 광고료로 1억 2,700만 달러나 벌어들인 리오넬 메시Lionel Messi를 꿈꿀 수 있고, 어린 나이에 이미 신장이 198센티미터가 넘고, 자유자재로 공을 패스하는 등 월등한 기량을 뽐내는 농구선수의 부모라면 아이가 자라서 (2018년 8,900만 달러를 벌어들인) 르브론 제임스LeBron James처럼 되길 꿈꿀 수 있다.

하지만 수영은 어떤가? 물론 수영을 잘하면 대학 장학금을 받거나 올림픽에서 금메달을 딸 수는 있다. 미국수영연맹USA Swimming과 국제수영연맹FINA에서도 상금을 건 수영 대회를 개최한다. 국제수영연맹에서 개최하는 대회의 명칭은 세계수영선수권대회로 1등 상금은 2만 달러다. 그리고 세계기록을 깬 선수에게는 3만 달러의 상금이 수여된다.

2019년 7월, 호주의 수영선수 케이트 캠벨Cate Campbell은 대한민국에서 개최된 세계수영선수권대회에서 3만 7천 달러의 상금을 받았다.《데일리 메일》에 따르면, 캠벨이 물에서 보낸 시간이 156.5초이므로 시급은 85만 1,118달러에 해당한다. 이는 빌 게이츠가 받는 시급의 거의 두 배에 이르는데, 물론 빌 게이츠의 경우에는 1년 365일 내내 시간당 받는 돈이다.

심지어 케이티 러데키Katie Ledecky 같은 최상급 수영선수들은 대학선수 자격을 얻고 프로가 되기 전에, 이미 아마추어 수준에서 광고료와 훈련 지원금 등을 받아 활동하는 등 그 능력을 인정받고 있다. 러데키는 국제수영연맹이 지배하는 수영계에서 대담하게 새로운 리그를 만들기도 했다. 그의 이름이 갖는 힘이 대단하기 때문에 가능한 일이다. 또한 유명한 수영선수인 마이클 펠프스Michael Phelps는 수영으로 엄청난 부를 얻기도 했다. 10년간의 광고비와 개인 출연료 등으로 펠프스의 순 자산은 거의 5,500만 달러를 넘었다.

하지만 마이클 펠프스 같은 대단한 선수는 매우 드물게 배출되며, 엄청나게 뛰어난 극소수의 선수들만이 세계수영선수권대회에서 1등 상금이나 세계기록을 갱신한 상금을 받을 수 있다. 그에 비해 2018년에 미국 프로농구리그 신수들의 평균 연봉은 250만 달러였고, 맨체스터 유나이티드 FC 선수 28명의 평균 연봉은 850만 달러가 조금 넘었다.

결론을 말하자면, 스포츠의 세계에서 수영은 정말 극소수의 뛰어난 선수들만이 큰돈을 벌 수 있는 상대적으로 가난한 운동이라고 할 수 있다. 게다가 수영 경기는 다른 스포츠보다 규율이 철저하다. 하지만 항상 이런 것은 아니었다. 영국에서 수영이 부활하고 약 한 세기가 지난 뒤부터 상금을 건 경주와 핸디캡 레이스 등이 흔하게 치러졌고, 경기의 규칙은 불분명했으며, 꽃에 벌들이 모여들 듯 사기꾼들이 모여들었다. 내기를 좋아하던 런던 사람들은 다른 스포츠처럼 수영 경기도 도박처럼 자유롭게 즐겼고, 많은 사람이 그러한 내기를 기다렸다.

1791년 런던《타임즈》에 실린 초기 수영 경주에는 큰 상금이 걸려 있었는데, 상금은 8기니로 오늘날 돈으로 환산하면 1,225달러 정도다. 이 대회가 특히 유명했던 이유는 승자가 상금으로 술을 사서 진탕 마시다가 죽었기 때문이었다. 그로부터 50년 지난 1844년 9월에는, (17세 정도 된) 젊은 퓨터와 (38세 정도의) 하운슬로가 하이드 파크 안에 있는 서펜타인 인공호수에서 아침 7시에 만나, 50기니(오늘날의 약 7천 달러)를 상금으로 걸고 대결을 펼치기도 했다고 한다. 경기의 승자는 젊은 퓨터였다.

20년 뒤인 1866년,《런던 소사이어티》는 한 수영 경주를 보도하며, 도박과 내기 등이 걸린 이 경주가 몬티 파이튼Monty Python의 희극만큼이나 흥미로웠다고 소개했다.

다른 대륙에서 온 한 신사가 런던 수영클럽을 찾아와 새로운 수영 스타일을 '발명'했다며 선보이고 싶어 했고, 그와 수영클럽 회원들은 돈을 걸고 내기를 하기로 했다. 조건은 이랬다. 선수들은 15분 내에 서펜타인 호수를 따라 800미터 정도 몸을 뒤로 눕혀 등을 대고 헤엄쳐야 했다. 헤엄치는 내내 뒤통수를 차가운 물에 담근 채로 가야만 했기에 쉬운 대결은 아니었다.

클럽 회원들은 이 규칙을 받아들였고, 그들의 챔피언인 해리 거를 경기에 내보내기로 했다. 기사는 다음과 같이 기록했다. "아침이 되자 양쪽에 건 돈이 거의 비슷했다. 하지만 '익명의' 남자가 보기 드문 영법으로 팔과 다리를 열댓 번 번갈아 휘저으며 나아가기 시작하자, 아무도 그에게 돈을 걸지 않았고, 해리가 결국 이기게 되었다."

기사의 내용을 보면 다른 대륙에서 온 익명의 남자는 오늘날의 배영을 하자고 제안한 것 같다. 한쪽 팔을 휘저은 다음, 다른 팔이 올라가고, 다리는 아래위로 구르는 영법이 아닌가? 하지만 당시 기사에 따르면 그 영법은 미래가 없었다. "이번 경기는 누운 자세로 헤엄치는 처음이자 마지막 경기가 될 것이다. 물에서는 평범한 자세로 추진하는 것이 훨씬 쉽고, 우아하며, 빠르다. 그러니 이 영법에 주목하고 계속 발전시키는 것은 시간 낭비다." 그러나 오늘날 배영이 수영의 한 영법으로 확고하게 자리잡은 것으로 보아, 당시 수영에 관한 예견은 믿을 만한 것이 못된다는 것을 잘 보여준다.

당시 또 다른 기사에서는 1873년 메트로폴리탄 수영협회에서 지원한 바비칸Barbican 런던 배스 수영 경주에 관해 다루었는데, 98미터 길이의 '핸디캡 레이스'였다. 한 무리의 선수들이 8미터 앞에서 출발해 90미터를 헤엄쳐 가고, 뛰어난 참가자들은 ⌐ 뒤에서 출발한다. 이 경주는 신청자가 너무 많아서 18조로 나눠서 경기를 진행했다. 바비칸 수영장의 폭은 10미터로, 1조당 5명의 참가자가 경쟁을 벌였으니, 총 90명이 참가한 셈이다. 이 또한 상금이 걸린 경주였는데, 참가자들이 너무 많아 순서를 기다리려면 인내심이 대단해야 했다.

당시 런던 등지에서 수영이 인기를 끌게 된 것은 '수영 교수'라고 불리는 자칭 수영 '전문가'들 덕분이라고 해도 과언이 아니다. 이들은 특정 수영장(혹은 목욕탕이라고 흔히 알려진)을 운영했고 템스 강, 서펜타인 호수 그리고 자신의 클럽에서 상금이 걸린 수영 경주를 열심히 개최했다. 상금은 주로 참가자들이 지불하는 참가비로 마련되었다. 또한 교수들은 정기적으로 수영을 주제로 한 팸플릿이나 책을 제작하곤 했는데, 실용적인 수영 지식이나 경험이 없는 사람들도 책을 내는 경우가 허다했다.

1875년, 수영 서적 집필에 이바지했던 이튼의 수영 교수 존 리히는 독자들에게 주의를 주었다. "수영의 수요가 많다 보니 헤엄을 조금만 칠 줄 알면 전문가라고 나서는 돌팔이들이 그 기술을 가르치겠다고 나선다." 리히는 그런 부류가 아니었다. 그는 제대로 헤엄을 칠 수 있었고, 이튼에서 그를 수영 교수로 임명한 것은 탁월한 선택이었다. 그의 경고는 아주 시기적절했다고 볼 수 있다. 너도나도 수영을 배우고자 했던 19세기 중반의 런던에는 돌팔이들이 넘쳐났기 때문이었다.

캡틴 스티븐스의 사례를 보자. 1845년 출간된《캡틴 스티븐스의 수영의 체계Captain stevens' System of Swimming》2쇄 표지에는 액션영화에나 나올 법한 조끼를 입은 근육질의 캡틴이 양팔 셔츠를 걷어 올리고 한쪽 팔로 수직 기둥을 잡고 다른 한 손으로는 수영을 배우는 학생을 묶은 밧줄을 잡아 수영장 위로 몸을 비스듬히 하고 있는 그림이 그려져 있다. 밧줄에 허리춤이 묶인 알몸의 젊은이는 스티븐스의 수영 방식을 배우는 것으로 보인다. 한편, 여섯 명의 다른 젊은이들은 물에서 놀거나 다이빙을 연습하거나 앞쪽 두 명처럼 밧줄을 묶고 차례를 기다리고 있다.

19세기 중반 런던에서는 밧줄로 허리를 묶어서 수영을 가르치는 것이 일반적이었다. 하지만 캡틴 스티븐스(한 손에 밧줄을 잡고 몸을 기울이고 있는 남자)는 아마도 유례없는 성공 사례였을 것이다. 그의 주장에 따르면 그는 16년 동안 6만 명의 학생들을 가르쳤다.

수영 초보를 밧줄에 묶는 것은 초기 수영 교육에서 아주 흔한 일이었고, 그 효과도 좋았다는 캡틴의 주장이 인상 깊다. 물론 과장된 측면이 있지만 말이다. 책에서 스티븐스는 "지난 9년간 1만 2천 명에게 수영을 가르쳤다"라고 기록했는데, 다른 부분에서는 지난 16년간 6만 명에게 수영을 가르쳤다고 주장했다. 그의 주장이 사실이라면 캡틴 스티븐스가 그 수많은 제자들에게 무엇을 가르쳤는지는 이제 막 새로운 세기로 접어들었을 때 활동한 랠프 토머스에게 설명을 넘긴다. "그의 '교육 시스템'은 전부 사기였다."

스티븐스는 자신을 위한 '자선' 이벤트를 홍보한 최초의 수영 교사이기도 했다. 그는 1842년 성격이 불확실한 이벤트를 열었다. 상금이 걸린 수영 대회였을 수도 있고 아니면 '오락'이었을 수도, 아니면 계절에 수입이 영향을 받는 자신에게 지원을 해달라고 호소하는 행사였을 수도 있다. 그 행사에 대한 것은 곧 다루도록 하겠다. 어찌되었든 그 자선 행사는 실패했고, 이듬해 다섯 아이의 아버지였던 캡틴 스티븐스는 빚쟁이로 수감된다.

프레더릭 벡위드Frederick Beckwith도 수영 선생으로 먹고살기 위해 캡틴 스티븐스만큼이나 고군분투했다. 그에게는 쇼맨십도 있었고, 어느 정도는 사기꾼 기질도 있었다. 그리고 수영을 잘하는 그의 네 자녀가 정기적으로 템스 강, 서펜타인 호수 그리고 (그의 본거지인) 램베스 배스 등지에서 항시 아버지의 수업을 홍보했다.《런던 소사이어티》에 실린 한 기사에서는 수영 선생의 삶이 어땠는지 잘 보여주고 있다.

나는 언젠가 한 번 프레더릭 벡위드와 함께 사우샘프턴에 간 적이 있었다. 그곳에서 그는 큰 규모의 수영 쇼를 준비했는데, 잘 준비한 덕에 행사에는 여성 관중들도 많이 왔다. 하지만 운이 안 좋았는지 유랑 서커스단이 그날 오후 문을 열었고, 사람들은 모두 프랑스 배우 알퐁신과 론을 보러 가버렸다. 남은 이들은 상금을 노리고 참가한 사내들과 무료로 입장한 사람들뿐이었다.

그때 벡위드가 앞에 나와서 "전 세계의 어떤 뛰어난 수영 선수와 400미터 이상의 경주를 해 큰 상금을 땄던" 일화를 이야기했는데, 아주 당황스럽게도 한 외국인이 갑자기 나와서는 (돈도 걸지 않고) 더 듬거리는 영어로 가운데 박힌 막대까지 헤엄쳤다가 돌아오는 대결을 하자고 신청했다. 약 73미터에 이르는 거리였다. 프레더릭은 옷을 벗고 외국인과 대결을 벌였으며, 아주 쉽게 그를 이겼다. 경기를 마친 프레더릭은 쇼를 마무리하며 남은 이들에게 수영을 열심히 배워야 한다고 다시 한번 강조한 후, 저녁을 먹으러 나와버렸다.

위 기사에서 알 수 있듯이, 프레더릭 벡위드는 영국 챔피언은 아니었지만 그만한 수영 실력을 갖춘 인물이었다. 벡위드의 램베스 배스는 런던 수영시설에서 매우 중요한 곳이었고, 그곳에서는 '수영 갈라쇼'가 자주 열려 대중들이 즐겨 찾았으며, 그는 자녀들과 함께 수영 강습을 홍보하고 쇼도 펼쳤다. 벡위드의 쇼를 관람한 관중은 "그는 긴 거리를 팔과 다리를 묶은 채 수영을 하기도 했다"라고 기록했다. 아마도 그것은 오늘날의 접영 발차기와 비슷했을 것이다. 자녀들의 수영 솜씨도 매우 훌륭했다. 이 관중은 "만일 벡위드와 그의 자녀들이 과거에 살았다면, 우리는 인어의 모습이 어떠했을지 충분히 상상할 수 있을 것이다"라고 썼다. 대단한 극찬이 아닐 수 없다!*

프레더릭 벡위드는 겨우 다섯 살이던 아들 윌리Willy를 '세계의 불가사의 꼬마 벡위드'라고 홍보했다. 그는 상금을 건 수영 경주를 개최해, 누구든 용기(와 판돈)만 있으면 대결을 할 수 있게 했다. 그러나 그는 아들이 질 것 같다고 생각이 들면 (많은 대중을 끌어들여서라도) 윌리에게 내기를 유리하게 조건을 바꾸기도 했다. 1873년 7월에는 런던 언론에 다음과 같은 공지를 싣기도 했다.

"서펜타인 호수에서 열리는 수영 대회에서 소년 벡위드와 경주를 벌일 J. B. 존슨과 그 외 참가자들에게 알립니다."

어떠한 연유로든 심각한 판단 실수를 저질렀음을 인정하는 바입니다. 벡위드의 아들은 1,200야드 경기에서 J. B. 존슨**보다 20야드 앞서 출발하더라도 이길 가능성이 없기에, 더욱 공정하게 100야드 앞서 출발하도록 하겠습니다. 윌리 벡위드는 15세 미만이기 때문에 그렇게 조건을 바꾸더라도 존슨에게 불리한 처사는 아닐 것입니다. 이는 다른 경기 참가자들에게도 동일하게 적용될 것입니다. 따라서 윌리 벡위드와 파커와의 400야드 경기에서도 윌리 벡위드는 30초 먼저 출발하게 될 것이며, 선착순으로 순위를 가리도록 하겠습니다.

불가사의 꼬마 윌리가 자신이 너무 불리하다고 주장을 한 것인지, 아니면 아버지인 프레더릭이 제안한 것인지는 모르겠다. 어찌 됐

---

*   벡위드가 누군가를 흉내 냈을 수도 있다는 사실을 언급하려 한다. 1880년 뉴욕 시의 센트럴파크 배스의 공연에서 런던 폴리테크닉의 교수 비버스 후작Marquis Bibbers도 팔과 다리를 등 쪽으로 묶고 묘기를 선보였다. 이 교수는 물속에서 케이크 한 조각을 먹고 우유 한 병을 마셨으며, 추가로 시가도 피웠는데, 아마 불붙은 끝을 입안에 넣고 물속에 뛰어들었다가 나왔을 것이다. 한 기사에서는 이 묘기들을 두고 "매우 아름답지만, 쓸모가 없는 것들"이라고 평했다.

**   영국 최고의 수영쟁이라고 다른 데서도 언급된 적이 있는 그 '존슨'을 말하는 것이다. 그도 바이런처럼 장애가 있었다.

1.2킬로미터에 이르는 하이드파크 내 서펜타인 호수는 과거 상금을 걸고 수영 경주를 벌이던 곳으로, 런던 사람들에게 아주 중요한 곳이었다. (저자 제공)

든, 꼬마 벡위드는 최선을 다해서 헤엄쳤을 것이다.

"세계에서 수영을 가장 잘하는 숙녀"라고 홍보했던 벡위드의 딸 아그네스는 아들들보다 수영 실력이 더 뛰어났다. 1875년 9월, 겨우 14세였던 아그네스는 런던 다리 아래를 지나던 보트에서 강으로 뛰어들어 그리니치Greenwich까지 8킬로미터를 헤엄쳤고, 67분이라는 꽤 만족스러운 기록을 세웠다(강한 조류가 유리하게 작용했을 것이다). 1878년에는 언론이 지켜보는 가운데 웨스트민스터에서 리치몬드까지 그리고 다시 모트레이크Mortlake까지 32킬로미터를 밀짚모자를 쓰고 호박색 정장을 입은 채 헤엄쳤다. 이듬해 아그네스와 또 다른 유명한 수영인인 로라 사이그먼Laura Saigeman은 관중들이 모인 런던 배스 세

곳에서 시합을 벌였다. 결승 경기에는 대략 1,200명의 관중이 모였고, 세 경기 후 연장전까지 치러 사이그먼이 이겼다.

이후 아그네스는 다른 여성 수영인들과 공연단을 결성하고 유럽 대륙과 심지어 미국까지 돌며 수상쇼를 열었으며, 거의 50세가 된 1910년까지 계속 공연을 이어갔다. 1892년 런던 마일엔드로드Mile-End Road에 있는 파라곤 극장에 붙은 공연 순위 안내문에는 아그네스와 그의 오빠 중 한 명인 찰스의 쇼('묘기 수영과 다이빙의 세계 챔피언')가 13위에 올라 있었다.

누가 프로이고, 누가 아마추어이며, 누가 쇼맨인가? 이 개념은 1869년 수상 스포츠 정리를 목적으로 런던 메트로폴리탄 수영클럽AMSC이 설립되기 전까지 분명하지 않았다.《영국 수영의 사회적 역사》에서 크리스토퍼 러브는 너무나 혼란스러워서 쉽게 해결되기 힘든 문제였다고 기록했다. 수영을 가르쳐 먹고 사는 이들을 아마추어라고 할 수 있을까? 공공 서비스로 안전 교육을 해주고 수고비를 받는 이들은 어떠한가? 아니면 상금이 걸린 수영 경기에 주기적으로 나가거나, 한 번이라도 나가본 적이 있는 사람이라면? 그리고 물 위에서 광대짓을 해서 큰돈을 버는 이들은 어떠한가? 관객을 즐겁게 하려고 다리가 한쪽뿐인 이가 그 다리로 목을 두르고 헤엄을 친다든가, 물에서 죽어가는 검투사나 야곱의 사다리 등의 자세를 취한다든지, 아니면 '늙은 대장장이'라고 알려진 남자처럼 옷을 갖춰 입고 물에 뛰어들어 물속에서 옷을 다 벗은 뒤 물 위로 올라오는 행위 같은 것 말이다.

러브가 연대순으로 기록했듯이, 메트로폴리탄 수영클럽이 아마추어 수영협회에 권한을 이양하면서 규칙은 개정되고 또 개정되길 반복했고, 까다로워지기 시작했다. 어느 시점에서는 규정이 다음과 같은 문제와 충돌하기에 이르렀다. "근무 시간에 고용주의 허가 하에 무급으로 학생들에게 수영 강습을 하거나 유사 그룹에게 강습을 할 경우, 근무 외 시간만큼 금전적 보상을 받아야 한다."

현명한 솔로몬도 이 문제를 해결하려면 골머리를 앓았을 것이다. 하지만 이처럼 까다로워진 규칙들이 수영을 향한 열정을 억누르진 못했다. 특히 야외에서는 수영 자체만으로 축제의 느낌을 주었고, 해는 빛났고, 물은 근처에 있었다. 이 축제에는 모든 재주꾼이 모여들었고 구경꾼들이 바글거렸다.* 그러나 수중 축제가 벌어지는 와중에도 프로니, 아마추어니, 세미 아마추어니 하는 문제는 영국에서 그리고 미국에서 20세기까지 이어졌다.

19세기와 20세기 초 미국에서는 런던에서처럼 광분한 스포츠 내기는 보기 힘들었다. 1774년 첫 번째 대륙 회의에서는 영국의 타락한 방식을 경계했고, 회의 참가자들은 정관에서 이 문제를 다루었다. "모든 종류의 사치와 방탕, 특히 경마, 모든 도박, 닭싸움 등"은 막아야 할 대상이었다. 독립혁명 이후 각 주에서 이 정관을 채택했지만 출신과 기후 혹은 지형에 따라서 차이가 있었다. 켄터키에서는 경마를 장려했지만 청교도 사상과 궁핍한 땅을 기반으로 세워진 뉴 잉글랜드 지역에서는 청소년과 어른들의 도박을 장려하는 활동을 금지했다.

---

* 대략 1910년에 코니 아일랜드 Coney Island 에서 찍힌 '외출복' 경주 사진은 아주 놀랍다. 길게 늘어선 남성들이 셔츠와 넥타이를 매고 (자켓은 벗고) 물로 뛰어들고 있다. 진정한 축제였다!

하지만 그에 대항하는 세력도 생겨났다. H. 로이 카플란H. Roy Kaplan이 미국의 일, 스포츠 그리고 도박에 관한 기사에서 다루었듯이, 도박은 이 새로운 국가의 설립과 생존에 있어 빠질 수 없는 요소였다. "제임스 타운, 미국 혁명, 40곳이 넘는 대학과 대학교 그리고 무수한 도로와 다리, 운하, 병원, 법원과 학교들"은 모두 불가능해 보이는 가능성에 내기를 걸고 도박을 해온 시민들이 일군 것이기 때문이었다.

존 퀸시 애덤스John Quincy Adams와 다른 워싱턴 입법자들이 1802년 새로 연 국립 경마장을 과감하게 허가하자, "술뿐 아니라 불법 '마권업자'들까지 판쳤다." 술과 도박이 함께라니, 누가 이것을 가능하다고 생각했겠는가? 물론 영국에 비하면 아무것도 아니었지만, 미국에서도 점점 스포츠와 관련된 내기가 활발히 이루어졌고, 이는 수상 스포츠도 예외가 아니었다. 1927년에는 미국 서부해안의 수영 애호가가 수영 역사상 가장 엄청난 상금을 받기 위해 물에 뛰어들기도 했다.

미국에서 1927년은 아주 특별했다. 최초의 대서양 횡단 비행, 최초의 텔레비전 생방송이 있었으며, 베이브 루스가 세운 60회 홈런 기록은 이후 34년간 깨지지 않았다. 진 튜니Gene Tunney와 잭 뎀프시Jack Dempsey는 시카고 솔저필드 경기장에 모인 10만 5천 명의 관중 앞에서 유명한 '롱카운트' 복싱 경기를 펼쳤다. 또한 주류 밀매점들이 성행했으며, 사람들은 돈을 벌기 위해 막대 위에 올라앉아 금붕어 삼키기 놀이를 했다. 댄스 마라톤도 대유행이었다. 로스앤젤레스의 베니스 지구에서는 700명이 댄스 마라톤에 참가해, 1천 달러의 상금을 걸고 춤을 추며 행진했다. 대략 20시간 후 보건 당국에서 마라톤을 중단했을 즈음에는 50명의 참가자가 병원으로 이송되었고,《로스앤젤레스 타임즈》에 따르면, "신발을 잃은 젊은 여성들이 히스테리 발작을 일으켰다"고 했다. 이러한 무모한 활기는 탈진될 때까지 계속 이어졌고, 대공황과 세계대전의 암흑으로 접어들기 전 최후의 발악을 했다.

이 놀라운 대회 중 하나인 뤼글리 오션 마라톤Wrigley Ocean Marathon은 남부 캘리포니아에서 산타카탈리나Santa Catalina 섬까지 35킬로미터에 걸친 위험한 산 페드로San Pedro 해협을 헤엄쳐 건너는 대회였다. 승자는 오늘날 돈으로 환산하면 36만 달러(우리 돈으로 약 4억 2천만 원)에 해당하는 2만 5천 달러의 상금을 차지할 수 있었다. 주최자는 껌 제조회사의 상속자 윌리엄 뤼글리 주니어William Wrigley Jr.였다.*

경기의 목적이 스포츠라고만은 할 수 없었다. 산타카탈리나 섬은 뤼글리 소유였는데 그는 1919년부터 이 섬을 관광지로 개발하기 위해 프로 야구팀 시카고 컵스의 스프링캠프를 이곳으로 옮기는 등 수백만 달러를 투자했다. 카탈리나 수영 대회 또한 섬에 이목을 집중시킬 행사 중 하나였다. 사실 이 행사는 1인 여성 쇼가 될 뻔했다.

1926년 8월, 뤼글리는 거트루드 에덜리Gertrude Ederle(영국해협을 횡단한 최초의 여성)에게 5천 달러를 제안하며 샌피드로 해협을 단독으로 횡단해달라고 부탁했다. 에덜리가 빡빡한 일정을 이유로 제안을 거절하자 뤼글리는 금액을 올려 1만 달러를 제시했다. 하지만 또다시 거절을 당한 그는 누구나 참가할 수 있는 행사를 개최하고 상금을 2만

---

* 뤼글리는 만일 남성 참가자가 우승할 경우, 처음으로 결승지점에 도착하는 여성 참가자를 위해 따로 1만 5천 달러를 걸었다. 여성 참가자는 모두 결승지점에 들어오지 못했지만, 가장 가까이까지 접근한 두 여성 참가자에게 각각 2,500달러가 상금으로 주어졌다.

5천 달러로 높였다. 행사가 1년이나 남았는데도 엄청난 관심을 끌자, 뤼글리는 날짜를 당겨 1927년 1월에 누구든지 참가할 수 있는 공개 경주를 열기로 했다.

153명이 참가를 신청했으며, 경주 당일에는 102명이 출발선에 모습을 드러냈다. 참가자 중에는 헤엄치는 법을 아예 모르는 사람도 있었다. 해류가 급한 해협에서 며칠간 연습해본 이들은 그냥 물에 들어가지 않는 편을 선택하기도 했다. 일찍 포기한 참가자 중에는 다리가 없는 신문배달원도 있었다. 물이 차가워서 포기하는 이들은 더 많았다. 경주가 있던 날 아침, 예인선이 나가 수온을 측정했는데 섭씨 12도였다. 멀리서 흰 물결과 짙은 안개가 해협을 감싸오고 있었고, 그 누구도 해협을 건너지 못할 것이라는 데 돈을 건 사람들이 8대 1 비율로 많았다. 오전 11시 21분, 102명의 참가자가 동시에 물에 뛰어들자 참가자의 보조 보트와 응급 구조용 쾌속정 6대 때문에 바다는 빈틈이 없을 정도였다.

연습 경기에서는 세 명의 참가자가 돋보였다. 미국인 중 최초이자 전 세계에서 세 번째로 영국해협을 횡단한 헨리 설리번Henry Sullivan, '거대한 사슴'이라는 별명을 가진 덩치가 큰 노만 로스Norman Ross 그리고 셋 중 가장 흥미진진한 뒷이야기를 자랑하는 17세의 캐나다 출신 조지 영George Young이 큰 관심을 받았다. 조지 영은 사이드카가 달린 중고 오토바이를 타고 친구와 함께 토론토에서 로스앤젤레스까지 왔다. 아칸소의 리틀록에 왔을 때쯤 오토바이가 고장나자, 그들은 서부해안으로 신혼여행을 떠나는 커플의 차를 얻어타고 겨우 도착할 수 있었다. 영은 재빨리 에이전트를 구해 훈련비를 지원받는 대신 상금의

40퍼센트를 나누기로 협의했다.*

거트루드 에덜리가 불참한 가운데, 여성 참가자 중에는 거트루드의 영국해협 횡단 훈련 파트너이자 차가운 수온과 폭풍을 견딜 수 있을 만큼 체격이 컸던 클라라벨 바렛Clarabelle Barrett 그리고 볼티모어 남자와 결혼한 덴마크 여성 아멜리아 가데 코슨Amelia Gade Corson이 돋보였다. 코슨은 이 대회를 준비하며 올버니Albany에서 뉴욕 시까지 246킬로미터를 63시간 30분 동안 헤엄쳤다.

캐나다 출신의 조지 영은 시작부터 선두로 치고 나갔고 노먼 로스가 그를 바짝 추격했지만, 이 경기 초반의 진정한 승자는 샌피드로 해협이었다. 경주가 3시간 30분에 접어들자, 참가자의 거의 절반 수준인 47명이 중도 포기했다. 오후 3시가 될 때까지 여전히 선두를 지키던 조지 영은 기름띠를 마주했지만 계속해서 전진해야 했다.

오후 5시가 되자 30명의 참가자만이 계속 헤엄을 치고 있었고, 오후 8시가 되자 그 수는 20명으로 줄었다. 가장 유망한 우승후보 중 한 명이었던 헨리 설리번은 8시 19분에 중도 포기했다. 9시 45분에는 겨우 10명 남짓한 참가자만이 물에 남아 있었다. 여전히 선두 자리를 지키고 있던 조지 영은 11시쯤 해초에 걸려 물에 빠질 뻔하기도 했다. 그의 트레이너는 이후 캐나다 뉴스에 나와 당시 예인선으로 조지를 끌

---

*   《로스앤젤레스 타임즈》의 한 기자가 늘어놓은 후일담에 따르면, 노먼 로스는 자신이 승리할 것이라 확신했는데 그 이유로 "자신이 스코틀랜드의 후손이며, 스코틀랜드 남자라면 누구든 50미터를 헤엄칠 때마다 상어와 맞서 싸우더라도 2만 5천 달러를 받기 위해 태평양을 횡단할 것"이라고 말했다고 한다.

왼쪽에 선 사람이 윌리엄 뤼글리 주니어로, 수영 역사상 가장 큰 상금이 적힌 수표의 복제본을 들고 있는 모습이다. 오늘날 돈으로 환산하면 약 36만 달러에 해당하는 상금이었다. (카탈리나 섬 박물관 제공)

어낼 준비를 했었다고 말했다.

　당시 경기 중 어둠 속에서 조지를 향해 "토론토에서 어머니의 전보가 도착했어요"라고 외치는 목소리가 들려왔다고 한다. "어머니가 라디오로 경주 실황을 듣고 계신대요. 이렇게 전해달라셨어요. '조지. 네가 우승하리라 믿는단다.'" 그러자 조지가 이렇게 대답했다고 한다. "'물론이죠. 어머니를 위해 우승할게요'라고 전해주세요."

　자정이 되자 조지 영은 노먼 로스를 2.4킬로미터가량 앞서고 있었고, 산타카탈리나 섬의 결승지점까지는 8.8킬로미터를 앞두고 있었다. 노먼 로스 다음으로는 트러젠 크롤 영법으로 헤엄치던 메이어Meyer라는 참가자가 있었고, 여성 참가자 3명이 그 뒤를 차례로 뒤따랐다. (네 번째는) 클라라벨 바렛, (다섯 번째는) 마거릿 하우저Margaret

Houser 그리고 (여섯 번째는) 마사 스태거Martha Stager였다. 바렛은 새벽 1시 11분에, 로스는 2시 30분에 각각 포기했다.

새벽 3시 5분 30초, 경기를 시작한 지 15시간 44분 30초가 지나서, 1만 5천 명의 관중이 모인 곳에서 우승자 조지 영이 모습을 드러냈다. 추위를 견디기 위해 온몸에 기름과 흑연을 바른 채였는데, 수영복을 입지 않은 모습이었다. 승리를 예감하고 감정이 고양되었던 조지 영은 결승전을 4킬로미터를 앞두고 수영복이 벗겨진 사실을 잊고 있던 것이다. 며칠 뒤 할리우드의 화려한 극장 그로만즈 이집트 극장에서 그는 상금 2만 5천 달러를 받았다. 조지 영이 받은 상금은 한 번에 주어진 상금으로는 수영 역사상 가장 큰 금액이었다.

8

모든 산에선 등반을,
모든 바다에선 헤엄을······

지금 이 순간, 캡틴 웹은 아마도 세계에서
가장 유명하고 인기 있는 남자일 것이다.

– 《데일리 텔레그래프》

기원전 55년 늦여름, 줄리어스 시저가 오늘날의 칼레인 갈릭 해안가에 서서 성난 바다를 바라보고 있었다. 현재의 프랑스인 골Gaul은 이미 로마군에 진압당했고, 이제 황제의 부하들은 그곳을 장악할 태세를 갖추고 있었다. 시저는 다음 정복을 준비했다. 바로 영국해협 건너의 브리타니아였다. 8월 25일 저녁, 황제는 소함대에 군사들을 태웠고, 자정이 되자 33.3킬로미터 떨어진 도버의 화이트 클리프를 향해 노를 저어가기 시작했다.

　도버에 접근하던 시저와 함대는 적에게 들키고 말았다. 시저가 '야만인들'이라고 묘사했던 적군들은 로마 소함대가 다가오자 바닷가 절벽에 집결했다. 좁은 해안에 상륙한 군사들의 머리 위로 활과 창이 비처럼 쏟아졌다. 시저는 상륙하는 대신 소규모 해군 부대와 함께 약간 동쪽으로 이동해 적군이 없는 넓은 해안을 찾았다. 그들이 발견한 곳은 역사학자들의 의견에 따르면 오늘날의 월머 지역이라고 한다. 적군들도 로마군을 쫓아 동쪽으로 이동했고, 기병과 마부들도 함께 가세해 로마군에 맞섰다. 엎친 데 덮친 격으로 로마 군사들은 배에서 상륙하자마자 물에 빠질 수밖에 없었다. 로마군의 함대는 깊은 물에 적합한 구조였기 때문에 해안에 가까이 접근하지 못했던 것이다. 시저는 이 혼란스러운 상황을 다음과 같이 묘사했다.

우리 군사들은 낯선 해안에 상륙했지만, 거대하고 무거운 갑옷을 두른 채 함대에서 뛰어내려 파도 한가운데서 적군과 맞서 싸워야 했다. 적군들은 땅 위에서, 혹은 얕은 물에 들어와 자유롭게 무기를 던졌고, 이런 상황에 익숙한 말을 타고 덤벼들었다.

해협 그 자체가 어마어마한 적이었다. 도버 칼레 횡단이 가장 매력적인 이유는 영국해협 중 가장 좁은 구간이었기 때문이었지만, 그것 때문에 가장 고통스러운 구간이기도 했다. 좁혀지는 구간에는 바람이나 조수, 해류 등이 심해지기 때문이다. 그들은 거센 바람은 말할 것도 없고 거친 물결까지 감내해야 했다. 시저의 함대는 해안으로 돌진하긴 했지만 그 누구도 횡단에 성공한 적이 없었다.

로마 부대는 이 원정과 이듬해 여름 원정으로도 브리타니아를 정복하지는 못했다. 그로부터 90년이 지난 후 로마제국은 마침내 브리타니아를 점령했지만, 처음으로 브리타니아 해안에 상륙했던 로마인들은 그 해협을 잊지 못했다. 진정 '끔찍하게 굽이치는 파도'와 함께 말이다.

1875년 8월 24일, 로마군이 영국해협을 건넌 지 거의 정확하게 1930년이 지난 후, 27세의 영국 해군 대령이 시저가 그랬던 것처럼 '끔찍하게 굽이치는 파도'를 바라보며 도버의 애드미럴티 부두에 서 있었다. 오후 1시가 되자, 그는 바다에 뛰어들었다. 21시간 40분 동안 쉼 없이 평영으로 헤엄쳐 간 매튜 웹Matthew Webb은 칼레 해안으로 올라왔고, 세계에서 가장 유명한 사람이 되었다.

모든 시도에는 정점을 이루는 성취가 있는데, 19세기 후반 수영 세계에서 그 정점은 영국해협 횡단이었다. 수영인들에게 있어 인위적인 장치 없이 영국해협을 횡단하는 것은 산악인으로 치면 에베레스트 정복과 같았다. 2014년 《영국의학저널British Medical Journal》에 실린 한 논문에서, 프랜시스 클렘퍼러Frances Klemperer와 에밀리 사이먼 토머스Emily Simon Thomas(모두 야외 장거리 수영의 베테랑들이다)는 그 이유를 설명하며, 영국해협은 오늘날에도 가치 있는 도전이라고 설명했다.

가장 큰 어려움은 조류였다. 최고의 컨디션으로 느슨한 조수를 타고 전력으로 수영하면 프랑스까지의 최단 거리는 21마일(33.7킬로미터)이었다. 가장 빠른 기록(2012년 호주인 트렌트 그림지Trent Grimsey가 세운 6시간 55분)은 그 같은 조건에서 세워진 것이다. 그림지는 조류를 활용해서 1마일(1.6킬로미터)당 평균 19.76분이라는 놀라운 속도로 횡단했다. 누구든 영국해협을 횡단하려면 이리저리 밀어대는 급격한 조류와 급회전하는 해류를 견뎌야만 한다. 웹은 칼레를 11킬로미터 앞둔 상황인 3분의 2 정도 지점에서 조류가 급변하는 바람에 거의 5시간 정도를 길을 제대로 찾지 못해 시간을 보내야 했다.

헤엄을 치다가도 급격한 조류와 해류 때문에 코스에서 벗어나거나 하여, 물에 더 오래 머물수록 헤엄쳐야 하는 거리가 더 길어질 수밖에 없다. 8월 12일 웹의 첫 횡단 시도는 거친 바람 때문에 무산되었다. 그로부터 2주 뒤 웹이 횡단에 성공했을 때 헤엄친 거리는 총 40마일(64.3킬로미터)에 이른다. 횡단에 가장 오래 걸린 기록은 29시간으로, 대략 65마일(104킬로미터), 즉 도버에서 칼레까지의 직선거리보다 세 배는 긴 거리를 헤엄친 것이나 마찬가지였다.

물에 오래 머물수록 저체온증의 위험도 상승한다. 영국해협의 수온이 가장 높은 시기는 9월로, 평균 수온이 섭씨 18도 정도지만, 낮의 길이가 13시간밖에 되지 않는다. 어두운 시간에 수영하는 것을 피하기 위해 대부분의 도전자는 웹처럼 8월 셋째 주나 넷째 주를 선택했다. 평균 수온은 조금 낮을지라도 말이다.

저체온증을 방지하기 위해 웹은 머리부터 발끝까지 초록빛 알락돌고래 기름을 바르고 그 위에 빨간색 수영복을 입었다. 그리고 때때로 헤엄치다 지원 보트에서 제공하는 따뜻한 소고기 국물을 마시고, 대구 간유, 커피, 에일 맥주 그리고 브랜디를 마셨다. 오늘날에는 바세린이나 거위 기름을 바르지만(잠수용 고무 옷 같은 복장은 공식적으로 수영 마라톤에서 금지된다) 체온을 유지하고 피부 진정 작용을 위해 뭘 하든, 이토록 차가운 물에서는 체온이 곧 떨어지기 마련이다. 체온이 37도 이하로 내려가면 소근육 조절 능력이 약화되고, 사고력이 둔해지며, 결국 대근육 기능도 상실되기 시작한다. 체온이 32.2도 이하로 내려가면 심장부정맥의 위험이 있다. 클렘퍼러와 토머스의 조사에 따르면, 2013년 영국해협을 횡단하다 갑작스레 사망한 경우, 대부분 사실상 그 원인이 심장부정맥에 있다고 상정했다.

게다가 위험은 수영을 멈춘다고 해서 끝나지 않는다. 차가운 물에서는 혈액의 흐름이 사지에서 심장이나 뇌 등 중심 장기로 몰리는데, 물 밖으로 나오면 혈액의 흐름이 다시 사지로 흐르면서 심장과 뇌의 체온이 급격히 낮아질 수 있다는 것이다. 심장과 뇌를 보호하는 혈관이 수축하면 폐부종을 유발한다. 영국해협 횡단을 준비하던 한 사람은 기침할 때 폐에서 '붉은 것'이 나와 그만둘 수밖에 없었다.

이것보단 덜 위험하지만 '구강에 침투한 염분'도 위험하다. 어떤 사람은 14시간 정도 헤엄치고 난 뒤 'R' 발음을 할 때처럼 며칠간 입을 제대로 닫을 수 없었고, 평소처럼 말할 수도 없었다고 한다. 그뿐만 아니라 감각 상실의 시간이 길어지면 망상을 유발할 수도 있다. 클렘퍼러와 토머스가 연구에서 인용한 사례에 따르면, 10시간째 해협을 횡단하던 어떤 사람은 지원 보트가 거대한 함선으로 보이는 경험을 했다고 한다.

그리고 해파리가 있다. 북쪽과 남쪽의 경로에는 두 종류의 해파리가 서식한다. 사람에 무해한 보름달물해파리white moon jellyfish와 쏘이면 굉장히 고통스러운 키아네아 카필라타해파리Lion's mane jellyfish가 있다. 웹은 해협 횡단 연습 중 키아네아 카필라타에게 쏘여 급히 물에서 나온 적이 있었는데, 극심한 구토 증세를 보였다. 웹은 성공적으로 영국해협을 횡단했을 때도 중간에 키아네아 카필라타를 만나 "쏘였어"라고 외쳤고, 지원 보트 선원의 말에 따르면 브랜디를 마신 덕분에 고통을 가라앉힐 수 있었다고 한다.

1875년 8월 25일 오전 10시, 열심히 헤엄치던 웹의 시야에 프랑스가 들어왔다. 지나가던 우정국 선박에 탄 사람들은 영국 국가인 '브리타니아여 통치하라'를 큰 소리로 불렀다. 11시가 되기 직전, 거의 22시간을 물속에서 헤엄친 웹은 칼레 해안으로 올라왔고, 역사에 이름을 남기게 되었다.

사실 매튜 웹은 이미 영국에서 유명한 인물이었다. 1873년 그는 크루즈 선박 러시아호에서 선박 밖으로 떨어진 마이클 하인즈Michael Hynes를 구하기 위해 겁 없이 물로 뛰어들어 헤드라인을 장식한 바 있었다. 구조 시도는 실패했지만, 웹은 선박이 선체를 돌려 그를 찾

매튜 웹이 수영복을 입고 포즈를 취하고 있다. 그는
세계에서 가장 유명한 인물이었다. (CS&PF)

아내기까지 30분 이상을 바나에 있었고, 선원늘은 그를 영웅으로 치켜
세우며 100파운드를 주었다. 추후 왕립인도주의협회Royal Humane Society
에서는 그에게 금메달을 수여하기도 했다.

　하지만 영국해협 횡단은 그것과는 또 다른 차원이었다. 횡단을
마치고 다시 영국으로 돌아간 웹은, 거의 한 세기 뒤에 달에 착륙했다
돌아온 우주 비행사만큼이나 영웅으로 추앙받았다. 그의 배가 정박해

있던 도버에는 시장이 나와 "앞으로도 이토록 놀라운 업적을 이룰 수 있는 사람은 절대로 없을 것이라고 생각합니다"라고 말하며 그를 극찬했다. 런던 증권거래소에서는 웹을 기념하는 펀드를 만들었고, 《데일리 텔레그래프》에서는 "지금 이 순간, 캡틴 웹은 아마도 전 세계에서 가장 유명하고 인기 있는 남자일 것이다"라고 기고했다.

당시 세계 언론에서 런던이 가진 위상을 고려했을 때, 매튜 웹은 국제적으로 상징적인 존재가 되었고, 마치 평영의 비틀스와 같은 존재가 되었다. 그는 인간의 한계를 뛰어넘었다는 평가를 받았으며, 의사들은 그의 신체를 궁금해했다. 물론 좋은 의도에서였다. 이후 36년이 지나도록 80명이 실패를 거듭하고서야 두 번째로 횡단에 성공한 사람이 등장했을 정도였으니, 당시 웹이 얼마나 대단한 인물로 인정받았을지는 쉽게 짐작이 간다.

웹의 성공은 에드먼드 힐러리Edmund Hillary의 에베레스트 정복이나 로저 배니스터Roger Bannister의 4분 이내에 1마일 달리기와 어깨를 나란히 하는 수준이었다. 하지만 인간의 신체적 한계에 도전하여 성공을 거둔 매튜 웹의 삶은 슬프게 막을 내렸다. 엄청난 관심과 수입은 시간이 흐를수록 점점 줄어들었다. 웹은 쇼맨이나 강사가 아닌 항해사였다. 게다가 그의 끈기 있는 평영 실력은 장거리 수영에는 적합했지만, 상금이 걸린 단거리 스피드 경주에는 적합하지 않았다. 웹은 생계를 위해 책을 썼다. 그러나 바이바르 크리건-리드의 신랄한 비판을 인용하자면, "19세기에 《수영의 기술》이라는 제목을 달고 나온 n번째 책에 불과했다." 저서 수입도 줄어들자, 그는 일종의 살아 있는 전시물이 되기로 했다. 구경거리와 스포츠 그리고 오락이 혼합된 1800년대 후반에 또 하나의 진귀한 볼거리가 추가된 것이다.

웹은 웨스트민스터의 왕립 아쿠아리움에 있는 고래 탱크에서 돈을 받고 60시간을 물에 떠 있는 묘기를 선보였다. 미국으로 투어를 갔을 때는 그 시간을 두 배로 늘려, 5일이 넘는 128시간 15분을 물에 떠 있었고, 매 24시간 중 단 15분만 탱크에서 나와 꼭 필요한 볼일을 보았다. 탱크가 아닌 곳에서는 뉴저지의 샌디훅에서 코니아일랜드까지 10마일(16킬로미터)을 헤엄치는 볼거리를 선사했고, 돈을 지불하는 관중이 가장 많은 시간대인 오후 5시 전에는 물 밖으로 나오지 않는다는 계약 조건 때문에 몇 시간 동안 물에 더 머무르기도 했다. 또한 호텔 수영장에서 불꽃놀이를 할 때 알락돌고래나 바다표범 연기를 하기도 했다. 영국으로 돌아와서는 스카버러 아쿠아리움에서 줄넘기 묘기 공연을 하기도 했으며, '리틀 루이'라는 예언자의 공연 사이에 쇼를 선보이기도 했다. 세상에서 가장 유명한 수영인이었던 그에게는 정말 끔찍한 경험이었을 것이다.

결국 돈이 필요했던 웹은, 미국으로 가서 나이아가라 폭포에서 헤엄을 치겠다고 발표했다. 그는 폭포 아래로 흐르는 급격한 물살을 뚫고 나이아가라 강을 건널 셈이었다. 웹의 계획은 나이아가라 폭포로 가는 열차를 운행하는 철도회사에 1만 달러를 요구하는 것이었다. 그의 도전을 보기 위해 열차를 타고 올 관중의 수를 감안한다면, 아주 적은 금액이었다. 하지만 철도회사는 지역 주민들과 언론의 의견을 취합한 뒤 이 도전은 거의 자살 시도와 다름없다며 그의 제안에 난색을 표했다. 시카고의 한 신문사에서는 "언젠가 누군가는 트리뷴 빌딩(36층 높이) 꼭대기에서 뛰어내린다고 할지도 모르겠다"라고 의견을 기재하기도 했다. 이 같은 우려에도 불구하고 1883년 7월 24일 오후 4시 25분, 웹은 영국해협 횡단에 성공한 지 8년이 지난 어느 날, 나이아가 라 강으로 돌격하듯 뛰어들었다.

1883년 7월 25일,《뉴욕 타임즈》에서 특파원이 송출한 기사는 그날의 이야기를 전하고 있다.

캡틴 웹은 강물 한가운데로 뛰어들었다. 그는 그곳을 미리 둘러보았고, 분명 자신의 안전을 최우선으로 삼아 경로를 계획했을 것이다. 그는 완벽하게 편안한 자세로 헤엄쳐 나아갔지만, 갑자기 사라지더니 물속으로 들어갔고, 몇 초가 지난 후 수면 위로 올라왔다. 급류 때문인지 순식간에 꽤 먼 거리로 떠내려간 상태였다.

처음으로 급류에 휩쓸렸을 때, 관중들은 그가 불안해하는 모습을 목격했다. 그는 순식간에 물속으로 사라졌다가, 다시 모습을 드러내길 반복했다. 소용돌이치는 곳에서 급류가 일었고, 위치는 다리에서 거의 1마일 떨어진 곳이었다. 강의 폭은 67미터로, 물살이 매우 거셌다. 도착 지점에서 기다리던 관중들은 웹이 다가오는 것을 보았지만, 그가 어떤 상태인지는 알기 어려웠다. 살아 있긴 했지만 완전히 탈진한 기색이 역력했다. 그때 다가오던 급류가 그를 휩쓸었고, 그는 다시 수면 위로 나타나지 않았다.

흥분한 관중들은 숨 막힐 듯한 긴장감으로 지켜보았다. 그들은 아래를 보고, 옆을 보고, 주위를 다 둘러보았지만, 그 강인한 도전자의 흔적을 찾지는 못했다. 관중들은 서로를 보며 "그가 사라졌다"라고 말했다.

그는 강에 뛰어든 지 불과 17분 만에 사라지고 말았다. 웹의 시체는 심하게 훼손된 상태로 나흘 뒤 발견되어 폭포 근방의 장례식장인 오크우드 묘지로 보내졌다. 그로부터 25년 뒤, 웹의 고향인 슈롭셔Shropshire에 기념비가 세워졌으며, 다음과 같은 글귀가 새겨졌다. "위대한 일에 쉬운 것은 없다Nothing Great Is Easy." 하지만 어떤 위대한 일들은 효과적이고 체계적으로 준비하지 않아 실패하기도 한다.*

짙은 안개를 뚫을 수는 없었던 것만 빼면, 수영계에서 웹 다음으로 떠오른 인물은 큰 덩치에 이를 드러내고 환하게 웃는, 오페라 가수를 꿈꾸던 35세 여성 클라라벨 바렛이었다. 때는 1926년이었다. 당시에는 장거리 수영이 공식 수영 경기보다 대중들에게 더 큰 관심을 받고 있었다. 그중에서도 영국해협 횡단은 인내력을 가늠하는 가장 확실한 잣대로, 매튜 웹이 낯선 묘지에서 잠든 지 43년이 지났지만, 네 명만이 영국해협 횡단에 성공했다(웹의 기록을 깬 이가 2명, 깨지 못한 이가 2명이었다). 성공한 이들은 모두가 남성이었지만 여성 도전자들도 있었다.

클라라벨 바렛은 남성 위주의 기록을 깨고자 하는 몇 안 되는 여성 중 하나였다. 신장이 182센티미터에 몸무게가 90킬로그램이었

---

*   매튜 웹은 불가능한 것을 이루려고 무모한 도전을 하다 험하게 죽었지만, 그의 전기작가들은 다른 견해를 가졌다. 〈세계 수영 챔피언인 캡틴 매튜 웹의 영국과 미국에서의 용기 있는 삶과 대담한 위업〉이라는 제목의 소책자에서, 헨리 르웰린 윌리엄스Henry Llewellyn Williams는 해협 정복자의 최후의 순간에 대해 긍정적인 의견을 밝혔다. "계속해서 헤엄치던 그는, 어느 순간 갑자기 두 팔을 내던지고, 마치 예상했던 것처럼, 아무런 저항 없이 죽음을 맞이했다."

던 그녀는 몇 시간 동안 차가운 물을 견딜 수 있을 만큼 피하지방도 충분했다. 이듬해 윌리엄 뤼글리의 산타카탈리나 상금 대회에서 증명했듯이, 그녀에게는 패기도 있었고 동기도 있었다. 그녀는 명성이나 상금만을 노리고 수영을 한 것은 아니었다. 오랜 꿈이었던 오페라 가수가 되기 위해 보컬 코치를 고용할 비용이 필요했던 것이다. 여성 최초로 횡단의 영광을 누릴 가능성이 높은 여성들 중에서는 바렛이 가장 뛰어났다. 그녀는 운 빼고는 모든 조건을 다 갖추었다.

1926년 8월 2일 오전 8시, 클라라벨 바렛은 도버에서 영국해협 횡단을 시작했다. 그녀가 헤엄치기 시작하자 짙은 안개가 깔렸다. 프랑스 북부의 그리스 네즈Gris Nez 곶까지는 3.2킬로미터를 남겨두고 있었는데 안개가 바다를 집어삼킬 듯 짙었다. 8월 3일 새벽 5시 30분, 그녀는 결국 방향을 잃고 탈진한 상태로 포기하고 말았다. 바렛은 21시간 반 동안 64킬로미터를 헤엄쳤고, 이전에 도전했던 여성보다 5시간이나 더 오래 버텼지만, 그녀가 갈망하던 성공은 아니었다. 다음날 그녀는 조만간 다시 도전하리라고 약속했다.

하지만 다시 기회가 생겼을 때는 이미 다른 여성이 물에 뛰어들 준비를 하고 있었다.

19세의 거트루드 에덜리는 바렛보다 16세나 어렸고, 덩치는 3분의 2에 불과했지만, 수영 경기에는 조예가 더 깊었다. 에덜리는 어린 학생일 때부터 수영 세계에서 유명한 인물이었다. 12세에 처음으로 880야드(804미터) 자유형 경기에서 세계신기록을 세우고, 16세에는 1922년 뉴욕의 브라이튼 비치Brighton Beach에서 열린 500미터 경주에서 일곱 번이나 더 세계기록을 세웠다.*

에딜리는 1924년 파리 올림픽에서 18세의 나이에 첫 금메달을 땄는데, 당시 함께 참가한 미국 수영대표 팀에는 조니 와이즈뮬러Johnny Weissmuller와 벤자민 스팍Benjamin Spock이 있었다. 그녀는 금메달을 획득하며 언론의 주목을 받았고, 대중들이 스포츠에 열광하던 시기인 1925년 영국해협 횡단에 도전할 때도 큰 주목을 받았다. 첫 시도는 지원 보트에 탄 누군가가 에딜리가 물에 빠진 줄 알고 그녀에게 다가가 신체를 만졌다는 이유로 8시간 43분 만에 끝났다. 해협 횡단 규칙상 어떠한 신체적 접촉도 허용되지 않기 때문이었다.

1926년 8월 6일, 거트루드 에딜리(《타임즈》에서는 그녀를 '작지만 용감한 뉴욕 소녀'라고 불렀다)는 양 기름을 온몸에 바르고 그리스 네즈 곶에서 아침 7시를 조금 넘긴 시점에 바다로 뛰어들었다. 그리고 그동안 해협을 건넌 이들이 한 번도 시도하지 않았던 오스트레일리아식 크롤 영법으로 헤엄치기 시작했다.

파도가 심하게 몰아쳤다. 에딜리가 집중력을 잃지 않도록, 그녀의 아버지는 지원 보트에 타고 계속해서 그녀를 따라가며 횡단에 성공하면 빨간색 로드스터(오픈카)를 사주겠다고 약속했다. 집에서 라디오 중계를 듣던 어머니도 라디오로 메시지를 보내며 그녀를 응원했다. 지

---

* 역사상 '가장 위대한 수영 경기'를 뽑으라면 다양한 의견이 있겠지만, 브라이튼 비치 500미터 경기에서 활약한 에딜리의 경기에 맞먹을 만한 경쟁자는 찾아보기 힘들다. 샌프란시스코에서 열린 US 마스터스 수영 대회에 출전한 로라 발Laura Val이 그에 버금가는 놀라운 기록을 세웠는데, 그녀는 세계 모든 60~64세 그룹의 자유형 경기 기록을 깨뜨렸다. 초반 50미터에서는 세계기록에서 0.12초 앞섰고, 1,500미터를 완주할 때는 세계기록을 1분 이상 줄였다.

원 보트의 선원들도 계속해서 노래를 부르며 그녀에게 응원을 보냈다. 에덜리는 이후 인터뷰에서 말하길, 헤엄치는 동안 마지막 8킬로미터가 남은 구간에서 다리가 뻣뻣해져서 매우 힘들었지만, 그 외에는 그다지 크게 힘든 점이 없었다고 했다. 그녀는 헤엄치기 시작한 지 14시간 31분 만에, 즉 매튜 웹이 달성한 횡단 시간의 3분의 2밖에 안 되는 기록으로 해협 횡단에 성공했다. 에덜리는 여성으로서는 최초로 영국해협을 건넜을 뿐 아니라, 1923년 아르헨티나 출신의 엔리케 티라보치Enrique Tirabocchi가 세운 16시간 33분이라는 기록을 2시간이나 앞당겼다.

다음날, 도버에 있는 한 호텔에서 전날과 똑같은 투피스 수영복을 입은 에덜리는 《뉴욕 타임즈》 특파원과 인터뷰를 했다. 기자는 그녀가 "건강하고 행복해 보였다. 그녀의 피부는 볕에 그을려 아름다운 갈색빛이었지만, 멍이나 상처는 전혀 없었고 아기의 피부처럼 깨끗했다"라고 전했다. 인터뷰에서 거트루드 에덜리는 "언제 어디서든 14시간을 수영하라고 하면 다시 할 수 있어요. 하지만 영국해협에서는 절대로 안 할 거예요"라고 말했다.

인터뷰가 진행되는 동안 《타임즈》와 다른 세 언론사(에덜리의 스폰서였던 《데일리 뉴스》를 비롯해)들은 세계에서 가장 유명해진 이 수영 스타의 사진을 가장 먼저 본사에 송출하기 위해 필사적인 경쟁을 벌였다. 네 곳의 신문사에서는 같은 날 에덜리의 사진을 각기 다른 여객선에 실어 사우샘프턴에서 북아메리카로 보냈다. 하지만 한 신문사는 뉴욕 대신 몬트리올로 향하는 캐나다 퍼시픽 여객선에 사진을 실어 보냈다. 《데일리 뉴스》의 스포츠 편집장인 폴 갈리코Paul Gallico는 이후 저서

《뛰어난 인물들The Golden People》에서 당시의 경쟁을 다음과 같이 묘사했다.

북대서양을 건넌 '그' 여객선은 다른 여객선보다 하루 먼저 북아메리카 대륙에 도착했다. 우리는 수상 비행기, 육상 비행기를 불렀고, 유명한 레이싱카 선수와 철도 기관차 그리고 마지막 구간에서 활용할 앰뷸런스까지 준비했다. 플뢰브 셍 로헝 강에 도착한 여객선에서 물에 젖지 않은 봉투로 잘 감싼 사진을 던졌고, 수상 비행기에서 그것을 급히 낚아채 안개와 거친 날씨를 헤치는 릴레이가 시작되었으며, 마침내 다른 신문사보다 12시간 먼저 신문사 사무실에 사진을 전달했다.

갈리코가 "지금까지의 언론 역사상 가장 빠르고 값비싼 릴레이"라고 부른 노력 덕에, 《데일리 뉴스》는 특종을 냈고, 미국 역사상 가장 격동적인 환영 행사에 마중물을 부었다. 증기선, 예인선 그리고 바지선들은 에덜리가 타고 있는 여객선이 뉴욕 항구에 들어오는 순간 환영의 뱃고동 소리를 울려댔고, 비행기들은 머리 위를 돌며 꽃을 흩뿌렸다. 육지로 올라온 에덜리는 족히 200만 명 정도는 되어 보이는 군중이 보인 금융가 거리에서 색종이 가루가 흩날리는 가운데 퍼레이드를 벌였다. 개인이 그토록 성대한 환영식을 치른 것은 여성으로서는 최초였고, 지금까지도 최연소로 기록된다.

어느 지점에서는 군중이 너무 심하게 몰려, 에덜리는 뉴욕 시장의 집무실로 피신해야 했다. 이후 그녀는 캘빈 쿨리지Calvin Coolidge 대통령의 초대로 백악관을 방문하기도 했는데, 대통령은 "당신처럼 키가 작은 여성이 영국해협을 횡단하다니 정말 대단합니다"라고 말하며 경탄했다고 한다. 청혼 편지도 수도 없이 배달되었다. 과거 매튜 웹이 그랬던 것처럼, 에덜리도 버라이어티쇼에 출연하고 자신에 관한 10분짜리 영화를 제작하는 등 유명세를 이용했는데, 웹과는 달리 그녀는 정말 한동안은 수입이 상당했다. 대략 주당 3천 달러의 돈을 벌어들인 것으로 알려져 있다.*

하지만 그녀에게도 결국 위기가 찾아왔다. 유아기에 앓았던 홍역으로 손실되었던 그녀의 청력이 두 번이나 해협을 수영하며 더욱 악화된 것이다. 1929년 속도위반으로 교통 법정에 섰을 무렵, 그녀는 거의 귀가 들리지 않는 상태였다. 판사가 '나라를 위해 엄청난 일을 해냈다'는 이유로 에덜리의 죄를 면죄해주었을 때, 법정 수행원은 이 판결을 알리기 위해 그녀의 귀에다 대고 크게 소리를 질러야만 했다. 불행은 여기에서 끝나지 않았다. 4년 뒤, 에덜리는 아파트 건물 내부의 계단에서 깨진 타일을 밟아 미끄러지는 바람에 척추에 큰 손상을 입었고, 그로부터 4년간을 전신 깁스를 하고 지냈다. 당시에 그녀는 신경쇠약 증세도 보이고 있었다.

---

*   거트루드 에덜리가 영국해협 횡단에 성공한 지 3주 뒤, 덴마크 여성 아멜리아 가데 코슨은 영국해협을 횡단한 두 번째 여성이자, 최초의 엄마가 되었다. 기록은 에덜리보다 1시간 느렸지만, 그래도 남녀 전체 기록 중 두 번째로 빨리 횡단했다. 코슨은 에덜리의 유명세에 밀려 큰 부를 누리지는 못했지만 그녀의 스폰서인 월터 리즈버거Walter Lissberger는 엄청나게 큰돈을 벌어들였다. 그는 런던 로이즈에서 열린 20대 1 배당률 내기에 코슨이 횡단에 성공한다는 데 5천 달러를 걸었는데, 코슨이 도버에 도착하는 순간 (오늘날 돈으로 140만 달러에 해당하는) 10만 달러를 탔다.

거트루드 에덜리는 최초로 크롤 영법을 사용해 영국해협 횡단에 성공했으며, 횡단에 성공한 최초의 여성이었다. 1926년 그녀가 세운 기록은 지난 기록을 2시간이나 앞당긴 것이었다. (의회 도서관 제공)

하지만 이 모든 위기도 그녀의 의지를 꺾지는 못했다. 그녀는 수년간 뉴욕 라과디아 공항 근처의 잭슨 하이츠에 있는 렉싱턴 청각장애인 학교Lexington School for the Deaf에서 어린이들에게 수영을 가르쳤다고 한다. 제2차 세계대전 중에는, 공항에서 항공기기를 검사하는 일을 했다. 에덜리는 수많은 청혼에도 끝내 결혼하지 않았지만, 2003년 98세의 나이로 사망했을 때는 조카가 10명 있었다.

기록은 깨지고, 장벽은 무너지며, 패러다임은 변화한다. 로저 배니스터를 기념하는 1마일 4분 이내에 달리기 클럽에는 거의 1,500명이 등록되어 있다(2018년 기준). 매튜 웹이 최초로 영국해협을 횡단하고 143년이 흐르는 동안, 1,800명 이상이 영국해협을 횡단했고, 그중 3분의 1 이상이 여성이었다.* 매년 열리는 헬레스폰트 수영 대회에는 4.5킬로미터 코스를 헤엄치기 위해 수백 명의 참가자가 몰린다. 윌리엄 뤼글리 주니어가 처음으로 산타카탈리나 마라톤 수영 대회를 개최해 102명의 참가자 중 1등에게 거액의 상금을 준 이후, 거의 200명 이상의 참가자가 같은 대회에서 상금을 받았다.

따라서 오늘날의 장거리 수영 선수들은 이제 더 큰 꿈을 꾸어야만 한다. 하지만 어디로 가서 헤엄을 쳐야 할까? 정복할 곳이 어디 남아 있을까?

미국과 캐나다 국경의 5대호Great Lakes도 이제는 미정복지가 아니다. 짐 드레이어Jim Dreyer가 이미 그곳을 횡단했다. 그는 미시건 호를 처음에는 동쪽에서 서쪽으로, 다음에는 북쪽에서 남쪽으로 횡단했다. 그 누구도 시도하지 않았던 구간이라는 이유에서 말이다. 2000년대 초 내가 드레이어를 인터뷰했을 때만 해도 슈피리어 호는 아직 그의 포트폴리오상에 없었다. 5대호 최북단 호수로 수온이 가장 낮은 그곳에는 횡단에 용이한 관문이 될 만한 지점도 없었다. 하지만 그는 8월 중순쯤 섭씨 4도보다 낮은 물에서 77킬로미터 거리를 횡단하려고 계획을 세웠다. 드디어 2001년, 그 장벽은 무너졌고, 그는 2002년에도 슈피리어 호를 횡단했다. 그리고 2005년, 세 번째 횡단에서는 소형보트를 직접 끌고 헤엄을 쳤다.

짐 드레이어에 관해 가장 주목할 점은 그가 처음으로 미시간

---

* 　매튜 웹이 날짜 선택에 일가견이 있었는지, 영국해협 횡단에 가장 많이 성공한 날은 8월 22일이었다.

호를 횡단하기 2년 반 전까지만 해도 헤엄치는 법을 전혀 몰랐다는 점이다(대략 41시간 만에 위스콘신에서 미시간까지 69.5킬로미터를 헤엄쳤지만, 당시 날씨 상황 때문에 거의 104.6킬로미터에 이르는 험난한 코스였다).

"나는 평생 물을 두려워하며 살았습니다." 그는 미시간 그랜드 래피즈 남부에 있는 자택 거실에서 내게 말했다. "세 살 때, 거의 물에 빠져 죽을 뻔한 적이 있었거든요. 여기서 북동쪽 호숫가에 가족 오두막이 있었는데, 부활절 일요일에 두꺼운 방한복을 입고 부두에서 낚시하던 가족 옆에 서 있다가 물에 빠졌습니다. 누이가 제 목숨을 건져주었죠."

그와 이야기를 나눈 것이 2001년이었다. 최근 드레이어의 소식을 확인해보니, 그는 얼마 전 캘리포니아 뉴포트 비치 하버Newport Beach Harbor에서 27톤의 카페리를 끌고 헤엄쳤다. 말 그대로 수영의 힘만으로 카페리를 끌고 간 것이다.

영국의 마라톤 수영 선수 로스 에글리Ross Edgley는 2018년 157일 동안 2,864킬로미터를 헤엄쳐 영국 제도를 일주했다. 하루에 6~12시간가량 헤엄치고, 지원 보트에 올라 잠깐씩 먹고 휴식을 취하는 식이었다(염분에 너무 많이 노출되어 혀에 이상이 생기면서 먹는 것도 녹록지 않았다고 한다). 에글리도 도선하는 것을 좋아했는데, 1년 전에는 카리브 해의 마르티니코에서 세인트루시아까지 40킬로미터에 이르는 거리를 통나무를 끌고 헤엄치다 실패한 적도 있었다.

그리고 린 콕스Lynne Cox가 있다. 그녀는 슈퍼우먼이라는 단어로도 설명이 부족한 인물이다. 콕스의 장거리 수영은 전설이었다. 불가능해 보이는 장거리 수영 구간을 떠올려보자. 그곳은 그녀가 이미 정복한 구간일 공산이 크다.

린은 아직 10대 초반이던 1972년과 1973년, 영국해협 횡단에 두 번이나 성공했다. 그녀는 두 번 다 이전 기록을 깼으며, 그 이후로도 수영에 매우 진중하게 접근했다. 1974년에 콕스는 뉴질랜드의 북섬과 남섬 사이의 해류가 험한 쿡 해협를 횡단했다(12시간이 조금 넘는 시간 동안 16킬로미터를 헤엄쳤고, 당시 수온은 섭씨 10도였다). 이듬해에는 세계 최초로 칠레에서 출발해 마젤란 해협을 횡단했다(7.2킬로미터 구간으로 수온은 섭씨 5.5도였다). 같은 해, 그녀는 노르웨이에서 스웨덴까지 헤엄쳐서 갔다(24킬로미터 구간으로 수온은 섭씨 6.6도였다). 1977년에는 (역시나 수온이 6.6도인) 알류샨 열도가 그녀의 시야에 들어왔다. 1978년에는 수온이 조금 더 높지만, 더 위험할 수도 있는 곳으로 눈을 돌렸고, 남아프리카의 끝인 희망봉 앞 바다에서 헤엄쳤다(16킬로미터 구간으로 수온은 섭씨 21.1도였고, 상어와 해파리, 바다뱀 등이 있었다). 콕스는 도전을 멈추지 않았다. 전 소비에트 연방의 바이칼 호수, 볼리비아에 있는 티티카카 호수도 정복했다. 알래스카의 글래이셔 만(섭씨 2.2도)에서는, 0.5센티미터의 얇은 얼음을 깨고 지나가는 보트 뒤를 따라가며 헤엄치기도 했다.

얼음장 같은 물에서는 고무 잠수복을 입고, 상어가 도사리는 곳에서는 상어 케이지에 들어갔다고 해도 굉장히 위험천만한 행동이었다. 그런데 그녀는 평범한 수영복을 입고, 수모를 쓰고, 수경을 꼈으며, 지원 보트와 선원들 외에는 아무것도 없었다. 사실 콕스에게 유리한 점이 있긴 있었다. 그녀는 체밀도가 높아(일반인들의 평균 체지방률이 18~25퍼센트인데 비해, 그녀의 체지방률은 36퍼센트였다) 물에 잘 떴다. 말하자면, 그녀는 물에 뜨기 위해 크게 에너지를 소모할 필요가 없던 것이다. 그녀의 에너지는 앞으로 나아가는 데만 쓰였다.

또한 콕스의 수영은 무모한 도전이긴 했어도 특별한 목적이 있는 경우가 많았다. 1994년, 그녀는 중동의 평화를 기리기 위해 이집트와 이스라엘, 요르단 사이의 홍해에 있는 아카바 만에서 24킬로미터를 횡단했다. 그 코스에는 상어들이 많았지만 어떤 구간에서는 돌고래들이 마치 상어를 쫓아내려는 듯 그녀와 함께 헤엄쳤다. 그 돌고래들이 중동의 평화에 기여할 수 있었다면 더 좋았으련만, 어쨌든 콕스가 시도했다는 것이 중요했다.

1987년 그녀는 얼음장 같은 베링 해협에서 두 시간 동안 4.3킬로미터를 헤엄쳐 미국 영토인 리틀 다이오메드 섬에서 러시아 영토인 빅 다이오메드까지 헤엄쳤다. 냉전 시기에 임의적인 경계를 허문다는 의미를 담고 있는 도전이었다.

콕스의 기록을 살펴보면 성별과 수영의 관계에서 아주 중요한 점을 발견할 수 있다. 장거리일수록 남녀 간 최고 기록의 격차가 줄어든다는 점이다. 2018년 11월 말 기준으로, 국제수영연맹FINA에서 인정한 세계기록을 보면 롱코스 50미터 여성 자유형의 기록은 동일 조건의 남성 기록보다 11.7퍼센트 느렸다.* 100미터 수영에서는 남녀 기록 차이가 9.3퍼센트로 줄고, 400미터에서는 6.7퍼센트 그리고 1,500미터에서는 5.4퍼센트가 된다. 그렇게 계속 경주 거리가 늘어나

---

*   '롱코스'는 길이 50미터 경기장에서 실시하는 수영 경기를 의미하며, '숏코스'는 25미터 경기장에서 실시하는 수영 경기를 의미한다.

다 보면, 이론적으로 어느 지점에서는 내구력과 속도 모두에서 피하지방이 근량의 역할보다 더 중요해진다. 린 콕스는 그 지점을 넘어 남성들이 들어오지 못할 성취의 영역으로 들어갔다.

나는 콕스에게 장거리 수영을 할 때 참선 수행의 고요함 같은 걸 느끼면서 마음이 신체와 분리되는 자유를 경험하는지 물었다. 그녀는 꼭 그렇지만은 않다고 대답했다.

나는 특정 구간에서 장거리 수영을 시작하기 전에는 어떻게 준비할지, 어떻게 나아갈지, 지원 보트 선원은 누구로 할지 그리고 어떻게 훈련할지 등을 아주 오랜 시간 생각하며 보냅니다. 실제로 헤엄치는 날이 되면 횡단하는 데만 온전히 집중합니다. 보트의 위치와 나의 위치는 괜찮은지, 얼마나 빠른 속도로 헤엄치고 있는지, 페이스를 잘 유지하고 있는지, 최단 직선 구간으로 나아가고 있는지, 해류를 잘 타고 있는지 등을 말입니다. 그리고 물의 상태에 따라 계속해서 영법을 조정합니다.

그렇게 지속적인 모니터링을 하지요. 때로 너무 아프고 지칠 때도 있지만 나 자신에게 계속해서 나아가라고 말합니다. 아니면 잠깐 멈춰서 따뜻한 사과 주스를 마셔 당분을 보충합니다. 각각의 수영이 다 다릅니다. 남극대륙을 향해 헤엄칠 때는 수온을 체크하면서, 저체온증에 걸려 죽지 않기 위해 주의했습니다.

1875년 매튜 웹이 영국해협 횡단에 성공했을 때, 도버 시장이 "앞으로도 이토록 놀라운 업적을 이룰 수 있는 사람은 '절대로' 없을 것이라고 생각합니다"라고 말했던 것을 떠올려보자. 하지만 인간은 진화하며, 앞으로도 또 누군가가 매튜 웹이나 린 콕스보다 더 놀라운 도전을 감행할지도 모른다. 콕스도 스스로를 야외 장거리 수영의 무모한 도전자라기보다는 선구자라고 생각했다.

"나는 이전에 그 누구도 하지 않았던 수영을 했고, 사람들은 '우와, 린이 해냈네'라고 생각합니다. 아마도 나는 이것도, 또 저것도 할 수 있을 것입니다. 호주 출신의 어떤 사람은 알래스카 주노에서 출발해 셸터 섬 주변을 일주하고 있습니다. 수년 전만 해도, 그 주변을 일주해야겠다고 생각한 이는 없었을 것입니다. 이제 전 세계의 많은 수영인이 수영장에서 벗어나, 물론 훈련하기에는 수영장이 좋았다고 느끼겠지만, 상상도 하지 못한 다른 많은 곳에서 수영할 수도 있다는 사실을 깨닫고 있습니다."

그렇더라도 장거리 수영 역사에서 린 콕스는 여전히 독보적인 존재임이 틀림없다.

9

위대한
수영복

진정한 중세인이 되려면 육체가 없어야 하고,
진정한 그리스인이 되려면 옷이 없어야 한다.

– 오스카 와일드

수영의 황금기에는 그리스 주변 해안과 로마제국의 목욕탕과 수영장에서 남성뿐 아니라 여성들도 알몸으로 물에 들어갔다. 그들에게 수영은 원래 그렇게 하는 것이었기 때문이었다. 의복은 장애물에 불과했다. 특히 그리스인들은 인간의 몸은 감추어야 할 대상이 아니라고 믿었다.

수영의 암흑기였던 중세 시대에 그 전통은 막을 내렸다. 오스카 와일드Oscar Wilde가 말했듯, 중세인들은 인간이라는 개념을 논할 때 의식적으로 신체를 거부했다. 중세 시대가 르네상스 시대로 넘어가자, 적어도 미술에서는 옷이 사라지기 시작했다. 하지만 수영의 새로운 황금기가 도래하고 있었음에도, 영어권에서는 청교도 운동으로 인해 옷을 벗는 것이 어느 정도까지만 허용되었다. 18세기 후반 여성들은 다시 물에 들어가기 시작하며 새로운 움직임에 동참했지만, 옷을 입은 채로 (탈것에 의존해) 물에 들어갔고, 이는 그들이 수영을 배우지 않았음을 의미했다. 남성들 또한 공공장소에서는 신체를 적당히 가리고 물에 들어가야 했지만, 여성들에 비해서는 선택지가 더 다양했고 관대한 면이 있었다.

언제부터 이런 정숙함이 요구되었는지 정확히 집어내기는 어렵다. 하지만 정숙해야 하는 다양한 이유가 있었고, 그에 대한 요구는 매우 강압적이기까지 했다. 특히나 영국의 청교도 운동과 미국에서 일어난 초기 신앙 부흥 운동은 천박한 의복이나 공공장소에서의 경박한 행동을 용인하지 않았다. 1837년 빅토리아 여왕의 대관식은 예의와 형식을 철저하게 강조하는 시대를 예고했고, 상류층 사람들은 정교한 디자인의 의복을 입어야만 했다. 정확히 한 세기 전인 1737년에는 수영 의복에 관한 명확한 기준이 세워졌다. 영국 배스의 공중목욕탕이 부활하며 나체와의 전쟁을 선포한 것이었다. 배스 자치체^{Bath Corporation}에서는 다음과 같은 공지를 내걸었다.

> 시에서 정한 법률에 따라 이 공지 이후로는 낮이든 밤이든 배스 시내의 공중목욕탕에 입장하는 10세 이상의 남성은 속바지와 조끼를 반드시 입어야 한다. 그리고 낮이든 밤이든 배스 시내의 공중목욕탕에 입장하는 모든 여성은 슈미즈(원피스로 된 여성용 속옷)를 입어야 한다.

18세기의 공중목욕탕은 고대 로마의 공중목욕탕처럼 활기가 넘치는 공공 운동장 같은 곳이 아니었다. 특히 배스 목욕탕의 경우는 고대 로마의 유적에서 다시 문을 연 공중목욕탕이었는데도 말이다. 앞서 언급했듯이 중세 후기와 르네상스 초기에 부활한 공중목욕탕은 매춘 및 금지된 성교의 소굴이라 불릴 만한 역사를 갖고 있었다. 알브레히트 뒤러^{Albrecht Dürer}가 1496년에 제작한 목판화 〈목욕탕^{The Bath House}〉을 보면 그림에 등장한 남성이 육욕적 욕망을 품었다는 사실에 의심의 여지가 없어 보인다.

하지만 10세 이상의 남성이라니? 그리고 '모든 여성'이라니?

그래, 좋다. 아담과 이브가 부끄러움을 감추기 위해 무화과 잎으로 중요 부위를 가렸던 것처럼, 아마도 목욕탕에 들어가는 이들이 취할 수 있는 최소한의 조치라곤 속바지나 속치마로 몸을 가리는 것뿐이었을 것이다. 당시 사회 분위기는 어린이용 읽기 입문서에서도 다음과 같은 문장이 예문으로 나올 정도였으니 말이다. "아담의 타락으로, 우리는 모두 죄를 지었다."

여기서 40년을 훌쩍 건너뛰면 여성을 대상으로 한 노출 제재는 더욱 심해진다. 1776년 미국독립혁명이 한창일 무렵, 켄트 해안의 마게이트는 화려한 휴양지가 되어가고 있었다. 러셀 박사의 해수 치료가 대유행했고 마게이트에는 그를 모방한 치료가 성행했다. 그러나 여성과 남성들이 모두 해안으로 몰려들었어도 여성들의 수영하는 모습은 보기 힘들었다. 1776년 판《켄트 지방 여행자의 동반자The Kentish Traveller's Companion》라는 책을 보면 마게이트와 그 외 해안 휴양지가 어떤 체계로 운영되었는지 잘 나온다.

여름마다 마게이트가 상류사회 사람들에게 큰 인기를 누린 이유는, 쾌적하고 기분 좋은 환경도 물론 중요한 역할을 했지만, 편리성 때문이었다. 부드럽고 고운 모래로 덮인 평평한 해변은 휴양지로서 최적화된 곳이었다. 부두에 설치된 일곱 개의 수영차는 아주 크고 편리했다. 여기에 사람들이 물을 마시러 들락거렸고, 마차에 올라타면 안내에 따라 150미터에서 250미터 정도 떨어진 바다로 갔다.

수영차 뒤에는 문이 있었는데, 안에 있던 여성은 그 문을 열고 사다리를 타고 내려와 바다에 들어갔으며, 마차 주변에 가림막을 둘러

〈브라이튼의 인어들Mermaids of Brighton〉이라는 제목의 1829년 삽화를 보면, 덩치 큰 두 아주머니가 수영하러 온 여인에게 바다의 놀라움을 맛보게 해주고 있다. 사다리가 달린 수영차는 말이 끌고 온 것이다. (윌리엄 히스William Heath, 흑백사진으로 변환)

쳐서 외부에서 볼 수는 없었다. 만조일 때는 약 30대의 마차가 준비되어 있었다. 이 마차는 퀘이커 교도인 벤자민 빌스가 창안했다. 구조가 매우 단순하고 편리했을 뿐 아니라 가림막 덕분에 여성들이 사적으로 수영을 즐길 수 있었고, 바다에 나가서도 영국인의 고상함을 유지할 수 있었다.

'영국의 고상함'은 여성들이 물에 들어갔을 때도 자유로운 수영을 허락하지 않았다. '담그는 사람dipper'이라는 이름으로 불리던 건장한 지역 아주머니들이 안내원이 되어 여성들의 몸을 파도에 담가주고, 파도가 잔잔한 날에는 머리까지 물에 담가 해변 여행을 만끽하도록 도와주었다. 기독교 세례 방식을 참고한 듯, 성부와 성자와 성령의 이름으로 세 번 담그는 것이 일반적인 규칙이었다. 그런 다음 다시 수영차에 올라타면 말이 해안으로 마차를 끌고 갔다. 당시 여성들은 해안에 올 기회가 흔치 않았고, 온다 한들 몸을 몇 번 물에 담글 뿐, 수영할 기회는 거의 없었다.

처음 물에 들어가 보는 여성들은 옷을 완전하게 갖춰 입었다. 어떤 기록에 보면 두꺼운 플란넬 가운은 입은 여성들도 있었다. 물에 젖어도 속이 비치지 않는다는 이유 때문이었다. 영부인 마사 워싱턴도 마운트 버넌 저택에서 포토맥 강에 갈 때는 원피스 속치마처럼 생긴 파란색과 흰색 체크무늬의 린넨 가운을 입고 갔다. 빅토리아 시대에 찍은 사진을 보면 여성들은 물에 들어갈 때 화려한 속치마와 재킷을 입었으며, 얼굴을 가리는 보닛을 쓰기도 했고, 남성들의 눈에서 손까지 감추려고 장갑을 끼기도 했다. 스타일이 어떻든 간에 이 모든 조합은 물에 뜨는 데 방해가 되었다. 예의를 지키기 위해서는 옷을 갖춰 입어야 했지만, 옷 자체의 무게 때문에 여성 '수영인'들은 몇 번 팔을 휘젓지도 못하고 물에서 나와야만 했다.

그렇게 한 세기가 넘는 시간이 흘렀다. 1890년대까지도 브라이튼에서는 수영차가 성행했다. 1870년 《뉴욕 타임즈》에서 발행한 '여성의 날' 기념 특별 기사를 보면, 200~300여 명의 여성들(노동자의 아내들과 딸)이 이스트 5번가 끝에 새로 지어진 수영장에 모인 장면이 묘사되어 있다.

이 주변에서 이토록 첨벙거리며 비명을 질러대는 것은 수년간 들어본 적이 없었다. 이 소심한(?) 님프 요정들이 물에서 즐기는 동안 당신이

밖에서 소리를 들었다면, 누군가 교살을 당하거나, 아니면 야생동물들이 괴상한 비명을 질러대는 모습을 상상했을 것이다. (……) 행사 위원들은 어떤 경우라도 외설적인 사건이 발생하지 않도록 입장을 통제했으며, 질서와 예절을 지키기 위해 수영장마다 네 명의 경찰을 배치해 난동을 부리거나 의심스러운 사람의 침입을 방지했다.

그리고 1875년 존 리히의 저서 《이튼 스타일 수영의 기술》이 나왔다. 리히는 자신이 문을 연 여성용 수영 물놀이장을 광고하며, "윈저와 이튼 여성들이 물놀이하기에 적합한 시설이자 수영을 배우기 좋은 곳"이라고 표현했다. 이 수영장은 템스 강에서 물이 "허리 높이까지 오고, 부드러운 자갈이 깔린" 위치에 정박한 화려한 바지선에 설치되었고, 중요한 점은 "근처 남성용 수영장에서 450미터 이상 떨어진 곳에 있었다."

리히는 수업에 집중하면 6주 이내에 '1급' 수영을 익힐 수 있지만, 고급 수영을 배우려면 조금 더 걸린다고 광고했다. 그는 또한 ('영국의 고상함'을 의식했는지) "제자들에게 자신감을 심어주기 위해 때때로 수영용 의복을 입고 물에서 어떻게 헤엄치는지 시범을 보일 수도 있다"라고 홍보했나. 그리고 이어서 "리히가 물 위에 뜨고 헤엄치는 모습을 본다면, 그것이 주는 놀라움과 즐거움이 얼마나 큰지 알 것이다"라고 썼다. 아마도 그는 오늘날 수영장에 가면 볼 수 있는 섹시한 안전요원 같은 존재가 아니었을까?

리히는 당시 사회의 예의범절을 준수하기 위해 신경 쓰기도 했다. '상류층 여인들'을 위한 수업 시간은 오전 11시부터 오후 1시 반까지 그리고 '중산층 여인들'을 위한 수업은 반 실링 낮은 가격으로 오후 2시부터 5시 반까지 진행했다.

수영 의복에 관해서도 리히는 따로 그림을 실어 안내해주었다. 여성들은 허리 부분을 단단히 죈 반팔 블라우스와 발목만 드러나는 바지를 입어야 했다. 빅토리아 시대 상류층 기준으로는, 그 정도도 도발에 가까웠다. 물론 가장 가까운 남성 수영장이 축구경기장 다섯 개 정도 떨어진 거리에 있더라도 말이다. 하지만 아무리 그래도 그러한 의복을 입고 헤엄친다고 상상해보자. 바이바르 크리건-리드가 수영에 관한 저서에서 말했듯, 19세기 여성들의 수영 의복은 수영보다는 떠오르던 소비지상주의를 더 많이 충족시켰다.

이러한 기준에서 남성들은 그래도 자유로웠다. 그들에게 새로운 고상함은 그저 불편한 것이었다. 프랑스의 멜기세덱 테베노가 1696년 저서에서 남성 수영의 기준을 세웠을 때, 40개의 삽화에 묘사된 남성들은 모두 알몸이었다. 적어도 유럽 대륙에서는 그 후 150년간 크게 바뀐 것이 없었다. 유진 브리폴트Eugene Briffault은 1844년《물속의 파리Paris dans l'eau》에서, 40년 전 파리에 문을 연 수영장에서는 수영용 속바지를 입어도 되지만, 대부분 그런 '불필요한 장식'을 걸치지 않았다고 기록했다.

영국 남성들도 새로운 고상함을 받아들이길 꺼렸던 것 같다. 엄한 규율에도 불구하고, 옥스퍼드와 케임브리지의 술 취한 대학생들은 나체로 물에 뛰어들었고, 템스 강과 케임브리지 강에서는 학생들이 나체로 익사하는 사고가 종종 발생했다. 남성과 소년들은 호수나 연못 그리고 근교 웅덩이에 들어갈 때 알몸으로 들어가는 데 개의치 않았다. 해변 수영은 남자들에게도 조금 까다로운 문제였다. 특히 사람들이 몰리는 호화로운 해안 휴양지에서는 상황이 더 복잡했지만, 결과는 크게 다를 게 없었다. 토비아스 스몰렛Tobias Smollet은 1771년 소설 《험프리 클링커의 원정The Expedition of Humphry Clinker》에서 신사들이 스카버러나 웨이머스, 브라이튼 등지의 해변에서 바다에 들어갈 때 어떤 모습이었는지 잘 묘사하고 있다.

> 작고 아늑한 목재 방에 바퀴가 달려 있고, 양쪽으로 작은 창이 나 있으며, 안에는 벤치가 마련되어 있다. 수영하는 사람이 나무 계단을 밟고 이 방에 들어가 문을 닫고 옷을 벗기 시작하면, 안내원이 마차에 목재 방을 걸어 바다를 향해 끌고 가서 수면이 목재 방 바닥 높이에 다다를 때까지 들어가 말을 반대쪽에 매어둔다. 옷을 다 벗은 신사는 바다를 향해 난 문을 열고, 기다리던 안내원의 도움을 받아 물에 뛰어든다. 그런 다음 홀딱 벗은 채로 수영을 마친 신사는 목재 방에 올라타 말이 해안으로 나가는 동안 옷을 입고, 완전히 옷을 갖춰 입은 채로 목재 방에서 나온다.

물론 모든 수영차가 똑같이 생긴 것은 아니었다. 웨이머스에서 조지 3세와 왕실 사람들이 사용했던 수영차 창문 위에는 '하느님, 국왕 폐하를 지켜 주소서God Save the King'라는 문구가 새겨져 있었다. 1789년 풍자 소설가 프랜시스 버니Frances Burney는 그 문구를 창문뿐만 아니라 다른 곳에서도 볼 수 있었다고 기록했다.

왕실 소속의 '담그는 사람'들은 바다에 나갈 때 머리에 쓰는 보닛 머리끈에도, 파도와 맞닿는 허리끈에도 이 문구를 크게 써놓았다. 플란넬 드레스를 접어 올리고 신발이나 스타킹은 신지 않았으며, 머리끈과 거들이 보이는 모습이 매우 인상적이었다. 조사하던 중 이 그림을 처음 접했을 때 나는 표정 관리를 하기가 힘들 정도였다.

놀랍게도 국왕이 처음 바다에 나와 귀하신 머리를 물에 담그자, 음악 연주자들이 근처 수영차에 숨어 있다가 갑자기 나와 "하느님, 위대한 우리의 폐하 조지 왕을 지켜 주소서"라고 노래했다.

당시 왕비 샤를로테Charlotte의 의복 담당 신하였던 버니는, 연주자들이 노래를 시작할 때 신이 돌보시는 폐하가 옷을 입었었는지 알몸이었는지에 관해서는 언급하지 않는다. 하지만 폐하는 귀하신 나체를 드러내고 있었을 공산이 크다.

미국 남성들도 수영 의복에 관한 한 영국 남성들과 크게 다르지 않았다. 벤자민 프랭클린이 1720년대 런던에서 지내던 시절, 알몸으로 템스 강에 뛰어들었던 일을 떠올려보자. 독립혁명 기간에 조지 워싱턴은 부대원들이 연못이나 강에서 나체로 수영하는 것을 반대했다. 그리고 스스로도 나체로 헤엄친 적은 없었을 것이다. 하지만 이것은 품위의 문제가 아니라 왜곡된 건강상의 이유 때문이었다. 워싱턴은 더운 한낮의 수영이 혈관에 염증을 일으켜 열병을 발생시키고 부대에 해를 끼칠 수 있다고 생각했던 것이다. 그는 결국 여러 가지 근심을 정리해 다음과 같은 명령을 내렸다.

오전 8시부터 오후 5시까지 수영해서는 안 되며, 오랫동안 물에 들어가 있는 행위도 그만두어야 한다. 물에 들어가면 긴장이 풀리고 건강에 해를 끼칠 수 있다. 그리고 이러한 활동을 하더라도 평소처럼 품위를 지키도록 한다.

하지만 군사들이 위의 명령을 잘 따른 것 같지는 않다. 미국 최고 사령관이자 미래의 대통령이자 건국의 아버지인 워싱턴은 전쟁이 계속되는 동안에도 매 여름마다 수영을 금지하는 명령을 다양한 형태로 반복해서 내려야만 했다.

그러나 워싱턴 후임 대통령이면서 대통령의 아들이기도 했던 존 퀸시 애덤스는 뜨거운 한낮에 수영하면서도 건강에 대한 우려는 없었던 것이 분명하다. 애덤스는 숨 막히는 열기와 습기를 피해 포토맥강으로 걸어갔고, 갓 태어난 아기처럼 옷을 홀딱 벗은 채 물에 뛰어들었다. 전해지는 이야기에 따르면, 용감무쌍한 기자 앤 로얄Anne Royall이 어느 날 헤엄치는 애덤스를 발견했는데, 그가 벗어둔 옷을 깔고 앉은 뒤 인터뷰를 허락하면 옷을 주겠다고 제안했다고 한다.

나체주의자들은 반길 만한 장면이었겠지만 반反 야만주의자들은 빅토리아 시대의 고결함을 손상시키는 일이라고 경악했을 것이다. 1846년 출간된《오르의 수영 안내서-문명화된 국가에서 가르치고 행해지는 수영》을 보면, (부제목에서 말해주듯) J. W. 오르와 N. 오르는 남성이 "수영할 때는 나체로 물에 들어가는 게 좋다"라고 하면서도, "품위를 지키기 위해 완전한 나체가 아닌 짧은 속바지를 입거나 대서양 해안을 따라 유행하고 있듯, 숙녀와 신사들이 함께 들어가는 곳에서는 셔츠와 바지를 입는 것이 좋다"라고 기록했다.

그로부터 수십 년이 지난 뒤, 최소한의 '짧은 속바지'는 러닝이 달린 옷으로 확장돼(위아래가 연결된 유아용 수트나 청소년, 혹은 대학생 레슬링 선수들이 경기에 출전할 때 입는 경기복을 떠올려 보자) 허벅지 윗부분뿐 아니라 몸통도 대부분 가리게 되었다. 1917년 후반에는 미국 공원관리협회에서 모든 수영은 지도원을 동반해야 한다는 규칙을 공표했으며, 남성들은 양쪽 겨드랑이를 잇는 선 아래로는 몸통을 노출하지 못하도록 했다.

미국 아마추어경기연맹은 전체가 남성 회원, 특히 와스프WASP (앵글로색슨계 백인 신교도로 미국 사회의 주류를 이루는 지배계급-역자 주)로 구성된 자의식이 강한 기구였다. 이 단체는 20세기 초반 50년간 미국 수영계를 지배했으며, 수영 선수를 꿈꾸는 여성들의 길을 험난하게 만들었다. 아마추어경기연맹의 중심인물이었던 제임스 에드워드 설리번 James Edward Sullivan은 1914년 사망하기 얼마 전 뉴욕의 라이 비치 수영 클럽에서 단 한 명의 여성이라도 입장을 허가한다면 연맹에서 제명할 것이라고 위협했다. 그는 또한 미국 인명구조협회의 E. C. 브레넌E. C. Brennan이 "남학생 수영 경주 대회를 여학생 수영 대회와 같은 날 같은 장소에서 열었다"라는 이유로 맹비난했으며, "그것은 절대로 하지 말았어야 할 일"이라고 혹평했다. 설리번이 죽기 한 해 전, 아마추어경기연맹의 또 다른 주요 인물은 "소녀들이 입은 너무나도 야한 수영복"을 본 뒤 여성 수영 경기를 완전히 없애자고 주장했다.

지구 반대편인 호주에서는 상황이 더 이상하게 흘러갔다. 1912년 여성 수영(자유형만) 종목이 스톡홀름 올림픽에 추가되었을 때,

호주는 섬나라답게 여자 수영의 중심지였음에도 불구하고 전근대적인 사고방식으로 여자 수영 선수들을 엄청난 딜레마에 빠뜨렸다. 일부 선수들이 소속된 뉴사우스웨일스 여성수영연맹에서 남성들이 함께 있는 장소에서 경기하는 것을 금지했기 때문이다. 하지만 국가대표로 선발되려면 심판 모두가 남성인 경기에 참가해야 했으며, 스톡홀름에 가서도 남녀 관중이 모두 모인 경기장에서 경기를 펼쳐야만 했다.

그 규칙이 결국 폐지되자 연맹의 회장인 로즈 스콧Rose Scott은 회장직에서 사임하고 시위를 벌였다. "관객석에 남성이 들어온다고 생각하면 정말 역겹고, 끔찍한 일이라고 생각합니다. 우리가 아무리 많이 껴입더라도, 남성들이 보는 앞에서라면 정숙하고 교양 있게 그리고 조심스럽게 품위를 지키기에는 부족할 것입니다. 요즘 대담하고 무례한 행동이 너무 흔해지고 새로운 결정들이 내려지면서, 소녀들에게 그리고 공동체 전반에 천박한 영향을 미칠까 걱정입니다." 하지만 고상한 체하는 사람과 검열관들이 원하는 대로만 되지는 않았다. 그들이 모든 곳을 다 감시할 수는 없으니 말이다.

헨리 데이비드 소로Henry David Thoreau는 2년 동안(1845~1847) 월든 호수 근처에서 보냈으며, 그의 삶에 있어 수영이 중요한 의식의 일부가 된 것으로도 유명하다. 매일 아침 일찍 일어난 그는 현관에서 120미터가 떨어진 자갈밭 호숫가로 걸어가 '소로의 포인트Thoreau's Point'에서 깊은 물로 뛰어들었다. 그는 이 행위를 두고 "종교적인 활동이자, 내가 가장 잘한 일"이라고 썼다. 물에 뛰어들 때 그는 세상에 태어났을 때처럼 알몸이었다.

미국 시인 월트 휘트먼도 나체 수영과 옷을 걸치지 않고 수영

변화의 순간: 1912년 스톡홀름 올림픽에서 열린 여자 400미터 자유형 계영에서 금메달을 딴 영국 선수들은 모두 20세기식 수영복을 입고 있다. 하지만 뒤에 서 있는 엄격한 여감독은 여전히 과거에 머물러 있는 듯한 모습이다. (의회 도서관 제공)

하는 사람들을 예찬했다. 〈나는 전율을 느끼는 몸을 노래한다! Sing the Body Electric〉라는 시에서 휘트먼은 "알몸으로 수영장에 들어간 이는, 헤엄칠 때 투명한 푸른빛 물결 사이로 보이고, 얼굴을 위로 보이게 누워 조용히 여기저기 물결 사이로 몸을 구른다"라고 서정적으로 표현했다.

1892년 월트 휘트먼이 사망할 당시 겨우 20세였던 프랑스 작가 폴 발레리는, 알몸으로 수영할 때의 온전한 감각과 (성적) 즐거움을 더 구체적으로 묘사했다. "물속으로 뛰어들 때, 머리부터 발끝까지 거칠고 우아하게 온몸을 움직일 때, 오롯이 몸 구석구석을 비비 꼴 때, 오직 사랑에 비할 만한 기쁨을 느낀다." 또한 당시의 높은 도덕적 기준에도 불구하고 토머스 에이킨스Thomas Eakins도 〈물웅덩이The Swimming

Hole)를 그렸다. 그림 속에는 5명의 젊은이가 홀딱 벗은 채로 외딴곳의 강가에서 쉬거나 물에 뛰어들고 있다. 어쩌면 그러한 도덕적 기준 때문에 그는 이런 그림을 더 그리게 되었을지도 모르겠다.

1995년 《옥스퍼드 예술저널Oxford Art Journal》에 실린 한 기사에서 랜달 그리핀Randall Griffin은 에이킨스의 그림을 두고 "고대 그리스 프리즈(건물의 윗부분에 그림이나 조각으로 띠 모양의 장식을 한 것-역자 주)에 새긴 조각"을 현대적으로 표현한 작품으로 볼 수 있다고 평가했다. 그림 속 인물들은 에이킨스가 존경했던 휘트먼을 떠올리게도 했고 수영이 신성한 의식의 일종으로 보이도록 표현하기도 있다. 또한 에이킨스는 자신을 그림 속 우측 하단에서 헤엄을 치고 있는 여섯 번째 인물로 묘사했다. 그러나 단편적인 측면에서 보면 〈물웅덩이〉는 당시 젊은이들이 외딴곳에 가서 수영을 즐기던 아름다운 장면을 묘사한 것일 뿐일 수도 있다.

매우 아이러니하게도, 수영의 민주화에 가장 앞장선 이들은 과하게 옷을 껴입고 물을 접한 적도 거의 없었던 온실 속 화초인 빅토리아 시대 여성들이었다. 1901년 영국 상류층이 주로 보는 잡지로, 왕족과 독신 여성 귀족들이 즐겨 읽던 《우먼후드Womanhood》에서는 독자들에게 해안에서의 혼합 수영에 대한 의견을 달라고 했다. 남성과 여성의 수영차가 해안에 나란히 세워져 있고, 근처에서 수영하는 수준이 아니라 서로 손이 닿을 거리에서 한데 섞여 물놀이를 즐기는 것 말이다. 독자들의 반응은 엄청났다.

한 여성은 다음과 같이 썼다. "나는 여성과 남성이 해안에서 함께 물에 들어가는 것에 대해 반대할 만한 근거를 찾지 못했습니다.

(……) 그들이 함께하는 것은 자연스럽고 안전합니다. 대체 언제 그리고 왜 분리된 수영장이 필요하게 되었는지 알 수 없습니다." 다른 투고자들도 "유럽 대륙에서 성행하는" 혼영 방식이 이미 여러 영국 해안 휴양지에서도 용인되고 있다는 사실에 주목했다.

응답자들의 열렬한 반응은 분리 수영을 선호할 때조차도 여성들의 수영 문화가 이미 성행하고 있음을 암시했다. 포츠머스 여성 수영클럽의 회원은 500명에 달했으며, 본머스, 엑서터, 솔즈베리, 사우스씨, 브라이튼, 워딩 그리고 런던 클럽과 함께하는 수영 경기에도 활발히 참여했다. 콘노트Connaught 공작과 공작부인은 매년 포츠머스 클럽의 여성 수영 챔피언십에 은 트로피를 제공했다. 1901년, 영국에서 스포츠를 관장하는 기구인 아마추어수영협회에서는 다양한 지역에서 여자 100야드(91.44미터) 수영 대회를 개최해 상을 수여하기 시작했다.

한편으로 보면, 여성 수영은 기독교 교리가 영국과 미국의 여성에게 부여한 특권이었다. 신은 성별에 상관없이 모두의 심신과 믿음이 강하고 활기차길 원하시므로, 영국과 미국에서도 많은 이들이 시간과 관심을 들여 여성의 수영 경기를 찬성하기에 이르렀다. 《브루클린 데일리 이글Broodlyn Daily Eagle》의 보도에 따르면, 1919년 호주에서 가장 유명한 수영선수 패니 듀락Fanny Durack과 미나 와일리Mina Wylie가 뉴욕 맨해튼 비치 근처에 설치된 '수영장'에서 미국 수영 스타에게 경기를 하자고 도전장을 내밀자 "1만 명의 관중들이 모여 목이 쉬도록 응원했다." 1만 명이라니! 이는 여자 수영 전반에 걸쳐 분명 획기적인 사건이었을 것이다. 하지만 영국과 미국에서 완전한 자유는 아직 찾아오지 않았다.

1919년 5월 30일, 영국 배스에서 나체 목욕을 금지한 지 182년이 되는 해이자 뉴욕 해변에 수영 경기를 응원하는 1만 명의 무리가 모이기 3개월 전,《뉴욕 타임즈》는 사무엘 미첼 장관이 "20명의 여성 특별 보안관"을 임명해 4륜 마차를 타고 순찰을 돌면서 "아주 조그마한 수영복을 입은" 여성들을 단속하라고 명했다고 보도했다. 한 달이 지난 1919년 여름,《타임즈》에서는 코니아일랜드 경찰이 스웨터와 치마 안에 수영복을 입었다는 이유로 안나 골드먼Anna Goldman을 체포했다고 보도했다. 해안 공원 주변을 다닐 때는 옷을 완전하게 갖춰 입어야 한다는 법에 저촉되었다는 이유였다. 안나와 그녀의 남편 그리고 친구인 니콜라스 크리스티Nicholas Christy는 함께 저항하다 모두 잡혀갔다. 하지만 며칠 뒤 코니아일랜드 법정에서 치안판사는 검열관이 안나 골드먼의 치마를 위로 들춰 의복 규칙을 위반했는지 확인했다는 점을 크게 질책했다.

치안판사는 "그녀가 옷 안에 수영복을 입었는지 확인하는 것은 검열관의 업무가 아닙니다"라고 말하며, "수영복을 입었더라도 그 위에 스웨터와 치마를 입었다면, 그녀는 어디든 갈 수 있습니다. 그렇게 입고 쇼핑을 갈 자유도 있습니다. 남성들 또한 스웨터와 바지 안에 수영복을 입었어도 원한다면 직장에 나가도 됩니다"라고 판결했다. 안나는 의복에 관한 조례를 위반했다는 혐의를 즉각 벗었다.

그로부터 8년이 흐른 뒤에도 수영복과 검열관들의 싸움은 계속되었으며, 공공의 관심사가 되었다. 윌리엄 뤼글리 주니어가 큰 상금을 걸고 개최한 산타카탈리나 수영 대회의 원래 규칙은 "물에 뜨지 않는 형태의 어떤 수영복도 괜찮고, 원한다면 수영복을 아예 입지 않아도 된다"였다. 누군가는 이 규칙이 남성의 경우만 해당하는 것이 아닌가 하고 생각할 것이다(실제로 조지 영은 마지막에 알몸으로 들어왔다). 하지만 당시 한 여성 참가자가 이 조건을 여성 참가자에게도 공평하게 적용해달라고 요구했다. 뉴욕 출신인 샤를로트 무어 슈멜Charlotte Moore Schoemmel은 수영할 때 입는 의복이 헤엄치는 데 방해가 되며 피부를 다치게 한다고 주장했다. 몇 주 뒤, 거트루드 에덜리의 증언을 인용해 여성 기독교 금주 연합Women's Christian Temperance Union에서 발표한 결의안이 《로스앤젤레스 타임즈》에 실렸다.

카탈리나 수영 대회의 특정 참가인들이 나체 수영을 허가해달라고 요구한 것은 단연코 거부되어야 합니다. 세계 수영 챔피언인 거트루드 에덜리 양은 수영 의복을 착용하지 않고 참가해야 할 필요성에 반박했으며, 그런 주장은 뻔뻔하고 천박하여 지지할 수 없다고 의사를 표했습니다. 부끄러운 행동이 불러올 홍보 효과를 노린 것뿐이라고 말입니다. 그러므로 다음의 결의안을 공표합니다. 우리 로스앤젤레스 여성 기독교 금주 연합의 주 행정국에서는 인류의 삶을 증진하고자 모든 분야에서 노력하는 기독교 여성 단체로서 나체로 수영 대회에 참가하는 것, 특히 1927년 1월 15일에 개최 예정인 카탈리나 수영 대회에서 나체 수영을 허하는 것을 반대하는 바입니다.

에덜리는 뤼글리를 만나 직접 이 문제에 대해 언급했다. 최근 해협의 횡단 사례를 이야기하며, "개인적으로 수영에서도 다른 모든 분야와 마찬가지로 정숙함이 어느 정도 필요하다고 생각하기에, 몸에 아무것도 걸치지 않고 헤엄치는 것은 상상할 수 없습니다. 저는 남성용 스포츠 트렁크와 브래지어를 입고 헤엄쳤는데, 여성에게 아주 적합한 수영복인 것 같습니다"라고 말했다.

샤를로트 슈멜은 결국 나체로 헤엄치게 해달라는 주장을 철회하고 수영복을 입고 참가했다. 불편을 느꼈던 쪽은 여성뿐만이 아니었다. 1937년까지 뉴저지의 애틀랜틱시티에서는 남성들이 셔츠를 입지 않고 해안가에 가는 것을 허용하지 않았다. 미국 동해안에서는 그때까지도 '젖꼭지 가리기' 규칙이 엄격하게 적용되었기 때문이다.

사진 기록을 보면 뉴스로 전한 이야기들이 사실이었음을 알 수 있다. 광란의 20년대에는 고상한 검열관들과 공중도덕 안내원들이 미국 수영시설 여기저기에 참견을 하고 다녔다. 엄한 얼굴을 한 여성이 수영복의 겨드랑이 부분이 얼마나 깊게 파여 있는지 잰다든지, 경찰들이 팜비치 모래사장에 무릎을 굽히고 앉아 여성 수영복이 무릎 위 몇 센티미터 위로 올라갔는지 잰다든지, 시카고에서 수영복을 입은 두 여인이 미시건 호 근처에서 오늘날 기준에서는 충분히 가렸는데도 살을 너무 많이 드러냈다는 이유로 범죄인처럼 포토라인에 선다든지, 여성 수영계의 유망주를 덩치 큰 경찰들이 번쩍 들어 올려 범인 호송차로 이동한다든지 하면서 말이나.

하지만 이 모든 것은 헛되고도 승산 없는 싸움이었다. 수영복은 이미 마지노선을 넘어버려 다시는 막아낼 수 없게 되었다. 더군다나 마지노선을 넘어버린 이는 세계에서 가장 완벽한 몸매를 소유한 여성이었다.

10

호주가 낳은
수영 히로인

빨랫줄에 널어놓는 옷보다
더 많이 입으면 헤엄칠 수 없습니다.

– 아네트 켈러만

수영의 역사에는 여성들의 활약이 많은 부분을 차지한다. 우리는 이미 몇몇 여성 영웅들을 만나보았다. 클로일리아는 에트루리아 캠프에서 동료 포로들을 구했고, 아그네스 백위드는 정장에 밀짚모자를 쓰고 헤엄쳤으며, 거트루드 에덜리는 영국해협을 횡단한 최초의 여성이었을 뿐 아니라 평영 대신 크롤 영법을 사용하여 매튜 웹의 기록도 깨버렸다. 린 콕스는 험한 환경에서 장거리 수영에 성공하면서 불가능해 보이는 성취를 이루어냈다.

신장 142센티미터에 몸무게가 29킬로그램밖에 안 되는 에일린 리진Aileen Riggin은 1920년 14세의 나이에 올림픽 3미터 다이빙에서 금메달을 땄고, 4년 뒤 같은 종목에서 은메달을 추가했으며, 100미터 배영에서는 동메달을 땄다. 플로랜스 채드윅Florence Chadwick은 열 살 때 샌디에이고 만 입구를 횡단했다. 무려 열 살 때 말이다! 이후 채드윅은 영국해협을 왕복한 최초의 여성이자 양방향 모두에서 신기록을 세운 여성이 되었다. 재닛 에번스Janet Evans는 미국의 자유형 선수로, 1988년 서울올림픽에서 400미터와 1,500미터 자유형 세계신기록을 세웠고, 이때 세운 기록은 각각 18년, 19년 동안이나 깨지지 않았다.

이 외에도 여성 영웅들은 많이 있다. 그들은 현대사에서 더 나은 자리를 차지할 자격이 있는 인물들이다. 그런데 그중에서도 아네트 켈러만Annette Kellerman만큼 수영의 사회적 역사를 크게 바꿔놓은 인물은 없었다. 켈러만은 참으로 적절한 때에 등장했다. 여자 수영 경기가 점점 더 인기를 끌었지만 말도 안 되는 빅토리아 시대의 전유물 때문에 방해를 받고 있던 시기였다. 투지와 기업가로서의 능력이 출중했던 그녀는 200년간의 고상함을 뭉개버리고 그 반대의 매력을 대중에 선보였다.

1886년 호주 시드니에서 태어난 켈러만은 부모님이 두 분 다 음악가였다. 아버지는 바이올리니스트였고 어머니는 피아노 선생님이었다. 켈러만은 어릴 때 알 수 없는 병에 걸렸고, 다리가 뒤틀리는 후유증을 앓았다. 두 살 때 다리에 투박한 보조 장치를 낀 그녀는 이후 5년간을 장치에 의존했다. 마침내 장치를 떼어낼 때 의사는 다리의 힘을 기르기 위해 수영을 배우라고 권유했지만, 아네트는 수영을 배우고 싶지 않았다. 부모님께 절대 바다에 데려가지 말라고 애원할 정도였다. 하지만 그녀의 부모님은 꾸준히 재활 훈련을 시켰고, 이내 그녀를 물에서 나오게 하기 힘들게 되었다. 다행히도 1900년대에 들어선 시드니에서는 수영을 배울 기회가 흔했다. 켈러만은 카빌 플로팅 배스 Cavill's Floating Baths의 정규 회원이 되었다. 카빌 배스는 영국에서 망명한 프레디릭 카빌이 실립한 시설로, 그는 매튜 웹보다 더 먼저 영국해협 횡단에 두 번이나 도전했다 실패했던 인물이었다.

상어에게 공격당할 걱정 없이 그물로 막힌 장소에서 연습하던 켈러만은 최고의 선수들을 모방하며 금방 수영을 배웠다. 1902년 15세의 나이에 그녀는 뉴사우스웨일스 수영 대회에 참가하여 100야드 경기와 1마일 경기에서 각각 세계신기록을 세웠다(각각 1분 22초와

33분으로 당시 세계기록을 관리하던 공식기관은 없었다). 그로부터 3년 뒤, 부모님과 함께 멜버른에 거주하던 그녀는 야라Yarra 강을 헤엄치며 5마일, 10마일 그리고 15마일 지점에서 기록을 갱신했다. 켈러만은 수중 엔터테인먼트 사업을 운영했으며, 멜버른 주변에서 다이빙이나 수영 쇼를 선보이며 인어 흉내를 내고, 무언극을 하기도 하고, 수족관 쇼에서 물고기들과 함께 헤엄을 치기도 했다.

켈러만은 타고난 엔터테이너로 그러한 활동을 즐기기도 했지만, 경제적인 이유도 있었다. 1890년대의 경제 침체로 켈러만 부모님의 작은 음악 아카데미는 어려움을 겪었고, 멜버른으로 이사를 해서도 빚을 다 갚지 못했다. 빚을 해결하기 위해 켈러만은 전문 수영 선수가 되기로 결심했고, 1905년 4월 남아 있던 자금을 투자하여 아버지와 함께 영국행 배에 몸을 실었다. 영국에 도착한 켈러만은 런던 시민들이 보는 가운데 템스 강의 퍼트니 다리에서 블랙월Blckwall까지 3시간 반을 헤엄치며 화려한 신고식을 했다. 하지만 캘러만은 그때의 수영이 끔찍했다고 했다. 켈러만의 이야기에 따르면, 물이 오염돼 그녀는 예인선과 바지선으로 몸을 피하면서 수영을 해야만 했다.

그녀를 보기 위해 모인 수많은 관중 덕분에 《데일리 미러》 편집자의 관심을 끌었고, 편집자는 켈러만이 영국해협에 두 번째로 도전하는 여성이 된다면 지원을 해주겠다고 제안했다. 켈러만은 그 제안을 받아들여 한달 반 동안 훈련을 거듭했고, 때로는 1주일간 100마일(160킬로미터)를 헤엄치며 연습하기도 했다. 그녀는 1905년 8월 25일, 매튜 웹 횡단 30주년을 기념하는 행사에 다른 남성 3명과 함께 도버 해안에 섰다. 그중 아무도 횡단에 성공하지 못했는데, 켈러만의 경우는 본인이 원해서 도전한 것이 아니었다. 《데일리 미러》측에서 그녀에서 수영 1마일당 일정 금액을 지불하기로 했기 때문에, 그녀는 포기하기 전까지는 최선을 다해 헤엄쳤다(전해지는 이야기에 따르면, 스폰서 중 누군가가 건넨 코코아를 먹은 후 아팠다고 한다).

켈러만은 그 후에도 두 번이나 더 영국해협 횡단에 도전했으나 성공하지 못했다. 그녀는 이후 인터뷰에서 "인내심은 있었지만, 강한 힘이 부족했다"라고 말했다. 아네트 켈러만은 실패에도 불구하고 신문 1면을 장식했다. 그녀는 이후 커리어를 이어가는 내내 끊임없이 자신만의 브랜드를 만들었고 결국에 빛을 보았다.

그녀는 1953년 《보스턴 글로브Boston Globe》와의 인터뷰에서 다음과 같은 일화를 들려주었다. "나와 아버지는 명성이 있었죠. 하지만 영국해협 횡단을 시도한 이후에도 겨우 먹고 살 정도였습니다. 그러던 어느 날 배스 클럽에서 영국 왕과 왕비를 위해 공연해달라는 요청을 받았는데, 시사회를 마친 뒤 전하들 앞에서는 다리를 모두 가리는 것이 좋겠다는 결정이 내려졌어요. 우리는 적절한 의상을 준비할 돈이 없었기에 기존에 입던 수영복에 실크 스타킹을 붙여서 입자는 생각을 하게 되었고, 바로 그것이 원피스 수영복이 되었죠."*

아네트 켈러만은 원피스 수영복과 함께 더욱더 유명해졌다. 이듬해 그녀는 《르오뜨 신문L'auto Newspaper》의 후원을 받아 파리 센 강에

---

* 《보스턴 글로브》와 인터뷰를 할 당시 켈러만은 60대 중반이었다. 그녀는 콘노트 공작과 공작부인에게 초대받은 일화도 들려주었는데, 여성 수영을 적극 지원했던 그들 앞에서도 그녀는 수영복을 수선해서 입어야만 했다고 한다.

서 7마일(11킬로미터)을 헤엄쳤다. 켈러만이 아니었다면 남성들만 출전했을 이 대회에서 그녀는 3위를 차지했고, 수백만 명의 관중들에게 찬사를 받았다. 이후 그녀는 오스트리아로 가서 자신보다 열여섯 살이나 많고, 여성 최초로 영국해협 횡단을 시도했던 발푸르가 폰 이사체스쿠 walpurga von isacescu와 맞붙었다. 툴루에서 비엔나까지 45킬로미터에 걸쳐 다뉴브 강을 헤엄친 그들의 경주는 켈러만의 완승으로 끝났다. 그녀는 45분이나 먼저 결승점에 들어왔지만, 얼음장같이 차가운 수온과 소용돌이 그리고 거친 바위를 헤치며 고통스럽게 얻은 승리였다. 뉴사우스웨일스로 돌아온 그녀는 여성 아마추어수영협회에서 주최하는 수영 대회에서 수천 명의 여성 관중들의 응원을 받으며 경기에 참가하기도 했다(남성 관중은 입장하지 못하도록 문을 잠그고 진행한 경기였다).

그 경기가 켈러만에게 있어 수영 선수로서는 마지막 경력이었다. 스무 살밖에 안 되었지만 그녀는 엔터테이너 사업을 시작했고, 20세기 초 거의 50년간은 그녀를 대적할 인물이 없었다. 그녀는 인간 회오리바람이자 겁 없는 여성이었다.

런던에서 켈러만은 이전 세기에는 '묘기 수영'이라 불리던 것을 예술의 경지로 끌어 올렸고, 런던 히포드롬Hippodrome 극장에서 거대한 물탱크에 들어가 수중 발레를 선보이기도 했다. 또한 켈러만은 18미터, 혹은 27미터 높이 위로 올라가 아주 작은 수영장으로 다이빙을 하며 관중들의 손에 땀을 쥐게 했다(독자들의 이해를 돕기 위해 비교하자면, 올림픽 다이빙에서 가장 높은 종목은 10미터 다이빙으로, 켈러만이 선보인 극적인 다이빙의 3분의 1 수준밖에 안 된다).

1907년, 켈러만은 활동하기에 더 좋은 환경을 찾아 아버지와

수영의 역사에서 아네트 켈러만은 그 누구보다 많은 변화를 이끌어낸 인물이다. 1910년 하버드 헤먼웨이 체육관의 관장은 켈러만을 이렇게 칭송했다. "이 시대 가장 아름다운 형태의 몸을 가진 여성이다." (의회 도서관 제공)

함께 미국으로 갔고, 버라이어티쇼에 출연하기 시작했다. 그녀는 시카고 화이트 시티 공원의 프로그램 안내판에서 자신의 공연이 '훈련받은 벼룩의 서커스'와 '먼디가 훈련한 야생동물 쇼' 사이에 있는 것을 발견했다. 과거 매튜 웹이 미국에서 버라이어티쇼를 전전하던 그림자가 남아 있었던 것이다. 하지만 켈러만은 공연으로 벌어들이는 수입에 만족했고, 뉴욕 히포드롬 극장에 훈련 교실을 세워 수중 발레나 물고기와 함께 헤엄치기, 목숨을 건 다이빙, 심지어 극장 꼭대기에 밧줄을 매달아 뛰어내리기 등을 선보였다.

관중들은 과감한 공연을 지켜보며 환호했지만, 그녀의 몸매를 보며 추파를 던지는 사람들도 있었다. 그로부터 40년 뒤, 폴 갈리코는 어린 시절 브로드웨이 62번가의 콜로니얼 극장에서 켈러만의 공연을 본 경험을 회고하며 "관중석을 가득 메운 사람들은 표면상 그녀의 크롤 수영과 배영, 잭나이프 다이빙과 스완 다이빙을 보러 왔지만, 진짜 목적은 따로 있었다. 아네트 켈러만이 입었던 원조 수영복에는 치마와 소매가 달려 있지 않았지만 울로 되어 있어 두꺼웠다. 그럼에도 불구하고 여성의 몸매가 어떻게 생겼는지에 관해 더 이상 모호한 추측을 하지 않아도 되었다"라고 썼다.

1907년 7월, 켈러만은 보스턴 리비어 해변에서 (기자들의 표현을 빌리자면) "몸에 꼭 끼는 판탈롱"을 입고 있었다. 그것은 그녀가 직접 디자인한 원피스 수영복이었는데, 다리가 훤히 다 나오고 가슴 형태가 다 드러나는 옷이었다. 그렇게 싸움이 시작되었다. 누가 신고를 했는지는 모르겠지만, 경찰이 출동했고, 켈러만은 부적절한 노출을 이유로 체포되었다.

수년이 지난 뒤 켈러만은 당시의 사건을 두고 "큰 실수였다"라고 회상했다. 그녀는 단지 장거리 수영을 연습하려 했을 뿐이었고, 누구에게 충격을 주거나 해를 입힐 의도는 없었다고 말했다. 물론 켈러만에게는 더 큰 목적이 있었을 가능성도 있다. 체포되기 직전, 그녀는 "빨랫줄에 널어놓는 옷보다 더 많이 입으면 헤엄칠 수 없습니다"라고 말했다고 전해진다. 의도가 무엇이었든, 존 루카스John Lucas는 켈러만에 관한 장문의 글에서 말했듯 그녀의 부적절한 노출은 "아마도 가장 널리 알려진 퍼포먼스였을 것이다"라고 평가했다. 사실 엄청난 언론 보도도 그녀에게 부정적인 이미지를 주지 못했고, 그녀는 벌금조차 내지 않았다.

재판에서 켈러만은 혐의를 인정했지만 판사를 향해 이렇게 질문하기도 했다. "이렇게 법적으로 의복을 규정하는 것이 발목에 쇠사

여성 수영의 해방과 1916년 스타일: 여성들이 입은 수영 의복은 켈러만의 영향을 받았다. 뉴욕 브루클린의 쉽스헤드 만에서 열린 수영 대회에는 여감독관의 모습도 보이지 않는다. (의회 도서관 제공)

슬을 채우는 것과 대체 무슨 차이가 있습니까?" 얼마나 더 많은 여성이 헤엄치는 법을 몰라서 죽거나 아니면 법에서 정하는 그 많은 옷들을 껴입고 도저히 헤엄을 칠 수 없어서 죽어야만 했던 것일까?

결국 켈러만은 승리했다. 판사는 켈러만에게 단 하나의 조건을 걸며 무혐의 처분을 내려주었다. 다음부터 물에 들어가기 직전까지는 망토를 걸쳐야 한다는 조건이었다. 이 사건으로 켈러만의 은행 계좌는 더 풍족해졌다. '아네트 켈러만' 스타일의 수영복들이 출시되었고 반향을 일으켰다. 1912년에는 여자 수영(테니스 외에 유일한 여성 스포츠였다)이 스톡홀름 올림픽 종목에 추가되었다. 켈러만은 더 이상 선수로 활동하진 않았지만, 올림픽에 출전한 모든 여성 수영 선수들은 5년 전 켈러만이 보스턴에서 입었던 자유로운 수영복을 입었다.

아네트 켈러만은 보스턴에서 데뷔하기 전부터 이미 버라이어 티쇼에서 인기를 끌고 있었다. 따라서 그녀가 체포된 사건은 헤드라인 을 장식했으며 그녀의 끈덕진 의지는 그녀를 부자로 만들어주었다. 호 수 인어, 또는 다이빙 비너스라고 불리던 그녀는 뉴욕을 비롯한 미국 전 지역과 유럽, 뉴질랜드 그리고 고향 호주 등지에서 2년 내내 하루 에 두 번씩, 일주일에 열네 번의 쇼에 출연했다.

켈러만은 뉴욕에서 열린 인기 콘테스트에서 5만 표차로 승리해 자동차를 상품으로 받았고, 인어 의상을 입고 머리에는 '해초' 가발을 쓴 채 화려하게 장식된 차에 올라 타임스퀘어에서 퍼레이드를 했다. 당시 20만 명의 팬들이 그녀를 보려고 몰려들었다. 그녀는 당시를 회 상하며, "끔찍이도 추웠다"라고 말했다. 언젠가 한번은 백마에 올라타 뉴욕 주변을 행진하기도 했다.

또한 하버드대학교의 더들리 A. 사전트Dudley A. Sargent는 아네트 켈러만의 몸매가 완벽하다고 극찬했다. 1910년 12월 4일, 그는 삽화 가 포함된 《뉴욕 타임즈》의 한 기사를 통해 '세계에서 가장 아름다운 몸매를 가진 현대 여성'에 관한 10년에 걸친 연구 결과를 발표했다. 사 전트는 자신의 연구 목적이 고결한 것이라고 주장했다. 그는 여성들을 코르셋과 거들의 압박에서 구해내고 고대의 아름다움이 더 우수하다 는 사실을 다시 알리고자 했다. 그는 "그리스인들이 그러한 아름다움 을 찬양하자 여성들은 당시 남성들이 인정한 조화로운 곡선과 대칭적 인 선의 아름다움을 발견했고, 그에 따라 자신들을 맞추었다"라고 주 장했다. 그리스인들의 도덕성이 느슨해지자 창녀들이 유행을 만들어냈다. 허리끈을 단단히 매고 코르셋을 어느 때보다 바짝 조이기 시작한 것이다. 정도가 너무 심해지자 히포크라테스는 "코스 섬의 여성들이 갈비뼈를 너무 심하게 압박해서 스스로 호흡을 방해한다"라고 심하게 비난했다고 한다. 그 이후로 오랜 시간 동안 상황은 그대로였다.

사전트는 코르셋의 부작용을 증명하기 위해 주변 대학교의 여학생들을 상대로 2분 30초간 일반 체육복을 입고 한 차례 뛰게 한 뒤, 한참 휴식을 취하고 나서는 코르셋을 착용한 뒤 같은 시간을 뛰게 하는 실험을 했다. 그 결과 코르셋을 착용하고 달리면 폐활량이 5분의 1가량 줄었다. 사전트는 이렇게 기록했다. "꽉 조이는 코르셋을 착용한 여성은 들이마시는 공기 중 20퍼센트를 내다 버렸다."

몸매의 비율이 완벽한 여성을 논하며 사전트는 〈밀로의 비너스Venus de Milo〉라고 알려진 밀로의 아프로디테 조각상을 꼽았다. 잘려나간 팔까지 포함해서 말이다. 다음으로 그는 웰즐리, 래드클리프, 스미스, 바사 등 대학 도시 총 25개를 기점으로 1만 명의 여학생의 머리둘레부터 양쪽 종아리 둘레까지 모두 측정한 자료를 수집해 인덱스에 기록했다. 그리고 마지막에 아네트 켈러만의 신체 사이즈를 측정한 사전트는 최후의 승자를 찾게 되었다. 몸무게 62.14킬로그램에, 신장 163.8센티미터, 가슴둘레 35.2인치, 허리둘레 26.2인치, 엉덩이둘레 37.8인치였던 그녀의 신체 사이즈는 비너스의 사이즈와 거의 비슷했다. 사전트에게 그 사실은 신체 조건을 구성하는 데 있어 수영의 우수성을 알리는 증거가 되었으며, 결국 수영에서, 특히 장거리 수영에서는 여성이 남성보다 우세하다는 점을 증명해주었다. 앞서 언급했던 그 걸리적거리고 놀라운 피하지방 덕분에 말이다.

켈러만은 그의 주장에 전적으로 동의했다. 그녀는 1915년《여성 홈 저널Ladies Home Journal》에 실린 기사에 "그 문제에 관해 말하자면 여성이 자연적으로 남성보다 수영에 뛰어나다고 할 수 있습니다"라고 썼다. "거의 모든 스포츠 종목에서 여성은 남성에게 밀립니다. 하지만 수영에서는 예외죠. 작은 뼈와 골격에 부드럽고 물에 잘 뜨는 살이 더 많이 붙은 덕에, 여성들은 남성들과 달리 물에 바로 가라앉지 않아 몸을 물에 띄우기 위해 큰 힘을 들이지 않아도 됩니다."

켈러만의 몸매가 완벽하게 아름답다는 주장이 나온 이후, 그녀는 당연히 버라이어티쇼에서 더 잘나가게 되었다. 최고 잘나가던 시절에는 출연료로 일주일에 1,500달러를 벌어들였고, 1년에 7만 8천 달러, 즉 오늘날 가치로 환산하면 20만 달러를 번 셈이었다. 하지만 문제도 생겼다. 유명세를 탄 켈러만은 극장 거물인 B. F. 키이스B. F. Keith, 윌리엄 모리스William Morris 그리고 에드워드 올비Edward Albee의 권력다툼에 말려들었다. 사태가 진정되자 올비는 그녀의 주급을 반으로 줄이겠다고 엄포를 놓았다. 하지만 항상 그래왔듯 켈러만은 다음 단계로 나아갈 준비가 되어 있었고, 그즈음 아네트 켈러만이라는 이름은 무적의 브랜드였다.

1912년 여름, 미국 인디애나 주 페루에서는 예일대 신예 작곡가 콜 포터Cole Porter가 남학생 사교 클럽인 델타 카파 엡실론DKE 뮤지컬 공연에 올리기 위해 노래를 작곡하고 가사를 붙였다. 무대에 결국 오르지 못했던 이 노래의 주제는 여성, 섹스, 사랑, 상류 사회 그리고 대학생들의 장난이었다. 노래의 제목은 〈그녀는 젊고 아름다운 인어 아가씨였네She Was A Fair Young Mermaid〉였다.

가사:

내가 아직 치기 어린 소년일 때

연애를 한 적이 있었지.

대체 무슨 기묘한 일이 내게 닥쳤던 건지.

파도를 타며 노닐고 있었는데

순간 누군가가 눈앞에 나타났지.

아름다운 그녀, 바로 아네트 켈러만.

태연한 듯 앉아 있던 그녀는,

거의 알몸으로 오롯이 혼자였지.

보호자에게서 벗어나,

마치 처음으로 사교모임에 나가는 여인 같았네.

하지만 천상의 아름다움을 뽐내는 그녀를 바라보니,

소녀이긴 했으나 지상의 여인은 아니었다네.

후렴구:

그녀는 젊고 아름다운 인어 아가씨였네,

젊고 당당한 인어 말이야.

그래, 진정한 비너스였던 그녀는

내가 사랑하는 인어 아가씨.

켈러만은 권력다툼으로 잠시 고통받는 듯했지만, 금세 떨쳐내고 일어났다. 그녀는 이미 1910년 무렵부터 캘리포니아와 고향인 호주에서 실험적인 단편영화 제작을 준비하고 있었고, 1914년 무렵에는 이 분야에 더 깊이 뛰어들기로 했다. 그녀는 레슬리 피콕Leslie Peacock과 함께 물속 판타지 영화인 〈넵튠의 딸Neptunes's Daughter〉 공동 대본을 썼고, 주연으로 출연했다. 3만 5천 달러라는 비교적 적은 예산을 들였음에도 티켓 수입은 10만 달러에 이르렀다. 켈러만은 극 중 악당과 싸우다 높은 절벽에서 다이빙하는 장면을 직접 연기하며 예산을 줄일 수 있었는데, 약간의 허세를 부리다가 의식을 잃고 물가로 떠내려온 적도 있었고, 수중 탱크에서 촬영하다 높은 압력에 탱크가 터지면서 크게 다치기도 했다.

켈러만의 다음 영화는 규모 면에서 완전히 달랐다. 1916년 제작된 〈신들의 딸A Daughter of the Gods〉에는 2만 명의 엑스트라가 투입되었고, 세트의 길이만 800미터에 달했다고 알려졌으며, 투입된 예산만 해도 10만 달러가 넘었다. 제작사 대표가 아슬아슬한 폭포 다이빙 장면을 만류했지만, 켈러만은 이번에도 직접 다이빙 장면을 연기했고, 살아 있는 악어들이 있는 웅덩이로 뛰어들기도 했다. 영화 관람객들은 (긴 머리카락으로 아름답게 가린) 몇몇 나체 장면 덕에 켈러만의 아름다운 몸매를 더 많이 감상할 수 있었다. 덕분에 영화 산업 전반에 걸친 나체 금지법이 촉발되기도 했다.* 하지만 켈러만은 이에 아랑곳하지 않았고, 오히려 더 대담해져서 계좌에 차곡차곡 쌓여가는 돈을 흐뭇하게

---

* 팀 해리스Tim Harris는 《플레이어: 현대 스포츠를 있게 한 250명의 남성, 여성 그리고 동물들》이라는 책에서 오하이오에서 한 남자가 켈러만에게 푹 빠져서 그녀의 영화를 세 번 연속으로 보고 집에 돌아갔다가 분노한 아내가 감자 으깨는 기구를 휘두르는 바람에 사망한 일화를 들려주었다.

바라보았다.

이후로도 10년간 네 편의 영화를 더 제작하며 직접 연기를 펼쳤던 켈러만은 미용에 관한 조언을 담은 베스트셀러를 쓰고, 대중 강연을 통해 여성의 운동과 체육 교육의 중요성을 알리면서 일주일에 5천 달러가량을 벌어들였다고 한다. 아마도 당시 세상에서 가장 돈을 많이 번 여성이자 가장 요령 있는 여성이었을 것이다.

오늘날 공항 서비스 라운지에 가면 브랜딩 컨설턴트들이 가득하다. 도서관에도 브랜딩 관련 주제를 다룬 책들이 가득 꽂혀 있다. 하지만 켈러만에게 전문가의 도움이나 참고 자료는 필요치 않았다. 그녀는 브랜딩의 천재였다. 심지어 더 이상 직접 영화에 출연해서 연기하지 않을 때도, 켈러만은 자신의 이름을 건 브랜드를 관리하는 데 최선을 다했다. MGM에서 그녀의 삶을 전기 형식으로 다뤄 1952년에 극장에 개봉한 〈백만 불의 인어Million Dollar Mermaid〉를 제작할 때, 켈러만은 위대한 연출가인 버스비 버클리Busby Berkeley에게 수중 장면 촬영과 관련된 조언을 해주었고, 수영 선수에서 배우가 된 에스터 윌리엄스Esther Williams를 주인공으로 추천했다. 에스터는 1940년 올림픽이 세계 2차대전으로 무산되지만 않았더라면 금메달을 딸 수 있었을 만한 인물이었나. 아네트 켈러만은 할리우드에서 활동하면서도 할리우드 스타 같지 않았다. 켈러만의 전기를 쓴 작가 바바라 퍼스Barbara Firth와 에밀리 깁슨Emily Gibson은 켈러만을 메리 픽퍼드, 찰리 채플린, 더글러스 페어뱅크스와 비교했다. 그녀는 최고의 장면을 만들기 위해 끝까지 싸웠고 위험한 장면에서도 결코 물러서는 법이 없었다. 그녀는 헐리우드와 수영장이라는 두 세계를 오가며 살았다. 1912년, 매니저였던 제임스 설리번Jamed Sullivan과 결혼한 그녀는 1972년 그가 사망하기까지 60여 년을 그와 함께 행복하게 살았다. 켈러만은 호주의 골드 코스트에 거주하며 여성 수영과 체육 교육 증진에 앞장섰다.

그녀는 한 기자에게 말했다. "죽을 때 소녀 장거리 수영 대회를 유산으로 남기고 싶습니다. 장거리 수영은 신체 활동뿐만 아니라 개인의 성격 형성에도 아주 중요한 역할을 합니다. 장거리 수영을 한번 완수하고 나면 세상 그 어떤 것도 쉬워 보이지요." 신체 활동을 통해 건강을 유지하는 데 관해서라면 켈러만 스스로도 자신의 조언을 잘 따랐다. 그녀는 매일 바다에서 헤엄을 쳤고 60대까지도 다리를 곧게 뻗어 머리 위까지 들어 올릴 수 있을 정도였다.

인생 후반부에도 아네트 켈러만은 자신을 보러 온 대중들에게 다양한 '위대한 순간들'을 선사했다. 그녀는 관객들에게 "제가 가장 자랑스럽고 즐겁게 여기는 것은 나로 인해 수영이 여성 스포츠로서 큰 관심을 받았다는 점입니다"라고 말했다. 1953년 뉴욕을 방문했을 때 칼럼니스트 메이어 버거Meyer Berger와의 인터뷰에서는 인생 최고의 순간은 1917년 메트로폴리탄 오페라하우스 무대에 섰을 때라고 고백했다. 그 무대에서 켈러만은 묘기 수영이 아니라 자신의 영웅 안나 파블로바Anna Pavlova가 연기한 차이콥스키의 백조의 호수에서 백조가 죽는 장면을 발레로 연기했다. "파블로바의 백조를 연기했어요. 항상 하고 싶었던 무대였죠. 그날 엄청난 박수갈채를 받았습니다."

하지만 나는 아네트 켈러만에 관한 최종적인 평가로 《보스턴 포스트Boston Post》의 기사를 참고하고자 한다. "그녀의 공연을 보고 나면 누구든 관객석에 앉은 남자를 붙들고는 저렇게 놀라운 장면을 선보일 수 있는 여성이 정말 싸울 용기도 없고, 투표할 능력도 없고, 원하는 것을 선택할 자격도 없는 존재인지 말해보라고 따지고 싶어질 것입니다." 예를 들면 수영장 바닥이나 바닷속으로 가라앉지 않게 할 간편한 '수영복'을 선택할 자격 같은 것 말이다. 1975년 켈러만이 세상을 떠날 즈음의 '수영복'은 꼭 가려야 할 부분만 가릴 만큼 아주 많이 줄어들어 있었다.

11

나일론, 제2차 세계대전, 제임스 본드 그리고 초미니 수영복

아주 작고 노란 물방울무늬 비키니
그녀가 오늘 처음 입어 본 것이었다지.

– 노래: 브라이언 하일랜드, 가사: 리 포크리스, 폴 밴스

나의 어머니와 외삼촌, 외할아버지가 함께 나온 사진 두 장을 소개하고 싶다. 사진을 찍은 시기는 아마 1913~1914년 정도였을 것이다. 외할아버지의 왼손을 잡은 어머니는 다섯 살이나 여섯 살 정도로 보인다. 어머니의 오빠인 외삼촌 에드는 외할아버지의 오른손을 잡고 있고 여덟 살 정도였을 것이다. 두 어린이 모두 맨발로 모래사장을 밟고 있으며 항해사 복장처럼 생긴 아동복을 입었다. 그 둘 사이에서 카메라를 응시하며 반듯한 자세로 서 있는 외할아버지는 너른 어깨와 근육질 몸매를 자랑한다(그는 대학 시절 미식축구 선수였다). 뒤로는 흰 모래사장이 펼쳐지고, 한쪽에는 대서양을 향해 뻗은 부두가 보인다. 배경으로 파도가 치는 모습도 보이나 사진상으로 그리 심한 파도로 보이지 않는다. 추측이긴 하지만 외갓집 역사를 감안했을 때, 이곳은 뉴저지 남부 해안일 것이다. 외갓집이 있었던 펜실베이니아 랭커스터에서 기차를 한 번 갈아타면 이곳에 갈 수 있었다.

사진 속 외할아버지의 옷은 레슬링 선수들이 입는 것 같은 운동복인데 몸을 덮은 면적이 더 넓고 반바지는 거의 무릎까지 내려와 있다. 옷이 가슴을 완전히 덮었으며 목 부분만 약간 파여 있을 뿐이다. 팔은 어깨부터 드러나는데 겨드랑이는 부분은 거의 보이지 않도록 되어 있다.

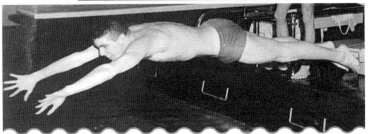

1914년경 저자의 어머니, 외삼촌, 외할아버지가 뉴저지 해안에서 찍은 사진이다. 남성들도 겨드랑이 아래쪽의 맨살을 드러낼 수 없었다. 아래 사진은 저자 본인이다. 1961년 고등학교 수영 대회에 나갔을 때 출발대에서 물로 뛰어드는 모습이다. 외할아버지에 비하면 훨씬 작고 가벼운 수영복을 입고 있다.

외할아버지의 운동복은 모직으로 만든 것이었는데 품질이 좋은 옷이었다는 점을 사진으로도 분명히 느낄 수 있다. 당시 외할아버지는 설탕 도매업을 하고 계셨고 사업은 잘 됐다. 당시 외갓집은 풍족하게 살았으므로 외할아버지와 외할머니는 해변에 갈 때 싸구려 옷을 입지 않았을 것이다. 물론 그해 여름 미국 과두제 집권층의 가족들은 해변에 나갈 때 뭘 입었는지 잘 모르겠으나 사진 속의 옷들은 최고급으로 보였다.

두 번째 사진 속의 인물은 바로 나다. 출발 신호가 울리고 나서 1~2초 만에 거의 완벽할 정도로 평평하게 물 위로 몸을 뻗은 모습이다. 출발대는 발 바로 뒤에 있다. 두 팔은 최대한 멀리 앞으로 뻗었다. 비교적 짧은 나일론 바지로 엉덩이와 앞부분을 가린 것을 제외하면(얀젠Jantzen 사의 나일론 제품이었는데, 스피도Speedo가 수영복 시장에 뛰어들기 전에는 모든 경기복이 얀젠이었다) 나는 완전히 알몸 수준이었다. 장담컨대 아마도 외할아버지는 이런 수영복을 절대 상상하지 못했을 것이다.

두 사진 사이에 대략 45년 동안 대체 무슨 일이 일어났던 것일까? 바로 제1차 세계대전, 광란의 20년대와 올림픽 게임, 타잔, 대공황, 제2차 세계대전, 나가사키, 히로시마, 전후 태평양에서의 핵폭탄 실험, 프랑스 해방, 로큰롤, 청소년, 제임스 본드, 숀 코너리 그리고 아네트 켈러만이 있었다. 이 모든 요소 외에도 다른 많은 것들이 중요한 역할을 했지만 그 중심에는 (모든 것들을 이어보면) 수영복이 있었다. 그리고 모든 유행이 그러하듯, 수영복도 역사와 물질, 기술 그리고 변화하는 공중도덕의 거대한 흐름에 이끌려 갔다.

고대 그리스인들과 로마인들에게 수영복은 기본적으로 마이

너스 시장이었다. 대략 2천 년 된 시칠리아 카살레의 빌라 로마나^{Villa}
^{Romana}의 바다 모자이크에는 10명의 여성이 노출이 심한 투피스를 입
고 어떤 게임을 즐기고 있는 모습이 묘사되어 있다. 오늘날 비치발리
볼을 즐기는 여성들이 떠오르는 장면이다. 하지만 이 모자이크에서 묘
사한 장면은 당시로서는 상당히 예외적인 것이다. 고대인들은 아예 옷
을 입지 않고 수영을 즐겼으니까 말이다.

앞에서 살펴봤듯 중세인들에게도 수영복 시장은 없었다. 적어
도 중세 유럽인들 사이에서는 수영할 때 입을 별도의 의복이 필요없었
다. 기록을 보면 왕족들만 때때로 물에 들어갔다고 하는데, 왕족들은
원하는 대로 옷을 입을 수 있었으니 그들은 스스로 원한다면 알몸일
수도 있었다. 모두 국왕의 결정에 달린 일이었다.

르네상스와 함께 수영이 부활하자 드디어 수영복 시장이 생겨
났다. 목욕탕에 가는 소년들이 입을 조끼와 속바지 그리고 소녀들이
입을 속치마 등이 만들어졌지만, 사실 그 시장은 수영과는 거의 연관
이 없었다. 남성들은 밝고 해가 쨍한 날에 사람이 없다면 알몸으로 수
영을 했고, 여성들은 품위를 지키기 위해 팔과 다리까지 다 가려야 했
으며, 빅토리아 시대를 지나면서는 더 철저히 가려야 했다. 하지만 유
행은 사라지고 시대는 바뀌기 마련이다. 1901년 1월 22일 빅토리아
여왕이 사망했다. 당시 오리건 포틀랜드에 거주하던 독일계 미국인 커
플 칼 얀젠^{Carl Jantzen}과 존 젠바우어^{John Zehntbauer}는 다가오는 패션 패
러다임의 변화를 아주 잘 이용했고, 수영복 시장을 반세기 이상 점유
하게 된다.

그들은 1910년에 포틀랜드 니팅 컴퍼니^{Portland Knitting Company}를

설립했고 이후에는 얀젠 주식회사로 이름을 바꾸었다. 이들이 처음에 제작한 것은 수영복이 아닌 로잉복이었다. 그런데 1913년, 포틀랜드 로잉 클럽의 한 회원이 공장에 들러 특별한 옷을 제작해달라고 요청했다. 졸라매는 끈 없이도 흘러내리지 않으면서 차가운 윌래밋Willamette 강에서 체온을 유지할 수 있는 로잉용 트렁크를 만들어 달라는 것이었다. 그들은 스웨터 소매 끝처럼 트렁크의 바늘땀을 처리하는 방법을 생각해냈고, 그 아이디어는 성공적이었다. 이내 로잉 클럽 회원 전체가 포틀랜드 니팅 트렁크를 입게 되었다. 그들은 다시 공장을 찾아와 같은 원단으로 수영할 때도 입을 수 있는 수영복을 만들어 달라고 요청했다.

존 젠바우어가 1928년 사내 신문인《얀젠 이야기Jantzen Yarns》에 실었던 기사의 일부를 소개한다.

다시 찾아온 그가 가게로 들어와 말하길, 그 옷이 너무 무거워서 제대로 헤엄치기는 힘들었지만, 다른 옷보다 훨씬 따뜻해 바다에서 수영할 때 입기에 좋았다고 했다. 이 경험은 같은 방식으로 바늘땀을 처리하되 가볍게만 만든다면 훌륭한 수영복을 제작할 수 있다는 확신을 주었다. 직원들과 이 사안을 논의한 뒤 스웨터 기계에 필요한 바늘대를 주문하기로 했고, 리브편조직rib-stitch으로 의복을 짜면 훨씬 더 가볍고 편안할 것이라는 결론을 내렸다. 칼과 나는 당시 날마다 YMCA 수영장이나 강물에 들어가곤 했는데, 우리는 이 부드럽고 얇은 섬유로 제작한 옷을 입고 실험해보았다. 그러다 여러 실험 끝에 드디어 수영에 가장 적합한 훌륭한 의복을 개발해낼 수 있었다.

포틀랜드 니팅 컴퍼니가 생각해낸 옷은 사진 속에서 나의 외할아버지가 입고 있던 옷과 크게 다르지 않았다. 한 벌로 된 모직옷인데 리브편조직 방식으로 제조해 이전 운동복들보다는 몸에 잘 달라붙었다. 만일 그 사진이 1~2년 더 늦게 찍혔다면, 외할아버지도 아마 얀젠 수영복을 입고 있었을지도 모르겠다. 몸에 더 꼭 달라붙는 수영복을 제작하기 시작한 것은 1915년이었다. 더 세련되게 보이긴 했어도 새로운 재질은 한번 섰으면 물을 너무 많이 흡수한다는 단점이 있었다. 흡수한 물은 총 3.6킬로그램에 이르는 양으로, 심각한 단점이었다. 앞서 소개된 수많은 물놀이 옷들처럼, 얀젠의 새 제품 또한 물에서보다는 물 밖에서 입기에 더 유용했다. 하지만 물에 들어갈 때 입는 의복 사업에 뛰어든 얀젠 사는 이제 그 분야에 깊이 매진하기 시작했다.

제1차 세계대전 이후 미국이 온통 행복감에 젖어 있을 때, 얀젠은 보그, 라이프 매거진 등을 통해 전국적으로 자신들이 제작한 수영복을 광고했다. 그 광고에 예외 없이 등장한 인물이 있었는데, 바로 빨간색 수영복을 입고 다이빙하는 여성이었다. 그 인물은 몇 년 후 회사의 로고가 되었다. 원래 초기 삽화에서는 그 여성이 아주 점잖게 표현되어 가슴과 엉덩이가 조금 작은 편이었다. 모자도 쓰고 있었고 빨간빛이 도는 스타킹도 신고 있었다. 그럼에도 불구하고 이 로고는 전국적으로 반향을 일으키기 충분했다. 자동차 유리와 기차의 창문에 광고지가 덕지덕지 붙어 있을 정도였다.

장기적인 관점에서 더 중요했던 사실은, 그 여성이 상상 속의 물 위에서 몸을 뻗어 입수하는 자세를 취하고 있었다는 점이다. 그녀는 물놀이하는 것이 아닌 수영을 하는 중이었다. 얀젠의 초기 광고에는 당시 규범에 따라 물가에서 점잖게 앉아 있는 모델이 등장했었다. 여성은 파라솔을 잡고 있었고, 남성 모델은 노에 기대어 자신들이 입은 원조 수영복에 경의를 표하는 듯한 모습이었다. 하지만 얀젠에서 새롭게 내세운 빨간 수영복을 입은 여성의 다이빙은 그냥 물에 들어가는 것 이상의 행위를 내포하고 있었다. 그녀는 이내 입수해 아네트 켈러만이 자랑스러워할 만한 영법으로 수영장이나 호수를 헤엄칠 것처럼 보였다. 1년이 채 되지 않아 얀젠은 곧 자신들이 새로운 광고에서 사용한 문구대로 의복을 발전시켰다. "물놀이를 수영으로 바꾼 의복"은 스포츠의 역사의 한 획을 그은 엄청난 변화였다.

다시 존 젠바우어의 글을 소개한다.

1921년에 이르러서야 (우리 소매 매장의 관리자인) 도슨은 '물놀이 옷 bathing suit' 대신 '수영복swimming suit'이라는 명칭을 사용하면 어떨까 하는 생각을 하게 되었다. 그때까지 우리는 단 한 번도 '수영복'이라는 이름을 사용하는 곳을 본 적이 없었고, 우리도 수년간 '물놀이 옷'이라고 광고해왔다. (……) 나는 그날 광고에 '수영복'이라는 명칭을 사용하자고 제안할 때 눈빛이 반짝이던 도슨의 모습을 뚜렷하게 기억한다.

명칭은 중요했다. 수영이 단순히 물에 몸을 담그고 씻는 행위나 휴식을 취하는 것이 아닌, 활동적인 스포츠라는 개념을 '수영복'이라는 명칭이 암시하면서, 얀젠의 광고에는 당시의 수영 영웅인 듀크 카하나모쿠Duke Kahanamoku(하와이 수영 챔피언이자 서핑의 대부)와 누구도 대적할 수 없을 만큼 빨랐던 조니 와이즈뮬러Johnny Weissmuller 등이 등장하기 시작했다.

1924년 파리 올림픽 수영 종목에서 미국이 큰 성과를 거두자 광고는 더 널리 알려졌다. 와이즈뮬러가 출전한 경기의 반 이상에서 우승하며 미국은 11개의 금메달 중 9개를 손에 넣었고, 당시 34세였던 카하나모쿠는 100미터 자유형 경기에서 와이즈뮬러의 뒤를 이어 은메달을 따기도 했다. 1928년 암스테르담 올림픽에서도 마찬가지였다. (이제 여자 선수들도 포함된) 미국 대표팀은 전체 순위에서 3위를 차지하고 11개 금메달 중 6개를 땄다.

수영은 (스포츠, 취미, 대중오락으로써) 인기가 엄청났으며 대공황이 미국을 습격했을 때조차 수영을 향한 사람들의 열정은 식지 않았다. 1930년대 얀젠의 광고에는 영화배우들이 대거 출연했고 덕분에 대중들은 대공황의 고통을 잠시 잊을 수 있었다. 모델 중에는 로레타 영Loretta Young, 조앤 블론델Joan Blondell, 진저 로저스Ginger Rogers, 딕 파월 Dick Powell 등이 있었다. 라이브 무대 중에서는 〈빌리 로즈의 수상쇼Billy Rose Aquacade〉가 인기였는데, 음악과 춤 그리고 수영을 접목한 화려한 오락쇼에는 와이즈뮬러를 비롯한 다른 올림픽 금메달리스트 엘리너 홈Eleanor Holm이 출연했으며, 1937년 클리블랜드 시내 북쪽의 이리 호에서 열리는 그레이트 레이크 엑스포Great Lakes Exposition에서 대히트를 쳤다.

2년 뒤 빌리 로즈는 자신의 쇼를 1939년 세계박람회에 소개하기 위해 뉴욕으로 향하며 매우 큰 그림을 그렸다. 무대에서 수영, 노래, 춤을 선보일 500명의 출연진을 뽑는데 5천 명의 지원자가 몰릴 정도였다. 당시 빌리의 아내였던 엘리너도 쇼에 남았고, 와이즈뮬러도 곧 또 다른 올림픽 출신 근육남 버스터 크래브Buster Crabbe에게 자리를 내주긴 하지만 여전히 남아 있었다. 하지만 뉴요커들의 진짜 관심은 거트루드 에덜리가 쇼에 출연한다는 사실이었다. 에덜리는 영국해협 횡단 후 청각을 잃었음에도 여전히 무대에서 뛰어난 기량을 선보였다. 무대는 실로 어마어마했다. 길이 90미터, 폭 60미터의 거대한 수영장이 설치돼 있었고 12미터 위에서는 빛나는 물 커튼이 내려왔다. 아르데코식 원형극장에 모인 1만 1천 명의 관중은 우레와 같이 환호했다. 일주일 동안 서른아홉 번의 쇼가 열렸고, 매번 관중석은 가득 찼다. 수상쇼는 대성공이었다.

당시 대학수영계에도 밥 키퍼스Bob Kiphuth라는 빌리 로즈와 매우 유사한 인물이 있었다. 그는 수영 훈련에 체력단련과 근력 운동을 접목하는 매우 혁신적인 방식으로 큰 성공을 거두었다. 그는 42년간 예일대 수석 코치로 있으면서 팀의 성적을 528승 12패로 유지했다. 그는 1928년, 1932년, 1936년 올림픽뿐만 아니라 제2차 세계대전 이후 1948년에 올림픽이 개최되었을 때도 미국 수영대표 팀 훈련을 맡았다. 게다가 예일대에서 매년 열린 수중 카니발Water Carnivals을 통해 그는 시류에 적절한 쇼맨십이 있다는 점도 확실히 보여주었다.

1935년의 예일 카니발 자료화면을 보면 더더욱 잘 알 수 있다. 장소는 밥 키퍼스 전시 수영장Bob Kiphuth Exhibition Pool으로 수영장에는 6개 레인, 평평한 출발대 그리고 2,200명의 관중을 수용할 수 있는 시설이 있었다. 젊은 선수들이 '예일'이라고 외치며 입수하면 쇼가 시작되었는데, 입수한 선수들은 수영장 옆에서 예일 밴드가 연주하는 음악에 맞춰 물속에서 첨벙거렸다.

대학부 수영 선수들은 등에 어린이를 업은 채로 평영을 하기도 하고, 보드를 탄 어린이를 줄에 매달고 헤엄치기도 했다. '세계 최고의 희극 다이버' 래리 그리스월드Larry Griswold가 등장해 아이비리그 릴레이 수영 선수들과 다이버들 틈에서 연기를 펼치기도 했다. 마지막 행사 중 하나는 키퍼스의 팀원들이 잠옷으로 갈아입은 뒤, 3미터 보드에서 입수해 얕은 물가로 헤엄쳤다가 풍선이 터질 때까지 입에 물고 다시 깊은 곳으로 헤엄치고, 불붙은 초를 받아 다시 물가로 나오는 쇼였다. 그들은 진중한 태도로 대회에 임했고, 미국 신기록에 도전하기도 했다. 폐막 쇼에서는 선수들이 물에서 변화무쌍한 대형을 이루며 쇼를 펼쳤고, 좌석을 꽉 채운 2,200명의 관중들은 열광했다.

한편 이러한 흐름과 밀접한 연관이 있었던 수영복은 점점 더 몸에 달라붙기 시작했다. 제1차 세계대전 이전, 미국에는 사실상 자체적인 합성섬유 산업이 없었다. 따라서 옷들은 모두 자연 원료인 모직, 실크, 면 또는 린넨으로 제작되었다. '인조 실크'라고 알려진 레이온은 세상에 나온 지 수십 년이 되긴 했어도 주로 독일 등지에서 수입해 사용했는데, 전쟁 기간 영국이 독일과의 무역을 중단하자 그마저도 수입이 막혀 미국 내에서 레이온을 생산할 방법을 모색해야 했다. 하지만 레이온 자체가 수영복 제작에 큰 영향을 주지는 않았다. 레이온은 몸에 달라붙는 재질이었지만 수영복을 제작하기에는 너무 약했고, 특히 물에 젖었을 때는 더 심했다. 레이온과 면, 혹은 실크를 혼합하면 더 잘 찢어졌기에 제조사들은 더 강하고 유연한 합성섬유를 개발해야만 했다.

섬유에 싸인 고무인 라스텍스lastex로 수영복을 만들면 몸을 단단히 잡아주긴 했으나 신축성이 일시적이었다. 그러다 1935년 뒤퐁 사에서 6.6 폴리머6.6 polymer라는 새로운 나일론을 개발했는데, 내구성이 강하고 잘 늘어나 칫솔 브러시부터 여성용 스타킹 그리고 수영복에 이르기까지 유용하게 쓸 수 있는 유연한 소재였다. 데이크론Dacron, 오론orlon, 라이크라LYCRA 그리고 스판덱스spandex가 뒤이어 개발되었지만, 6.6 폴리머가 그 시작이라고 할 수 있다.

얀젠 로고에 등장하는 빨간 수영복을 입은 여성은 1940년대 초부터 신소재로 제작한 수영복을 선보였다. 가슴이 조금 더 봉긋해졌고(아마 와이어나 패드 덕분일 것이다) 나일론이 등 부분을 더 꽉 잡아주어 엉덩이도 더 볼록해 보였다. 그리고 더 이상 어깨끈도 없었다. 6.6 폴리머 나일론의 신축성 덕분에 겉으로 보이지는 않지만 가슴 위를 꽉 조여주는 '숄데어Shouldaire'라는 이름의 끈을 원단 안쪽에 심어놓았기 때문이었다.

그러나 제2차 세계대전이 일어나자 수영복 시장에도 변화가 있을 수밖에 없었다. 얀젠에서는 계속해서 수영복을 생산했지만, 그것은 미국 해병대를 위한 짧은 군용 트렁크였다. 나일론 재고들은 낙하산 제조에 사용되었고, 편물 기계는 침낭, 목도리, 방독면 가방, 군용 스웨터 등의 제작용으로 쓰였다. 이후 평화가 찾아오고 일상으로 돌아가자 디자이너들은 수영복을 향한 억눌린 수요를 파악한 뒤, 원단이 거의 들어가지 않는 수영복을 만들어내기에 이르렀다.

엄밀히 따지자면 사실 여성용 투피스 수영복은 제2차 세계대전 이후에 나온 것이 아니었다. 이미 1930년대에 미국 전시 생산 위원회에서 여성용 수영복에 들어가는 원단을 10퍼센트 감축하라는 명령을 내리면서 투피스가 큰 인기를 끌기 시작했다. 라나 터너, 리타 헤이워드, 에바 가드너 같은 인기 영화배우들이 투피스 수영복을 입고 사진에 등장했다. 하지만 앞으로 등장할 수영복에 비하면 이 투피스는 아주 점잖은 편이었다. 홀터넥 아래로 맨살이 드러나긴 했어도 흉곽 아래쪽이 조금 드러나는 정도에 그쳤으며, 하의는 위쪽 허리부터 시작되어 엉덩이 아래까지 가려주었다. 때로 짧은 치마가 달려 있기도 했다. 제일 중요한 것은 배꼽이었다. 미국 영화의 검열 제도였던 헤이스 코드Hays Code가 영화에 배꼽이 나오는 것을 금지했기 때문에 배우의 패션도 그에 따라야 했다.

그러던 1946년 여름, 해방된 프랑스의 칸에 있는 리비에라Riviera에서 엄청난 노출을 선보이는 사건이 발생했다. 오늘날 우리가 알고 있는 비키니를 처음 발명한 인물이 패션 디자이너 자크 하임Jacques Heim인지, 아니면 공학자 루이 레아르Louis Réard인지는 불분명하다. 하지만 자크 하임이 1946년 5월 처음으로 아톰atome이라고 이름을 붙인 투피스 수영복 디자인을 공개했다. 히로시마와 나가사키에 떨어진 원자폭탄을 떠올리게 하는 이름을 붙이며 그는 성욕이 강한 남성들에게 불러일으킬 폭발적인 반응을 기대했다. 하지만 하임의 디자인은 그리 과감하다고 볼 수 없었다. 가슴 부분이 하의와 따로 떨어진 의상이었지만 여전히 가슴을 잘 가려주고 있었고, 둔부 또한 드러나지 않고 하의에 잘 덮여 있었다. 한편으로 생각하면 하임이 디자인한 투피스 수영복은 전후 몇 달간이나 지속된 원단 부족에 대한 합리적인 대응이었다고 볼 수 있다.

그로부터 두 달 뒤, 루이 레아르가 공개한 새로운 수영복은 기존의 한계를 넘은 것이었다. 배꼽뿐 아니라 엉덩이도 훤히 드러나 있었고, 가슴의 상당 부분도 가려지지 않은 채였다. 그 이름도 과감하여 (어쩐지 하임이 지은 '아톰'에서 파생한 것 같기도 하지만) 비키니bikini였다. 이것은 비키니 환초環礁에서 따온 이름으로, 그곳은 북태평양 마샬 제도에 있었으며 비키니 수영복이 공개되기 불과 나흘 전, 스물세 개의 원폭 실험이 이루어졌던 곳이다. 이제 비키니는 패션 역사에 길이 남을 이름이 되었다. 정작 비키니 환초는 사람이 거주할 수 없는 곳이 되어 버렸지만 말이다.*

레아르의 비키니는 처음부터 큰 논란거리가 되었기 때문에, 1946년 7월 5일 파리의 피신 몰리토Piscine Molitor에서 새로운 비키니를 공개할 때 비키니를 입고 런웨이에 오를 모델을 찾을 수가 없었다. 그는 전문 모델 대신 카지노 드 파리Casino de Paris 공연장에서 일하는 누드 댄서 미쉘린 베르나르디니Micheline Bernardini를 섭외해 새로운 수영복을 세상에 공개했다. 전 세계를 강타한 신문 기사 사진 속에서 베르나르디니는 한 손에 작은 상자 하나를 들고 있었는데, 그것은 총 76센티미터의 원단으로 제작된 수영복이 쏙 들어가는 상자였다.** 이후 레아

---

* 　비키니가 처음 공개되었을 당시 언론에서는 환초 이름대로 대문자 'B'를 사용해 표기했는데 점차 'bi'가 상의와 하의 '두 개'라는 의미로 이해되기 시작했다. 그에 따라 디자이너 루디 게른라이히Rudi Gernreich는 1964년 상의가 없는 여성용 원피스 수영복을 공개하며 '모노키니monokini'라고 이름을 붙였다. 그로부터 20년 뒤, 게른라이히는 극단적인 스타일의 원피스 수영복을 공개하며 '퓨비키니pubikini'(하체 부분이 아래로 깊게 파여 노출이 극대화된 수영복)라고 이름 붙였다. 그렇게 비키니 환초와 비키니 수영복의 연관성은 대중들의 기억에서 점점 잊히게 되었다.

르는 진짜 비키니라면 '결혼반지를 통과'할 만큼 작아야 한다고 주장한 바 있다. 비키니를 입고 수영한 사례에 관한 이야기는 언론에서 거의 다뤄지지 않았는데, 사실 그때나 지금이나 비키니를 입고 수영할 수 있는지 없는지는 중요한 것이 아니었다. 한 조사에 따르면, 세상에 나온 비키니의 85퍼센트는 물에 닿은 적도 없다고 한다.

충격의 강도와는 별개로 레아르의 비키니는 대중들에게 즉시 받아들여지지도, 전 세계로 퍼지지도 않았다. 1930년 1월, 로마 가톨릭 교황 비오 11세가 내린 정숙함에 관한 칙령은 여전히 유효했다. 부모들은 자녀가 스포츠 행사나 운동경기에 참여하는 것을 꺼렸고, 극소수만이 그러한 행사에 참여했다. 물놀이 옷을 비롯한 의상 전반은 교황의 주교 대리가 정한 '마리아와 같은 기준'에 따라 입어야 했으며, 상의는 목 아래로 손가락 두 개 넓이 이상으로 파여서는 안 되었다. 만일 바티칸에서 정한 규칙에서 벗어나고 싶어 했더라도 전쟁으로 파괴된 유럽 경제는 전후 원단 부족을 바탕으로 생겨난 유행조차도 따라갈 여력이 없었다.

지난날 아름다움의 상징이었던 켈러만도 이 유행에 동참하지 않았다. 1910년대 세계에서 몸매가 가장 아름답기로 유명했던 아네트 켈러만은 빅토리아 시대의 폭압에 대항에 수영복의 자유를 얻어 낸 인물이었지만, 루이 레아르의 작품에 대해서는 비판적이었다. 그녀는 1953년 《보스턴 글로브》와의 인터뷰에서 다음과 같이 말했다. "비

** 미쉘린 베르나르디니는 얼마 지나지 않아 행적이 묘연해졌지만, 비키니를 입고 세상에 공개되었을 때는 전 세계의 남녀 팬들에게 약 5만 통의 팬레터를 받았다.

키니 물놀이 옷은 실패작입니다. 천 명의 여성 중 두 명만이 그걸 입을 수 있습니다. 그걸 입어보려는 시도 자체가 잘못되었습니다. 비키니는 몸의 너무 많은 부분을 드러내니까요. 아름다운 몸매를 가진 여성이라도 그걸 입으면 다리가 못나 보일 것입니다. 신체의 아름다움은 끊어지지 않은 선으로 전체가 연결되어 있을 때 최고로 잘 드러납니다."

하지만 해방의 흐름은 이미 깊이 파고들었고, 패션은 전쟁의 멍에에서 벗어나고 있었다. 아네트 켈러만이 비키니를 비판했어도 프랑스 지중해 해변에서는 비키니가 폭발적인 인기를 누리고 있었으며 브리지트 바르도 같은 과감한 배우들이 그 유행을 선도했다. 1952년 10월,《라 프랑스》는 여름 동안 대략 3만 명의 나체주의자들이 북유럽 리비에라 서쪽 끝의 르벙 섬을 방문했다고 보도했다. 이곳에서 비키니는 상대적으로 차려 입은 축에 들었다. 또한 브라질 사람들은 곧바로 그 조그마한 수영복을 받아들였고, 비키니보다 더 노출이 심한 초미니 수영복인 지-스트링g-string(음부를 가린 뒤 허리에 묶어 고정하게 되어 있는 가느다란 천-역자 주)을 입기도 했다.

반면 영국과 미국에서는 저항이 거셌다. 짧은 기간이기는 했지만 말이다. 영국 성공회 교도들과 그들의 사촌격인 미국 내 영국 성공회 교도들은 예의범절 문제에 관해서는 쉽게 굴복하지 않으려 했다. 영국과 미국에는 청교도와 저교회파 운동의 잔재가 남아 있는 지역도 있어서, 그들은 일요일에 수영하는 것조차도 심하게 반대했다. 하지만 영어권 국가, 특히 미국에서는 성관계, 수영 그리고 대중문화가 거부할 수 없는 방식으로 집결되고 강해지고 있었다.

제임스 존스James Jones의 동명 소설을 바탕으로 한 1953년 영화 〈지상에서 영원으로〉에서, (몸에 꼭 달라붙는 삼각 수영복을 입은) 버트 랭커스터와 (전면이 깊이 파인 원피스 수영복을 입은) 데버라 카가 하와이 해변의 파도에서 선정적인 장면을 선보였다. "흥분시키는 음악, 굽이치는 파도 그리고 주인공들의 떨리는 몸짓과 의미심장한 눈빛은 당시 영화로서는 아주 강한 표현이었다." 나는 영화를 보던 당시 아홉 살에 불과했지만, 그 장면이 어떻게 흘러가고 있는지를 느낄 수 있었다.

디즈니 마우스키티어Mouseketeer로 활약한 아네트 푸니셀로에게는 데버라 카와 같은 날것의 매력은 없었다. 그녀는 보수적인 종파에게도 승인을 받았을 법한 핑크색 비키니를 입고 등장했지만, 록스타였던 프랭키 아발론과 함께 연기한 영화 〈해변 파티Beach Party〉에서는 '노출이 심한 수영복과 모래 그리고 첨벙거리는 물은 곧 행복'이라는 등식을 만들어냈다.

그리고 같은 해, 제임스 본드 시리즈의 첫 편인 〈007 살인번호〉에 우르줄라 안드레스가 하얀 비키니에 칼집을 차고 물에서 나오는 모습이 나왔다.* 그 모습이 너무 인상적이어서인지 그로부터 6년 뒤 라켈 웰치Raquel Welch가 인류학의 대서사를 다룬 영화 〈공룡 100만 년One Million Years B.C.〉에 출연해 낡은 비키니를 입고 나왔을 때는 너무 기대가 컸던 탓에 조금은 실망스럽기까지 했다. 1964년 '스킨다이버가 안내하는 카리브 해'라는 커버스토리로 발간된 스포츠 전문 주간지 《스포츠 일러스트레이티드》의 표지를 장식한 첫 수영복 사진도 실망스럽긴

---

* 　〈007 살인번호〉에서 우르줄라 안드레스가 입었던 비키니는 경매에서 3만 5천 달러에 팔렸다. 비키니의 상의는 실제로 배우가 입었던 것이다.

1960년 제임스 본드 시리즈의 첫 편인 〈007 살인번호〉
에서 허니 라이더 역을 맡은 여배우 우르줄라 안드레스.
그녀는 카리브 해변에서 가느다란 흰색 비키니를 입고 나
와 수많은 남학생의 꿈속에 나타났다. (에버렛 컬렉션. 흑백사
진으로 변환)

마찬가지였다. 표지 모델 바벳 마치Babette March는 어린아이처럼 귀여
운 스타일의 여성으로, 〈007 살인번호〉의 우르줄라처럼 흰색 비키니
를 입고 있었다. 하지만 굳이 둘을 비교하자면, 바벳의 비키니는 연인
과 손을 잡는 수준이었고 우르줄라의 비키니는 연인의 목을 껴안고 애
무하는 수준이었다. 즉, 둘은 비교 대상이 아니었다.

12

함께 수영하기와
홀로 수영하기

그는 지도 제작자가 되기라도 한 듯
수영장들을 연결했고,
그것은 마치 전국을 걸쳐 흐르는
구불구불한 지중천 같았다.

– 존 치버

수영장의 시초는 고대 그리스와 로마보다 수천 년을 앞섰다. 현재 파키스탄인 인더스 문명의 고대 도시 모헨조다로Mohenjo-daro에 남아 있는 대욕탕Great Bath은 기원전 약 3000년경에 지어진 것이었는데도 모든 면에서 훌륭한 조건을 갖추었다. 크기(길이 12미터, 폭 7미터, 깊이 2.5미터), 건축 방식(벽돌과 진흙으로 바닥과 둘레 벽을 만들고 그 위에 회반죽과 방수 타르를 발랐다), 디자인(양쪽 끝에 수영장으로 내려가는 넓은 계단이 있고 벽돌로 쌓은 기둥이 있다) 그리고 신비로움(정확한 사용 목적은 아무도 모르지만, 단순한 수영보다는 신성한 의식을 위한 곳이었을 것이다)까지 고려하면 아주 놀라울 정도다.

그로부터 2천 년이 지나고, 그리스인들은 수영을 시민의 덕목으로 격상시켰다. 물속에서 우아하게 움직일 수 있는 능력은 삶에서도 우아하게 (그리고 유용하게) 살아갈 수 있다는 것을 의미했다. 로마인들은 그러한 등식에 배관과 공학도 추가해 정복당한 땅의 노예만 아니라면 누구든 누릴 수 있는 공중목욕탕을 만들기에 이르렀다.

유럽이 암흑시대와 중세에 가려져 있는 동안, 중국은 금나라 (1115~1234) 황성에 있던 타이예Taiye 호수에 수영장과 유사한 시설을 열었다. 중국어로 '타이예'는 '거대한 욕장'이라는 의미였고, 수영장은 거의 인공 호수에 가까웠다. 이후 몽골인들이 침략했을 때, 쿠빌라이

칸은 타이예 호수가 너무 아름다워 호수가 보이는 곳에 성을 지었다고 한다.

영국의 경우, 지금껏 살펴본 바와 같이 템스 강 등의 강을 활용해 배수로에 진흙과 점토를 쌓아 가능한 부드러운 자갈을 깔고 수영장을 만들었다. 19세기가 시작될 무렵 바이런 경을 비롯해 해로 스쿨Harrow School 출신의 수영 애호가들은 '오리 웅덩이'라고 불리던 직사각형의 진흙탕에서 평영을 연습했다. 그러나 그들은 평영에 능한 개구리는 물론이고 장어, 쥐들과 '수영장'을 공유해야 했다.

조직적이고 실용적인 것을 중시하는 영국과 북유럽 등지에서는 19세기에 수영장 시설을 짓기 시작하고 수영협회를 설립했으며 수영 경기를 위한 실내 수영장도 지었다. 한편, 프랑스인들은 프랑스답게 위풍당당한 수영장을 세웠다. 루이 레아르가 비키니를 처음 공개한 장소이기도 한 피신 몰리토는 1929년, 건축가 루시앙 폴레Lucien Pollet가 원양 정기선을 떠올릴 수 있는 디자인으로 짓고 당시 유명한 예술가인 루이 바리예뜨Louis Barillet의 아르데코식 스테인드글라스로 꾸몄다. 같은 시기 프랑스 북부의 작은 마을인 루베에 지어진 실내 수영장은 놀랍도록 화려한 아르데코 양식으로 꾸며졌는데, 수영장이 더 이상 사용되지 않자 시에서는 시설을 미술관으로 변경했고, 매년 20만 명의 관람객이 찾아오는 곳이 되었다.

미국의 수영장들은 유럽보다 덜 밀집되었고 대부분 교외 지역에 있었으며 자연적으로 생겨난 수영 웅덩이도 흔해 수영할 사람보다 웅덩이가 더 많을 정도였다. 20세기 초 생기기 시작한 실내 수영장은 대부분 기독교청년회Young Men's Christian Association에서 지은 시설이었다.

1844년 런던에서 시작된 YMCA는 7년 후 북미에 진출해 처음에는 몬트리올에 그리고 한 달 뒤 보스턴에 지사를 세웠다.

1861년 시작된 미국 남북 전쟁은 YMCA 시설을 무너뜨렸을 뿐 아니라, 소속된 '청년'들에게도 큰 피해를 주었다. 그러나 전쟁이 끝나고 1880년대 초 건축 붐이 일자 YMCA 미국 지사도 다시 설립되었다. YMCA는 도시별로 찾아다니며 실내 수영장과 숙박시설, 식당, 볼링장, 심지어 강당까지 갖춘 다목적 시설을 지었다. 나의 증조할아버지인 대니얼 S. 버스크Daniel S. Bursk는 펜실베이니아 랭커스터에서 해리스버그까지 61킬로미터를 걸어가서 필라델피아 백화점 거물이었던 존 와너메이커John Wanamaker에게 지역 YMCA 기금 마련을 위한 도움을 요청했다고 한다. 증조할아버지가 왜 굳이 걸어가셨는지는 잘 모르겠지만, 의도가 무엇이었든 매우 효과적이었던 것 같다. 랭커스터 광장에서 한 블록 떨어진 곳에 거대한 YMCA 빌딩이 들어선 것이다. 오늘날까지 남아 있는 그 건물의 스테인드글라스 유리창은 모두 나의 증조할아버지를 기념하며 기부된 돈으로 만든 것이라고 한다.

하층민에게 위생적인 수영시설을 제공하는 영국의 사례를 본보기로 삼아, 남북 전쟁 이후 한창 성장하던 뉴욕 주에서도 인구 5만 명이 넘는 도시에 의무적으로 무료 수영시설을 세웠다. 스탠리 폭스Stanley Fox가 수영장 내부 인테리어를 그린 그림(1870년 8월 20일《하퍼스 위클리Harper's Weekly》에 실린)을 보면, 적어도 반 이상의 소년들이 알몸으로 수영하고, 물에 뛰어들고, 시끄럽게 놀고 있다. 이번에도 영국의 사례를 따라, 뉴욕 시에서는 허드슨 강과 이스트 강 옆으로 간이 수영장을 설치했다. 하지만 영국에서와 마찬가지로 강이 오염되면서 간이 수영장은 더 이상 사용되지 않았다.

1896년, 대학 내 실내 수영장이 펜실베이니아대학교에서 최초로 개장했고, 그로부터 10년 뒤 브라운대학교에서도 수영장을 개장했다. 브라운대학교 수영장 개장과 거의 동시에 뉴욕 시의 티처스 컬리지Teachers College에서도 실내 수영장을 지었는데, 여성용 시설로는 전국에서 가장 규모가 큰 체육 시설이었다. 6년 뒤, 저명한 건축가인 카스 길버트Cass Gilbert는 브로드웨이 233번가에 새로 지어진 울워스Woolworth 빌딩 지하에 모자이크로 아름답게 장식한 폼페이 목욕탕 같은 시설을 짓자고 제안했다. 그러나 미국에서 가장 성공한 소매업자답게 울워스는 빌딩의 규모를 키우는 데는 어마어마하게 투자했으나 길버트의 수영장에는 인색했다. 그래도 20세기 내내 수영장은 성행했다. 잡화점들이 도심에서 자취를 감추고 교외로 나가기 시작한 이후부터는 쇠락의 길을 걸었지만 말이다.

20세기 초반 수영장이 흥행했으나 기술이 그 속도를 따라잡지를 못했다. 사람들이 수영장을 이용할수록 박테리아 감염 사례가 늘었고, 수인성 질병들이 많이 발생했다. 1915년의 한 기사에서는 19개 의학 기관의 조사를 인용해 수영장과 관련된 심각한 질병들을 공개했다. 그중에는 성병, 안구와 청각 그리고 장 질병이 있었다. 이후에도 살펴보게 되겠지만, 전염병에 관한 두려움은 완전히 사라지지 않았고, 이후 8년간 철저하고 무시무시한 이름의 세 단체(미국 수영시설위생협회, 미국 공중보건학회 수영장기준협회, 미국 위생기사협회) 모두에서 미국 수영장의 물리적, 화학적 그리고 세균학적 기준을 정했다.

1929년, 이 세 기관은 힘을 합쳐 수영장 수질을 효과적으로 관리하기 위해 노력했다. 같은 해 워싱턴 DC 시내 K 스트리트에 문을 연 앰배서더 호텔은 신규 실내 수영장 물에 화학 성분이 전혀 없고 집에서 먹는 수돗물과 같이 자외방사선 처리를 했다고 홍보했다. 하지만 당시 미국에서 수영장 수질은 큰 문제가 되지 않았다. 광란의 20년대는 거트루드 에덜리와 조니 와이즈뮬러와 같은 거대한 수영 스타를 배출했고, 수영장 시설 또한 크기와 입장 인원 등 생각할 수 있는 모든 면에서 거대했다.

뉴욕 코니아일랜드의 레이븐 홀 배스Raven Hall Baths가 길이 54미터, 폭 27미터 규모의 수영장을 선보이며 개장한 날인 1928년 7월 15일, 1만 6천 명의 유료 입장객이 들어왔다(예를 들어, 오전 10시부터 오후 8시까지 영업을 했다고 가정하면 시간당 평균 1,600명의 입장객이 들어온 것이며, 1분당 27명이 정문을 통과한 셈이었다). 1925년에 개장한 샌프란시스코의 플레이샤커 수영장Fleishhacker Pool은 세계에서 가장 큰 온해수풀이라고 홍보했다. 길이 304미터, 폭 91미터 크기의 수영장에는 태평양에서 정화된 해수 약 3만 톤이 채워져 있었다. 12명의 안전요원이 항시 대기했고, 구명보트들도 수영장 곳곳을 감시하며 돌아다녔다. 플레이샤커 수영장은 동시에 1만 명을 수용할 수 있다고 광고했다.* 25센트의 입장료(12세 미만 어린이는 15센트)만 내고 들어오면 널찍한 탈의실과 샤워시설뿐 아니라 위생적인 물놀이 복장 및 커다란 수건도 이용할 수 있었다.

* 이론적으로는 그 수영장이 1만 명으로 가득 찬 경우라노 한 명당 2.7세곱미터의 공간에서 2.9톤의 물을 차지할 수 있었다.

세인트루이스에서는 우드로 윌슨 대통령이 재선에 성공하자 1916년 큰 강당을 길이 60미터, 폭 30미터의 거대한 실내 수영장으로 개조했다. 더 큰 야외 수영장은 깊이가 60센티미터에서 150센티미터까지 깊어졌으며, 얕은 곳은 수영 입문자와 유아들이 놀기에 적합했다. 실내 수영장은 진짜 수영을 하는 사람들을 위한 시설로, 전체가 깊이 2.7미터였고, 높이 1미터, 3미터의 다이빙 판들과 4.5미터, 7.6미터 높이의 다이빙 플랫폼이 두 개 따로 설치되어 있었다. 바다를 흉내낸 모습으로 지어진 수영장이 중서부 내륙에 생긴 사례도 있었다. 타바스코 핫소스로 더 잘 알려진 루이지애나 에버리 아일랜드Avery Island에서는 약 1만 9천 톤의 물이 암염 덕에 염분을 띠었다.

수영장은 계속해서 생겨났다. 버지니아 세일럼에 지어진 91미터에 이르는 레이크사이드 풀Lakeside Pool은 시간당 약 630톤의 강물을 끌어왔다. 델라웨어 윌밍턴Wilmington에 있던 프라이스 런 풀Price Run Pool은 특이하게 사람의 발 모양으로 수영장을 만들었는데, 그 길이가 끝에서 끝까지 146미터였다. 시에서 지은 이 수영장은 매일 아침 2시간씩 시민들에게 무료로 개방되었으며, 토요일에는 오후 2시부터 5시까지 무료로 개방되었다.

포트로더데일Fort Lauderdale에서는 보이스카우트와 걸스카우트 학생들이 매주 토요일 아침 라스 올라스 카지노Las Olas Casino 옆에 새로 개장한 카지노 풀에 무료로 입장했다. 1924년 플로리다에서는 부동산 개발업자인 조지 메릭George Merrick이 코럴 게이블즈Coral Gables에 버려진 채석장을 우아하고 광대한 베네치아 풀(1만 6천 제곱미터 넓이에 약 2만 6천 톤의 물이 차 있었다)로 바꿨다. 그곳에서는 베네치아 스타일의 곤돌라도 운행했으며, 때로는 물을 다 빼고 마이애미 심포니에서 채석장의 음향 시설을 활용하여 공연을 하기도 했다. 이 수영장은 1981년에 미국 국립사적지National Register of Historic Places로 등록되었고 여전히 수영시설로 명부에 실려 있다.

미국 서부해안에서는 개발자들과 수영장들이 짝을 이뤘다. 캘리포니아 리버사이드에서는 부동산 거물을 꿈꾸는 이들이 노르코니안 호 클럽Lake Norconian Club의 수영장과 다이빙장을 백만 불짜리 리조트의 중심지로 만들었다. 홍보용 사진에 등장한 13세 소녀는 약 10미터 높이의 다이빙대에서 스완 다이브를 했는데 얀젠 수영복 광고에 나오는 빨간 수영복을 입은 여성과 매우 흡사했다. 전국적으로 부동산 업자들은 수영장을 먼저 만든 다음, 주변 공동체 시설을 개발했다.

사유 자금으로 세워진 수영장 붐이 정점에 달하자, 체육감독협회Society of Directors of Physical Education의 커리큘럼 연구 위원회에서는 여느 유흥과 달리 수영과 다이빙은 "개인의 신체적 발달과 조직적 성장, 시민의식 함양, 사회적 도덕적 이상, 정신 고양 그리고 타인을 돕는 기술로써 높은 점수를 받았다"라고 평가했다. 이것은 거의 노벨 스포츠상에 버금가는 찬사였으며, 수영은 엄청난 붐을 이끄는 스포츠 활동이 되어갔다. 1927년 미국 전역에서 인구가 5천 명 이상인 도시들을 조사한 결과 총 3,212개의 공공, 사립, 개인 수영장이 있다는 결과를 발표했다. 미국인 3만 7천 명당 1개의 수영장이 있는 것으로, 1900년 조사 결과(114만 명당 1개)에 비하면 월등히 발전한 수치였다.

1929년 10월 28일과 29일, 다우존스산업평균지수Dow Jones Industrial Average가 25퍼센트 폭락한 암흑의 월요일과 악몽의 화요일이 찾아왔다. 광란의 20년대에 수영장 건립을 비롯한 수많은 시장으로 쉽게 흘러가던 돈이 갑자기 사라져버렸다. 그런데 아주 이상하게도, 수영과 수영시설의 성장에는 그다지 큰 영향을 미치지 않았다. 물론 대공황의 영향으로 거의 대부분의 분야에서 많은 이가 고통받았지만, 프랭클린 루즈벨트가 최악의 불황을 겪고 있던 미국의 대통령이 되면서 수영에는 그리 큰 피해가 없었다. 전임 대통령인 허버트 후버Herbert Hoover는 미국이 재정 위기에서 저절로 나아질 거라고 주장했지만 루즈벨트 대통령은 정부가 돈을 써야 다시 경제가 활성화된다고 믿었다.

이 주제와 관련해 요점만 말하자면, 후버는 야구 팬이었고, 루즈벨트는 수영을 즐겼다. 후버는 스탠퍼드대학교 야구팀에서 유격수로 활동했으며, 손가락을 다친 후에는 팀의 매니저를 맡았었다. 대통령 임기 4년 내내 야구팀 워싱턴 세나터스Washington Senators의 경기에서 시구를 던졌다. 그러나 루즈벨트는 구기 종목을 즐기지 않았다. 유아기 소아마비에 걸렸던 그는 다리가 약해서 치료 겸 오락을 목적으로 수영을 즐겼다. 그가 취임하고 불과 몇 달 뒤, 백악관 건물과 웨스트 윙 사이에 수영장이 생겼다. 정부 자금이 아닌《뉴욕 데일리 뉴스》에서 펼친 캠페인으로 만든 수영장이었다.

그로부터 2년 뒤인 1935년 5월 6일, 루즈벨트는 공공사업진흥국Works Progress Administration을 설립해 그가 추진하는 뉴딜 정책의 중심부로 삼았다. 이후 4년간 공공사업진흥국은 수백만 명의 미국인들에게 도로, 학교 그리고 다른 여러 가지 공공 프로젝트 건설 일자리를 주었다. 대중을 위한 수영장 설립은 공공사업진흥국의 사업 목록 중 거의 최상위권에 자리하고 있었다.

뉴딜 정책의 일환으로 수영장이 계속 생겨났다. 1936년 여름에는 뉴욕 시에서만 11개의 수영장이 생기고 운영되었다. 11개 수영장의 총 입장 인원은 평일 오전 무료입장 시간에만 180만 명에 조금 못 미치는 수준이었고, 60만 명에 이르는 14세 미만 어린이가 수영을 하거나 수영을 배웠다.

하지만 이것은 일부에 불과했다. 공공사업진흥국에서 지은 수영장들은 주로 시민보호협회Civilian Conservation Corps와 협력해서 지은 것이었는데, 전국적으로 퍼져 있었던 수영장 시설은 여름에만 유용한 것이 아니었다. 공공사업진흥국에서는 미시시피대학교 캠퍼스, 뉴햄프셔대학교 캠퍼스 그리고 앨라배마 주 초크빌에 있는 주립 훈련 여학교에도 수영장을 지었다. 고등학교에도 많이 설립했는데, 멋진 신식 학교에 생긴 실내 수영장은 1930년대 기준으로 최신식 시설을 자랑했다. 나는 10대 초반에는 25년 된 지역 YMCA의 길이 18미터 수영장에서 연습하다가, 고등학교 후반에는 공공사업진흥국이 1938년에 완공한 22미터 신식 수영장에서 연습도 하고 대회도 치렀다. 학교 정문이나 거대한 강당처럼 수영장도 아르데코식으로 장식되어 있었다.

수영장을 늘려가는 곳은 미국뿐만이 아니었다. 런던 헤르네 힐의 브록웰 리도Brockwell Lido에도 길이 48미터 수영장이 문을 열었다. 같은 해, 런던 중심가 근처에 있는 얼스 코트 전시 센터Earls Court Exhibition Centre에도 길이 60미터 폭 30미터의 수영장이 생겼다. 수영장이 사용되지 않을 때는 그 위를 막아 전시장으로 사용했다. 더비 배스Derby Baths의 수영장은 올림픽 수영 경기장의 기준을 갖춘 곳으로 길이 50미터에 8레인, 다이빙장과 1,800개의 관중석이 마련되어 있었다.

독일의 공공수영장도 긴 역사를 자랑한다. 베를린의 실내 수영장인 슈테드배드 노이쾰른Stadtbad Neukölln은 1914년에 개장했는데 유럽에서 여전히 사용되는 수영장 중에서는 가장 아름다운 시설일 것이다. 대리석 기둥에 아치형 지붕, 복잡한 타일 장식으로 이루어진 4레인 25미터 수영장에서 수영한다는 것은 더없는 행복일 것이다. 프랭클린 루즈벨트가 공공사업진흥국을 확장하는 동안, 아돌프 히틀러의 공학자와 건축가들은 1936년 올림픽 게임을 위해 50미터 수영장과 3미터, 10미터 다이빙 타워를 멋지게 짓고 있었다(1936년 올림픽에서는 미국이 동메달 2개를 빼고 모두 휩쓸었다).

영국, 독일 그리고 나머지 유럽 국가들과 달리, 미국 본토에서는 전쟁이 일어나지 않았다. 덕분에 도시가 황폐화하거나 경제가 망가지지 않았고, 수영장 같은 공공시설의 발전도 반 세대 정도 늦어지지 않았다. 미국에서는 좋든 나쁘든 수영이 국가의 사회사 흐름과 더불어 특별하게 발전해나갔다.

광란의 20년대뿐 아니라 대공황까지 겪는 동안, 공공수영장이든 이윤을 위한 수영장이든 그 바탕에는 미국의 단란함, 전설적인 인종 용광로 그리고 공동체라는 가치가 깔려 있었다. 수영장은 그저 한두 시간 정도 열기를 식히는 장소가 아니라, 시민들이 도시의 삶을 즐기는 장소였다. 어떤 수영장들에는 주변에 모래나 잔디가 깔려 있기도 했으며, 또 어떤 수영장에는 멋진 분수가 마련되어 있었다. 비교적 과감한 수영인들을 위해 수영장 한쪽 끝에 엄청나게 기다란 미끄럼틀이 세워져 있기도 했고, 1미터 혹은 3미터 높이의 다이빙대도 곳곳에 마련돼 있었다.

1960년대 내가 안전요원으로 일하곤 했던 수영장들에는 족히 12미터 높이에 이르는 미끄럼틀이 설치되어 있었는데, 계단을 밟고 올라가 최고 속도로 미끄럼을 타고 내려오면 약 1미터 깊이의 물로 빠지게 되는 멋진 기구였다. 물론 위험하기도 해서 그런 편의시설들은 결국 법적제재를 당해 사라졌다. 대규모 수영장도 점점 사라져갔다. 교외화와 수질 관련 건강 문제로 수영장들의 쇠락이 시작된 것이었다. 또한 공동체에 대한 인식의 변화에 따른 영향도 컸다.

　　이제 컨트리클럽country club의 형성에 관해 알아보도록 하자. 도시 남성들은 클럽 모임과 시골에서의 여우 사냥 모임을 즐기기 시작했다. 미국 상류층에서는 남북전쟁 이후 수십 년간 이런 모임이 아주 흔했다. 클럽 모임 장소는 사무실에서 조금만 이동하면 있었으니 모여서 점심을 먹기에 딱 좋았고, 주말에는 교외에 머물며 사냥을 하기에 좋았다. 하지만 골프는 말이나 별장을 소유하는 것보다 저렴한 비용으로 즐길 수 있었고, 점심을 먹고 가죽 의자에 앉아 낮잠을 자는 것보다는 더 활동적이었기에 19세기 후반 중산층의 골프 수요가 폭발적으로 증가했다. 1885년 기준으로 단 하나만 존재하던 싱글 코스가 1900년에는 1천 곳이 넘었다.

　　초반에 생겨난 수많은 골프장들은 계획적으로 생겨난 것이 아니었다. 하지만 20세기 초반이 지나면서 골프장을 중심으로 사교 클럽이 생겨났고, 클럽 자체가 작은 리조트처럼 변하면서 골프장뿐 아니라 식음료 시설과 테니스장 그리고 당연히 수영장도 생겼다. 그에 더해 사교 클럽들이 점점 많아지자 모두들 중산층 회원들을 늘리는 데 집중했다. 당시 한 조사에 따르면, 미국 48개 주마다 적어도 하나의 컨트리클럽이 있었다. 1915년에는 그 수가 1천 개 이상에 달했고, 1927년에는 총 5,500개 클럽에 회원 수만 270만 명이었다.

대공황이 시작되며 컨트리클럽도 큰 타격을 입었다. 1939년, 4,700곳의 컨트리클럽이 어떤 형태로든 명맥을 유지하고는 있었지만, 총 회원 수는 거의 80퍼센트가 줄어서 60만 명에 그쳤다. 하지만 미국인들은 클럽의 사고방식을 여전히 갖고 있었다. 20년대와 30년대 생겨난 도심의 대형 수영장이 다이빙할 때 조금만 조심한다면 모두가 즐길 수 있는 장소였다면, 클럽은 계약 사항과 보증서가 존재했다. 흑인과 유대인은 가입할 수 없었고(그에 대한 대응으로 유대인으로만 형성된 클럽이 생겨나기도 했다), 테니스장에서는 흰색 옷만 입어야 하는 등의 규칙이 생겨났다. 생각보다 많은 이들이 그런 방식을 선호하는 것으로 드러났다.

20세기 초에는 소아마비가 사람들을 겁먹게 했다. 1952년 한 해만 해도 6만 명이 소아마비에 걸렸다. 소아마비는 대표적인 여름 질병으로 7월과 8월에 가장 기승을 부렸고, 겨울에는 잦아들었다. 자연스럽게 사람들은 수영장이 매개물이 아닐까 하고 의심했고, 규모가 큰 수영장일수록 중하층민 고객들이 많았기 때문에 더더욱 의심을 받았다. 1954년 여름, 소아마비가 마지막으로 기승을 부리고 있을 때(조너스 소크Jonas Salk의 백신이 출시 대기 중이었다) 내 고향에 있던 공공수영장 두 곳이 문을 닫았는데, 지역 컨트리클럽의 수영장은 문을 닫지 않아 많은 입장객뿐 아니라 질병까지 피할 수 있는 피난처가 되어주었다.

사실 그러한 생각은 여러 가지 면에서 잘못된 주장이었다. 소아마비의 감염 경로가 물이긴 했지만, 당시 모든 수영장에서는 소독용 염소를 사용했고 소독용 염소는 소아마비 바이러스를 죽이는 치명적인 적이었기 때문이다. 소아마비 바이러스는 사실상 염소에 닿는 순간 비활성화되었다. 또한 수영장이 소아마비의 매개체라면 컨트리클럽들도 안전지대는 아니었다. 그해 여름 소아마비에 걸린 나의 큰 누이(다행히 약한 소아마비에 걸렸다)와 내 또래의 귀여웠던 여자아이(심각한 소아마비를 앓았다) 모두가 컨트리클럽 수영장 외에서는 수영한 적이 없었으니 말이다.

컨트리클럽의 활성화는 모두 함께 대규모 수영장에서 헤엄치던 미국의 문화가 사라지는 신호탄 중 하나였다. 이익을 내는 대규모 수영장에서 고객들이 빠져나갔고, 시에서 운영하는 공공수영장에서는 정치적으로 중요한 유권자들이 빠져나갔다. 아이러니하게도, 세계대전 참전군인들에게 교육과 내집마련 기회를 주려고 마련된 GI 법안은 대규모 수영장 문화의 쇠락을 알리는 또 다른 신호탄이 되었다.

공식적으로 1944년에 제정되었고 복무자의 재적응법Servicemen's Readjustment Act으로 알려진 GI 법안은 제2차 세계대전에 참전한 1,500만 명의 남녀군인들이 모국으로 돌아오자 다양한 복지를 제공했다. 대학 학비를 무료로 해주고 직업 교육과 생활비를 제공해주었으며(1947년에는 대학 입학생의 절반이 참전군인이었다) 정부 보증 대출로 집과 농장을 구입하고 사업을 할 수 있도록 해주었다. 특히 무료 교육 덕분에 전후 중산층이 번성했다. 그리고 값싼 주택자금 융자 덕에 많은 이들이 교외로 나가 집을 짓기 시작하자, 수영장들도 작은 규모가 되어 교외로 분산되기 시작했다.

앞서 이미 언급했듯, 나는 자라면서 다양한 시설에서 수영을 즐겠다. 1930년대 후반부터 부모님이 소속되어 있었던 컨트리클럽 수영장에서도 수영을 해봤고, 안전요원 시절에는 거대한 트윈 풀장에서 그리고 아마추어경기협회에서 연습했던 거대한 수영장은 1920년대에 지어진 시설이었다. 그중 컨트리클럽 수영장만이 오늘날까지 살아남았고 나머지는 모두 사라졌다.

나의 자녀들은 어린 시절 대부분을 메릴랜드의 베데스다에서 보냈고, 그곳에는 교외의 수영장들이 어떤 모습으로 변모했는지 완벽히 보여주는 수영장이 있었다. 우리 이웃의 집들은 거의 다 제2차 세계대전 이후 지어진 조그마한 목장이 딸린 난평면 주택으로, 주택 융자를 받은 군인들이나 급속도로 확장하던 연방 정부의 신입 공무원들에게 적합한 가격대였다. 우리 집이 있던 길에서 세 블록 아래로 내려가면 마을 수영장 시설이 있었고, 다른 마을 공동체의 수영팀과 대결을 하는 활발한 수영팀도 있었다. 주택들이 모인 곳에는 걸어갈 수 있는 거리마다 수영장이 있었다.

마을 공동체 클럽의 6레인 수영장과 L 모양 다이빙장(이제 더 이상 높은 다이빙대는 없었다)은 주변 모든 클럽에서 볼 수 있는 전형적인 수영장의 모습이었다. 그중 어느 수영장이라도 1920년대에 전국적으로 성행했던 대규모 수영장 한구석에 갖다 놓으면 이상할 것이 없었을 것이다.

그리고 거나이트가 나왔다. 압축 공기총에서 콘크리트를 분사하는 방식인 거나이트는 1910년 처음으로 펜실베이니아의 한 박제사가 발명했다. 제2차 세계대전 이전에, 거나이트는 주로 하수구를 수리하거나, 저수지, 댐, 용광로 등을 수리하는 데 사용되었으며, 전쟁 중에

샌프란시스코에서 1925년에 개장한 거대한 플레이샤커 수영장은 동시에 1만 명을 수용할 수 있었다. (좌측 상단)/ 1930년 베를린에 개장한 실내 수영장인 슈테드배드 노이쾰른은 전면이 유리창으로 막혀 있었다. (좌측 중앙)/ 1930년대 중반에 개장한 런던의 브록웰 리도 (좌측 하단)/ 거나이트로 지은 아메바 모양의 수영장은 미국인들이 뒷마당에서 수영할 수 있게 해줬다. (우측 상단)/ 오늘날의 1인용 실내 순환풀 (우측 하단) (뒷마당 수영장 사진 제공: 언스플래쉬Unsplash 사용자 제임스 리James Lee, 흑백 사진으로 변환) (순환풀 사진 제공: 로라 데비넷 Laura Dabinett)

는 활주로를 빠르게 복구하는 데 큰 도움을 주었다. 거나이트는 사용이 쉽고 빨리 마르는 장점이 있어서 (GI 법안 덕분에 가속이 붙은) 전국적인 주택 붐에 따라 교외로 이어지는 도로 건설이 활발해졌을 당시 집집마다 수영장을 만드는 데 사용되기 시작했다. 자기 집 뒷마당에 수영장이 있는데 굳이 공용 수영장에 들어가서 낯선 사람들과 함께 섞여 수영하고 싶은 사람은 없을 것이다. 집에 있는 수영장에는 가족과 친구들만이 있었고, 바비큐 그릴이 마련되어 있었으며, 조금 더 즐기고 싶으면 칵테일 바도 즐길 수 있었는데 말이다.

공동체들이 점점 세분화하면서 폐쇄적인 성격을 띠었고, 이에 따라 수영장들도 세분화하며 경제 수준의 일면을 보여주는 지표가 되었다. 2008~2009년 경제 위기가 닥치기 전, 매케런 국제공항에 착륙할 때면 볼 수 있었던 파란 점(집집마다 뒷마당에 있던 수영장)들이 경제 상태를 잘 증언해주었다. 경제 위기가 닥치고 주택 시장이 무너지자 그 반대 현상이 현실을 말해주었다. 뒷마당의 수영장들은 텅 비거나 물이 고인 채로 방치되었다. 캘리포니아 프레스노에서는 스케이트 보더들이 방치된 화려한 주택과 수영장들을 임시로 개조해 경사를 만들고 스케이트를 타기도 했다.

경제는 회복되었다. 방치되었던 수영장들이 다시 파란 물로 채워지긴 했지만, 이 과정에서 1인용 엔드리스 풀이 등장하며 수영장은 가장 작은 형태로, 가장 사적인 분자 구조 단계까지 오게 되었다. 설정 속도에 따라 순환되는 물에서 혼자 수영하게 해주는 이 수영장은 주로 개인적인 실내 공간에 만들어졌다. 홀로 수영하기에 이보다 더 좋은 조건이 어디 있겠는가. 사실 수영은 얼마든지 혼자 할 수 있는 운동이다. 왕복 수영을 즐기는 이들은 수영장에 사람이 많아도, 특히 한 레인에 다른 사람들이 있어도, 본질적으로는 혼자 왕복 수영을 한다.

영국 서섹스대학교 사회학 교수인 수지 스콧Susie Scott은 여러 저널의 기사를 통해, 수영장이 집단 운동 공간이면서도 개개인이 스스로를 다스리며 운동하는 공간이라는 점에 주목했다. 스콧의 주장에 따르면, "수영장은 모두 낯선 사람임을 자처하는 사람들끼리 끊임없이 규칙을 바꿔가며 적용하는 공간이다. 수영장은 지역의 사회세계로 나름의 규칙과 방식 그리고 무언의 자본이 참여자들 사이에서 공유된다. 명확하지는 않아도 참여자들은 서로 맞춰 가며 질서를 만들고, 이는 계속해서 개정되고 있다." 왕복 수영을 하는 이들은 적어도 한 명 이상의 타인들과 레인을 공유하며 조심스럽게 양쪽 끝으로 헤엄쳐야 한다. 지나가는 사람들도 조심해서 지나간다. 그들은 주변인들의 의식하며 속도를 조절하고, 신체 접촉이 일어나지 않도록 주의하며 서로에게 간섭하지 않는다. 레인에서 수영하는 사람들이 있거나 레인에 들어오려고 대기 중인 사람이 있다면, 서둘러 비켜주는 것이 암묵적인 규칙인 것이다. 왕복 수영은 오롯이 혼자만의 공간에 갇혀서 제한적인 감각을 느끼며 하는 스포츠다. 즉 전 세계 수백만 명의 수영인들은 타인과 같은 공간에서 헤엄치더라도 홀로 헤엄치고 있는 것이나 마찬가지다.

적어도 물에 들어갈 기회만 있다면 말이다.

13

최후의
금기

때로는 홀로 섬에 있는 기분이다. 기자들은 다른 수영 선수들,
즉 백인 선수들에게는 절대 묻지 않는 질문을 내게만 던진다.
난 아프리카계 미국인들을 대변하는 사람이 아니다.

– 시몬 매뉴얼

20세기 초반 30년에 걸쳐 형성된 거대한 미국 수영 시장은 그야말로 즐거운 공간을 제공했다. 그 안에서는 신분과 계급도 완화되었고, 그 자체로 미국 실험정신의 표현이었으며, 떠오르는 국가의 끝없는 낙관론을 잘 보여주었다. 그런데 문제는 공공수영장이든 사기업에서 운영한 수영장이든 상관없이 대부분 백인 고객들만이 수영장을 이용했다는 점이다.

미국 북부와 동부 연안, 중서부 그리고 5대호 부근에서 급격히 성장하던 도시에서는 아프리카계 미국인들의 인구가 점점 늘어갔다. 그들은 뉴욕, 피츠버그, 클리블랜드, 시카고, 디트로이트, 밀워키, 캔자스시티, 세인트루이스 등지에서 다른 시민들과 똑같이 뜨거운 태양 아래서 살아갔다. 그들이 모여 사는 곳에는 기본적으로 냉방시설이 없었을 테니, 더욱 습하고 더웠을 것이다.

어떤 도시(예를 들어, 윌밍턴과 델라웨어)에는 흑인들이 사용할 수 있는 공공수영장이 따로 마련되어 있긴 했다. 하지만 크기가 작았고, 거의 없었다는 것이 중요하다. 1930년대 중반 공공수영장이 두 개나 있었던 세인트루이스에서 인구 중 흑인의 비율은 15퍼센트였지만, 수영하는 흑인의 비율은 1.5퍼센트에 불과했다. 그것도 매우 북적거리는 작은 실내 수영장 한 곳에서 말이다. 1940년에는 워싱턴 DC 인구 중

거의 30퍼센트가 아프리카계 미국인이었는데, 흑인이 사용 가능한 수영장은 작은 실내 수영장 세 곳과 야외 수영장 두 곳뿐이었다. 백인들이 사용하는 수영장은 실내외 수영장 모두 합쳐 50곳 정도 되었다는 사실을 생각해보자. 흑인들을 위한 도심 속 물놀이장 같은 시설이 하나 있긴 했지만, 그것은 백인들이 이용하는 물놀이장과는 현저히 다른 곳이었다.

물론 항상 그랬던 깃은 아니다. 세프 윌츠Jeff Wiltse는 2007년 출간한 《겨루는 물Contested Waters》에서 보스턴의 수영 위원회 총무인 대니얼 컨스Daniel Kearns가 1898년 필라델피아를 방문해 아홉 곳의 공공 수영장을 둘러보고 연구했던 일화를 소개했다. 컨스는 세 곳 이외에 나머지 수영장이 슬럼가에 위치해 있고, 그곳은 수영장에 뛰어들기 전 몸도 씻지 않는 "하층민들과 부랑아들만" 이용한다고 기록했다. "백인이든 흑인이든 상관없이, 어떤 부랑자들은 당신이 상상할 수 없을 만큼 더럽고 지저분했다는 사실을 꼭 일러두겠다"라고도 썼다.

물론 대니얼 컨스가 위생 관련 사항(미생물, 소변, 대변 등)에 초점을 두고 있어서 그렇게 보였을 수도 있다. 하지만 제프 윌츠는 컨스가 인종의 다양성에 놀란 기색 없이 아무렇지 않게 언급한 사실에 주목하며, 그것은 당시 필라델피이 히층민들이 일반직으로 인종 문제를 어떻게 생각했는지를 보여준다고 했다. 영국, 호주 등 20세기의 여느 국가에서와 마찬가지로 미국에서도 남성과 여성은 각각 다른 날짜에 수영장에 입장했지만, 성별이 같다면 백인과 흑인은 함께 수영했다. 수영은 엄청난 인기였고, 매 여름 평균 수영장 이용객은 14만 4천여 명으로, 날마다 1,500명 정도가 입장한 셈이었다. 그리고 분명한 것은 인종

1942년 워싱턴 DC의 공공수영장. 당시 워싱턴 인구의 약 3분의 1이 아프리카계 미국인이었는데, 수영장 이용객은 모두 백인이었다.
(의회 도서관 제공)

에 상관없이 모두가 수영을 즐겼다.

약 40년이 지난 후 이야기가 달라진다. 뉴욕 시 공원 관리 부서에서 1930년대 후반 제작한 포스터를 보면, 6월 3일부터 6월 22일까지 '수영을 배워요 캠페인'을 펼치는데 '모든 수영장의 모든 연령을 위한 수업'이라고 기재되어 있다. 포스터 중앙에는 백인 남성이 그림자 부분은 갈색 피부로 표현된 채(혹은 갈색 피부의 남성이 빛을 받은 부분만 백인처럼 표현된 것인지도 모른다) 다이빙을 배우는 것처럼 허리를 숙이고 있다. 이는 인종의 다양성을 예술적으로 잘 표현한 듯 보인다. 하지만 뒤편에는 다이빙 보드가 내려간 쪽에 다섯 명의 백인 아이들이 서 있고, 오른쪽에는 여섯 명의 흑인 아이들이 서 있다. 디자인이 매우 아름다운 포스터라고 할 수 있다. 의도는 좋았다. 어린이들에게 수영장 안전을 가르치는 것은 오늘날에도 매우 중요한 일이다. 하지만 해당 포스터의 디자이너는 백인과 흑인 모두 수영을 배워야 한다고 주장하면서도 함께 수업을 들어서는 안 된다는 생각을 암시하고 말았다. 그로부터 또 10년이 흐르고 나면 북부와 중서부에 있는 많은 도시의 수영장은 인종차별의 격전지가 되어 버린다. 1949년 여름, 세인트루이스 시에서 시내 수영장이 더 이상 분리정책을 적용해서는 안 된다고 발표하자, 50명의 흑인이 고급 수영장인 페어그라운스 파크^{Fairground Park} 수영장에 나타났다. 그리고 그들이 200여 명의 백인에게 두들겨 맞는 사건이 일어났다. 다음날 세인트루이스 시장 조셉 다스트^{Joseph Darst}는 인종차별폐지 명령을 폐지하기에 이르렀다.

1960년대 어느 날 미시시피의 빌럭시 해변에서 있었던 '웨이드인'^{wade-in}(흑인이 백인 전용 수영장에 들어가 인종차별에 항의하는 행위-역자 주)은 최악의 인종차별 폭력을 유발하게 되었다. 1964년 한 연합뉴스 사진에는 백인 경찰이 플로리다 세인트 어거스틴의 한 모텔에 있던 콩팥 모양 수영장에서 분리정책에 항의하기 위해 함께 수영하던 백인과 흑인 무리를 체포하기 위해 물에 뛰어드는 장면이 포착되었다. 1966년 인종 폭동으로 시카고가 분열되자, 리처드 M. 데일리^{Richard M. Daley} 시장은 흑인들을 진정시키기 위해 1만 달러를 투자해 흑인 거주 지역에 플라스틱 수영장 10곳을 마련해주었다. 10개? 그것도 플라스틱으로? 이 조치는 오히려 흑인들에게 모욕감을 주려고 했다고밖에 생각할 수 없다.

차별은 여전히 현재 진행형이다. 2018년만 해도 열다섯 살의 한 흑인 소년이 사우스캐롤라이나 주 한 마을 수영장에서 백인 여성에게 욕을 듣고 공격을 당했다. 그리고 노스캐롤라이나 주에서는 한 백인 남성이 아파트 단지 수영장에 들어온 흑인 여성에게 수영장을 이용하기 전 신분증을 가져오라고 요구했다. 불합리한 일을 당한 열다섯 흑인 소년이나 흑인 여성은 아무런 잘못이 없었다. 그 소년은 수영장 회원의 지인이었고, 흑인 여성은 그 아파트의 주민으로 카드 열쇠를 사용해 정당하게 주민용 수영장에 들어온 것이었다. 하지만 너무 놀랄 필요는 없다. 수영은 최후의 금기로 여겨졌으니 말이다.

무엇이 문제였을까? 미국 사회의 고질적인 인종주의를 차치한다면 (그것이 아주 큰 부분이지만) 수영이 그토록 어려운 인종차별 문제의 중심으로 떠오른 것은, 수영이라는 행위가 다양한 측면에서 자유화에 아주 성공적인 행위였기 때문이다. 19세기에는 상상조차 하지 못했던 남녀 혼영이 남녀의 평등을 가져왔다. 아네트 켈러만을 비롯한 많은 여성은 겹겹이 옷으로 여성의 몸을 가리던 빅토리아 시대의 물놀이 의상을 계몽했다. 1920년대 후반에는 남성들도 마침내 상체를 모두 드러냈다. 1920년대에는 수영장 리조트가 성행했고 1930년대에는 공공사업진흥국이 지은 수영장이 포화상태가 되면서, 모든 것은 서로 영향을 주고받으며 함께 흘러갔다.

1935년 한 조사에 따르면 수영과 영화의 인기가 동등했으며 전 국민의 여가 활동 순위 중 상위권을 차지했다. 수영장과 극장은 힘든 시간을 잊게 해주는 장소였다. 두 곳 모두 집단 활동이 벌어지는 곳이었고, 거대하고 아름답게 설비된 극장이나 수영장에 가는 경험은 '섹시했다'는 말로밖에 설명할 방법이 없다. 하지만 둘 사이에는 큰 차이가 있었다. 영화관에서는 배우들이 아무리 옷을 벗고 나온다 한들

보는 이들은 옷을 완전히 갖춰 입고 있었다. 그러나 수영장에서는 (날이 갈수록) 사람들이 거의 나체 상태로 수영을 즐겼다.

케일럽 스미스Caleb Smith는 2012년 〈남동부 지리학자Southeastern Geographer〉에 기고한 논문에서 수영장은 많은 요소를 포함한다는 점을 지적했다. 수영장이 어디에 위치하는가와 관련된 정치학, 한정된 공간에 함께 들어가야 한다는 사회적 압박 그리고 육체 중심의 여가 활동이라는 성격 때문에 "성적인 색채가 너무 진한 점"도 있었다. 특히 남부지방에서 더 팽배한 논리이긴 했지만 (그곳에만 국한된 것은 아니었던) "흑인 남성들은 성적으로 잠재적 야만인"이라는 논리와 결합해 문제가 되기도 했다.

흑인 남성들과 백인 여성들이 수영장을 함께 이용하는 것이 문제라고 생각하는 이들이 있었고, 그렇게 생겨난 인종 간의 긴장감은 다른 요인들에도 강력한 영향을 주었다. 20세기가 흘러감에 따라 수영과 수영장은 점점 규모가 작아지기 시작했다. 컨트리클럽과 그들만의 규칙, 교외화와 마을 공동체 수영장으로의 흐름이 뚜렷했다. 남부지방의 공공수영장들은 모두의 입장을 허가하라는 법의 명령 앞에서 점점 사라지게 되었고, 시민과 정부의 지원 부족으로 도심의 공공수영장들이 문을 닫자, 거나이트 건설법과 개인 수영장 등이 생겨났다.

케일럽 스미스의 논문에서는 1965년 법원에서 인종 통합 명령을 내리기 직전 미시시피의 수영장과 2010년의 공공수영장이 표지된 지도를 비교했다. 1965년에는 미시시피 내 82개 군의 절반 이상의 지역에 공공수영장이 적어도 한 곳씩은 있었다. 그러나 2010년에는 3분의 1 정도에서만 공공수영장을 볼 수 있었다.

수영이 백인 위주의 스포츠라는 주장은 더 이상 유효하지 않다. 1920년대 후반부터 올림픽 수영 경기에서 일본 선수들이 우세했고, 중국도 천천히 따라왔다. 혁명 이전 중화민국의 선수들은 하계 올림픽에 세 번 출전했어도 메달을 따지는 못했다. 혁명 이후의 중화인민공화국은 1952년 하계 올림픽에 출전했지만, 그 다음 일곱 번은 국제올림픽위원회와 서구 정치세력들이 대만 망명 정부를 공식적으로 인정한다는 사실에 대항해 출전하지 않았다. 1984년부터 중화인민공화국PRC은 올림픽 공식 참가국으로 인정을 받았고, 그 이후 국제 수영과 다이빙 대회에서 엄청난 역량을 발휘하고 있다.*

그런 점에서 보면 인종차별 문제로 힘들었던 미국에서 시몬 매뉴얼을 자랑스러워하는 것도 이해가 된다. 시몬은 아프리카계 미국인으로서 최초로 올림픽 수영 금메달을 차지했다. 2016년 리우 올림픽에서 캐나다 선수 페니 올렉시악Penny Oleksiak과 접전 끝에 100미터 자유형에서 금메달을 따냈다. 마리차 코레이아Maritza Correia를 자랑스러워하는 것도 마찬가지 이유에서다. 그녀는 2002년 NCAA 수영 챔피언십에서 흑인 여성으로서는 최초로 미국 기록을 깼다. 사실상 50미터와 100미터 자유형에서 두 번 깬 것이나 마찬가지였다. 하지만 시몬 매뉴얼이 온라인상에서 "어린 나에게 보내는 편지"라는 제목으로 자신의

---

*　중국이 수영 강국으로 떠오른 데는 마오쩌둥의 공이 컸다. 그에게 그만큼의 운동능력이 있었는지는 모르겠지만, 그는 물을 아주 좋아했다. 그가 주장강에서 11킬로미터나 '헤엄쳐'간 일화에서는, 풀에 떠 있는 내내 "배가 풍선처럼 둥둥 떠 있고, 다리도 편안하게 뻗어 있었으며, 마치 소파에 앉아서 쉬는 것 같았다"라고 주장하고 있다.

미국 수영 선수 시몬 매뉴얼(왼쪽)과 캐나다 수영 선수 페니 올렉시악이 2016년 리우 올림픽 100미터 자유형 결승전에 도전한 뒤 서로를 안아주고 있다. (UPI/알라미 스톡 포토 Alamy Stock Photo, 흑백사진으로 변환)

신세를 한탄한 내용을 보면, 기자들이 놀라운 수영 실력보다는 인종차별과 사회정의와 관련된 주제로 질문하는 경향이 많았다는 사실을 알 수 있다. 그녀가 받았을 고충을 떠올리면 더 강한 지지를 보내게 된다.

그녀는 "때로는 홀로 섬에 있는 기분이다. 기자들은 다른 수영 선수들, 즉 백인 신수들에게는 절대 묻지 않는 질문을 내게만 던진다. 그들은 내게 사회적 정의와 관련된 문제에 관해 말해달라고 한다. 나도 그런 대화에 도움을 주고 싶고 대화를 이끌고도 싶지만, 난 아프리카계 미국인들을 대변하는 사람이 아니다"라고 썼다. 그렇다. 그녀는 미국 흑인을 대변하는 사람이 아니었고, 대변할 필요도 없었다.

이 문제를 논하기 위해 영국 국가대표 수영 선수들과 영국 월

드컵 축구 대표팀을 비교해보자. 수영 선수의 경우, 남자 선수와 여자 선수들 모두의 사진이 영국 대표팀 홈페이지에 나와 있다. 총 25명 중 여자 선수가 11명, 남자 선수가 14명이다. 그중에는 리우 올림픽 200미터 개인 혼영에서 아쉽게 금메달을 놓치고 은메달을 수상한 시오반-마리 오코너Siobhan-Marie O'Connor도 있고, 국제 수영 대회의 배영 경기에서 다섯 번이나 우승한 조지아 데이비스Georgia Davies도 있다. 남자 선수 중 제임스 가이James Guy는 리우 올림픽 계영 부분에서 두 개의 은메달을 땄으며, 애덤 피티Adam Peaty는 세계에서 가장 빠른 단거리 평영 선수다. 그들 모두 인물 좋고 실력 있는 선수라는 공통점이 있지만, 무엇보다도 모두 백인이라는 점이 주목할 만하다. 한편, 가장 최근의 영국 축구 대표팀에 소속된 46명의 선수를 살펴보면, 인종과 민족이 매우 다양한 스펙트럼에 걸쳐 있어(남자팀에서 다양성이 더욱 돋보인다), 영국의 주요 인구 구성원인 백인뿐 아니라 전체 인구의 다양한 구성원 범위를 잘 대변하고 있다.

수영과 축구 모두 힘과 체력뿐 아니라 끝없는 노력이 필요한 활동인데, 왜 그런 차이가 생긴 것일까? 수영 선수가 되기란 축구 선수가 되기보다 더 쉽지도, 어렵지도 않다. 그리고 수영은 컬링처럼 특수한 스포츠도 아니다. 여느 엘리트 스포츠 종목처럼 수영도 경기에 나갈 수준으로 올라가려면 돈이 많이 들 수는 있다. 스피도에서 제작한 마찰 감소 (그리고 합법적인) 수영 경기복인 레이저 퓨어 밸루어LZR Pure Valor는 남성용은 350달러, 여성용은 약 450달러 정도 한다. 스피도의 패스트스킨 퓨어 포커스Fastskin Pure Focus 수경은 85달러 정도다. 하지만 나이키의 르브론 솔져 11LeBron Soldier XI 농구화도 거의 400달러 정

258

도고, 언더아머에서 나온 농구화 커리3도 425달러 정도 한다.

테니스 라켓은 잘 망가질 뿐 아니라 테니스를 치려면 보통 클럽 회원권도 있어야 한다. 미래의 타이거 우즈Tiger Woods가 되고 싶은 골프 꿈나무라면, 골프를 시작하기도 전에 골프채, 가방, 골프공 등을 모두 갖춰야만 한다. 그에 비해 수영은 초기 비용이 전혀 들지 않는다. 기본적인 수영복과 10달러 정도 하는 수경만 준비하면 된다. 스피도에서 나오는 비싼 전문 수영복 걱정은 나중에 해도 된다. 더군다나 수영은 인류 역사상 가장 오래된 활동 중 하나인데(1만 년이 넘은) 흑인 수영 선수들은 이제야 세계 무대에서 모습을 드러내고 있다.

내가 어렸을 적 미국 동부 연안의 아마추어 수영 선수단에서 개최하는 여름 수영 대회에 나갈 때, 선생님들은 아프리카계 미국인들 중 수영 선수가 거의 없는 이유를 설명하면서 뼈의 두께와 밀도 등을 근거로 들곤 했다. 흑인은 뼈가 너무 두꺼워서 무거운 대퇴골과 정강이뼈 그리고 종아리뼈로 인해 물에 잘 가라앉는다는 것이었다. 흑인은 달리기와 높이 뛰는 능력은 타고났지만, 수영장에서만은 그렇지 않다는 논리였다. 수영은 한 마디로 '백인들의 종목'이라는 이야기였다. 《국제 디자인 & 자연과 생태 역학 저널》에 실린 한 논문에서, 에이드리안 베얀Adrian Bejan, 에드워드 존스Edward Jones 그리고 조던 찰스Jordan Charles 교수는 육상과 수영 수행 능력은 질량중심에 좌우된다고 밝혔다. 흑인의 질량중심은 백인보다 3퍼센트 높이 있으며, 이것은 신체의 질량중심이 앞으로 나아가게 하는 육상 경기에서 아프리카계 미국인들에게 유리하게 작용한다. 백인들은 평균 질량중심이 더 아래에 있어서, 흑인에 비하면 상체가 물 밖으로 더 높이 올라오고, 덕분에 물의 저항을 덜 받는다. 베얀 교수를 비롯한 연구자들의 주장에 따르면, 수영에서는 백인들이 속도 면에서 정확히 1.5퍼센트 유리하다고 한다.

만일 이 연구 결과를 받아들이더라도 1.5퍼센트 정도의 차이는 수영 경기에서 엄청난 차이라고 볼 수 없다. 다른 장에서도 소개했지만, 200미터 자유형 세계기록은 마이클 펠프스가 세운 1분 42.96초다. 아프리카계 미국인이 속도 면에서 1.5퍼센트 부족하다면, 기록은 단지 1.5초 느려질 뿐이다. 우수한 수영 선수라면, 출발선과 턴에서 그중 반 정도는 줄일 수도 있다.*

게다가 역사는 그와 반대의 주장을 하고 있다. 앞서도 언급한 케빈 도슨의 논문을 보면, 아프리카를 침략한 유럽인들이 아프리카 원주민들의 수영 실력을 보고 놀랐다고 한다. 그 능력이 신대륙의 노예가 되었다고 해서 사라지지는 않았을 것이다. 도슨의 논문은 다양한 사례들로 가득하다. 특히 조지 핀카드George Pinckard는 1804년 바베이도스에서 온 노예들이 물에서 얼마나 놀라운 실력을 보여주었는지 잘 묘사했다.

"그는 물에서 놀다시피 했고 다양한 종류의 이상한 묘기를 선보이며 즐거워했다. 그는 바닥까지 입수해 다양한 형태로 헤엄치며, 개처럼 걷고 발도 굴리느라 물속에서 오래 나오지 않기도 했고, 마치 휴식을 취하는 듯 바다 수면 위에 떠서 아주 편안해 보였다." 1726년에 벤자민 프랭클린이 템스 강에서 4.8킬로미터를 헤엄쳐 가며 온갖

---

* 비교해서 예를 들자면, 우사인 볼트의 100미터 달리기 세계기록인 9.85초에서 1.5퍼센트는 0.14초밖에 되지 않는다. 눈 깜빡할 시간보다 아주 조금 긴 시간이다!

묘기를 선보이던 게 떠오르지 않는가? 같은 기사의 도입부에서 핀카드 박사는 그러한 수영 능력 덕분에 "바다나 항구에서 사고가 났을 때, 흑인들이 특히 유용했다"라고 기록했다.

18세기 중반, 사우스캐롤라이나의 뷰퍼트에서 메이라는 이름의 한 노예는 쥐가오리의 등 위로 뛰어들어 창을 꽂았고 뛰어내렸던 배로 다시 헤엄쳐 왔다는 이야기가 전해진다. 그 장면을 실제로 본 이는 "그가 만약 색슨족이나 노르만족이었다면, 아마 기사 작위를 받고, 악마의 물고기 뿔 모양을 집안의 문장에 그려서 업적의 증거물로 삼았을 것이다"라고 기록했다.

도슨은 1790년 웨스트 인디스에 간 한 여행자가 카리브 해에 뛰어들어 노예제도만큼이나 두려운 존재인 상어와 결투를 벌이는 용감한 노예의 모습을 보고 놀라움을 금치 못했다는 사실에 주목했다. "끔찍한 괴물과 싸우기 위해 불편한 물속에 뛰어들 정도라면, 그들이 노예라는 굴레에 굴복했다 하더라도 그들의 저항심을 억누를 수 있을지가 의문이다." '불편한 물속'이라는 표현에서 유럽인들이 물에 대해 느낀 두려움이 잘 드러난다.

분명한 것은, 흑인들의 질량중심이 백인들에 비해 높다고 해도 그것 때문에 아프리카 원수민들이 수 세기 후 신대륙에 와서 수영 능력을 펼치지 못한 것은 아니라는 점이다. 그들이 정말 수영 실력에 있어 백인보다 못하다면(실제로 여러 측면에서 백인보다 수영 실력이 떨어진다고 밝혀졌다) 그 이유는 한 세기가 넘도록 제대로 된 수영장에 들어갈 기회가 없었고, 제대로 된 수영 교육을 받지 못해서일 가능성이 높다. 아프리카계 미국인들이 전반적으로 수영을 제대로 배우지 못한 것은 다소 극단적인 결과로 이어진다.

　　대체로 아프리카계 미국인들의 익사 사망률은 백인이나 히스패닉계 미국인보다 40퍼센트나 높다. 흑인보다 익사율이 높은 민족은 알래스카 원주민과 아메리카 원주민뿐이며, 그들 또한 비슷한 이유로 지난 한 세기 반 동안 제대로 된 수영 교육을 받지 못했다. 제대로 된 수영장에 접근할 기회가 없으니 수영 교육을 받지 못했고, 그에 더해 모든 사회 경제적 불평등도 존재했다. 하지만 조금만 더 깊이 들어가 보면, 훨씬 더 많은 사실을 알 수 있다.

　　질병 통제와 예방 센터의 자료에 따르면, 미국 내 익사 사고 건수는 연간 3,500건에 달하는데(대략 하루에 10건 정도다) 이는 전체 미국인 중 19세 이하 사망 원인에서 2위를 차지한다. 하지면 비율을 따져 보면, 흑인 아이들이 백인 아이들에 비해 훨씬 많이 죽는다. 수영장에서 빠져 죽는 5세에서 14세 어린이 중 흑인의 비율은 백인보다 세 배 높다. 연령대를 5세에서 19세로 늘려보면 흑인 아이들이 죽는 비율이 백인보다 다섯 배나 높아지는데, 흑인 아이들이 백인 아이들보다 더 많이 야단법석을 떨거나, 위험하게 갑판에서 뛰어다니거나, 안전요원의 말을 안 들어서가 아니다. 그것은 단지 흑인 아이들이 수영할 줄 몰라서 그렇다.

　　한 연구에 따르면, 70퍼센트가량의 흑인 아이들이 수영을 못할 뿐 아니라 수영장 깊은 곳에 들어가면 불안하다고 대답했으며, 백인 아이 중에는 31퍼센트만이 그렇다고 대답했다. 다른 연구에서도 수영을 못하는 아이들의 비율이 아프리카계 미국인 어린이는 64퍼센트, 히스패닉이나 라틴계는 45퍼센트 그리고 백인 어린이는 40퍼센트로 나타났다. 기준을 어떻게 정하느냐에 따라 결과는 달라질 수도 있다. 그 중에서도 핵심적이고 유의미한 통계는 연간 수입이 5만 달러 이하인 가정의 자녀들은 5명 중 4명이 수영을 할 줄 모른다는 것이다. 경제적인 조건 이외에도 문제를 구조적으로, 혹은 세대 차이로 접근해볼 수도 있다. 미국수영협회 연구에서는 부모가 수영할 줄 모르는 경우, 그들의 자녀들은 8명 중 1명 정도가 수영을 배우지 않는다고 밝혔다.

　　시몬 매뉴얼 등 몇몇 선수가 있긴 하지만, 흑인들이 매우 활발하게 활동하는 다른 스포츠 종목에 비해 미국 수영 선수 중 흑인은 정말 드물다. 미국수영연맹 회원 중에도 아프리카계 미국인은 극히 드물다. 미국수영연맹은 대학 진학 전 수영 선수들에게 가장 중요한 기관이며, 올림픽 대표가 되기 위한 관문이기도 하다. 수영계에서 흑인을 찾기란 건초더미에서 바늘 찾기와 같으며, 취미 수영 수준으로 내려가도 심각할 정도로 흑인을 찾기 힘들다. 흑인은 원래 수영을 안 한다는 생각에서 비롯된 결과이기도 하지만, 기회가 없다 보니 계속 기회가 생기지 않는 폐쇄성이 반복된 결과라고도 볼 수 있다.

　　안전요원들은 주로 수영 능력 순으로 뽑히는 경우가 많은데, 그들을 지역의 영웅처럼 생각하는 이들도 많다. 안전요원들은 소년들의 모방심리를 자극하며, 이러한 모방심리는 어린이들이 수영에 진지하게 접근하도록 만든다. 수영이 익사를 방지한다는 측면에서 이는 선순환이라고 볼 수 있다. 하지만 바로 그런 점이 아프리카계 미국인들에게는 더욱 불리한 것이다. 흑인은 미국수영연맹은 물론이고 안전요원으로 활동하는 사례도 드물다. 따라서 흑인 소년들에게는 그러한 롤모델이 없고, 그 영향은 아주 다양하게 나타난다. 수영은 목숨을 구해주고 익사를 방지해준다는 점에서도 중요하지만, 일반적인 건강 증진에도 도움이 되기 때문이다. 심혈관 건강에 좋고, 비만율을 줄여주며, 당뇨병 관리에도 도움이 되는 등(비만과 당뇨는 백인보다 흑인들에게 더 많은 영향을 미치고 있다) 전반적으로 상관관계가 있다.

2003년《영국의학저널British Medical Journal》에 실린 한 논문에는 호주 원주민 공동체 세 곳에 새로운 수영장을 설치한 뒤 사회학적으로 개입해 실험한 결과가 공개되었다. 길이 25미터의 수영장에는 그늘막도 설치되어 있었다. 연구는 새로운 수영장이 생김으로써 발생하는 사회학적 영향뿐 아니라 원주민들의 건강에 미치는, 특히 피부와 중이염에 미치는 영향에 관해 연구했다. 하지만 사회학적 영향이 더욱 뚜렷하게 나타났다. 어린이들은 수영을 배우며 행복해 보였고 건강해졌다. 어떤 학부모는 학교에서 수영을 시작하고부터 자녀의 장난이 줄었다고 말했다. 경찰 또한 지역 사회에서 사소한 범죄가 줄었다는 점에 주목했다.

미국의 공립 학교들은 정확히 반대 방향으로 나아갔다. 약 60여 년 전, 내가 10학년이었던 시절만 해도 학교에서 수영 교육을 진행했었다. 그 시절 한 반에 45명이나 되는 소년들이 다 같이 체육 수업을 듣기 위해 지하로 내려가 옷을 홀딱 벗고 수영장 앞으로 모여야 했던 날을 잊지 못한다. 우리는 모두가 겁먹은 눈을 하고 있었다. 특히 살이 많이 쪘거나 바짝 마른 친구들, 아직 덜 자라서 어린 티를 벗지 못한 친구들은 난감해했다. 15세 소년들이라면 누구든 그런 이유로 괴로워할 수 있었다. 반면 여학생들은 똑같이 수영 테스트를 받아도 알몸으로 하진 않았다. 대신 여학생들은 사이즈 별로 색상이 구분된 모직 물놀이 의복을 받아서 입었다. 여학생들은 그 옷이 정말 '끔찍하다'라고 표현했었다. 하지만 학교에서 수영을 가르치려고 시도는 했다는 점에서 긍정적이라고 볼 수 있다.

나는 적어도 그들 중 한 명 정도는(아프리카계 미국인이었을 확률이 높다) 학교의 노력 덕에 성인까지 익사 사고로 죽지 않고 살아남았을 것이라고 장담한다. 수영을 가르치는 데 복잡하고 어려운 이론이 필요한 것도 아니었다. 편안하게 두려움을 극복하고, 머리를 물에 넣고, 폐에 공기가 차 있는 한 물에 뜬다는 사실을 인식하면, 혹은 등으로 누우면 더 편안히 뜰 수 있다는 사실을 알면, 원리는 간단했고 결과도 확실히 효과가 있었다. 하지만 그 이후에는 지역 공립학교의 수영 교육이 활발히 이루어지지 않았다.

수영 교육과 공공수영장 시설의 결핍, 인종주의, 무시와 무관심 속에서 자라나는 공포가 모두 뒤섞인 치명적인 상황은 결국 2010년 8월 루이지애나 슈리브포트Shreveport의 끔찍한 사건을 불러일으켰다. 두 가족의 자녀인 여섯 명의 흑인 아이들이 레드 강 모래톱에서 놀던 중 물 속에 빠진 동생을 구하려다 모두 익사한 사건이었다.

데켄드릭스 워너가 처음 물에 빠지자 타키샤 워너(13세), 자마커스 워너(14세) 그리고 자타비우스 워너(17세)가 동생을 구하기 위해 차례로 따라 들어갔다가 동생도 구하지 못하고 물에 빠져 죽었다. 사촌지간인 리테렐 스튜월트(18세), 라다이루스 스튜월트(7세) 그리고 라테빈 스튜월트(15세) 또한 사촌을 구하기 위해 물에 들어갔다가 사망하고 말았다. 그들은 모두 수영하는 법을 몰랐다.

함께 나들이를 나갔던 가족들도 수영을 못 하긴 마찬가지였다.

강가에서 겁에 질려 바라만 볼 뿐 달리할 수 있는 게 없었다. 당시 그 자리에 있었던 매릴린 로빈슨은 이렇게 말했다. "우리 중 수영할 수 있는 사람이 아무도 없었어요. 그저 '도와주세요! 도와주세요! 제발 누가 좀 도와주세요!'를 외치며 하나씩 하나씩 차례로 물에 빠져 죽는 모습을 보는 수밖에 없었지요."

제일 처음 물에 빠졌던 데켄드릭스 워너만이 지나가던 낯선 이의 용기 덕분에 물 밖으로 빠져나올 수 있었다. 그때는 지나가던 낯선 이가 수영을 할 줄 알아 아이들을 구하는 것만이 유일한 희망이었다. 가족들이나 일행 중 아무도 수영을 할 줄 모르고, 목격자들이 아이들을 구하기 위해 쉽사리 물에 뛰어들지 못하며, 도움을 줘야 하는 절실함보다 두려움이 앞서는 이러한 상황은 뭔가 분명히 잘못된 것이다.

수영 교육에 있어서 우리는 얼마나 발전했을까? 물론 수영 경기 능력은 월등히 발전했다. 많은 증거가 말해준다. 하지만 아마존 서점에서 '수영 교육'이라고 검색을 해보면 한 권의 대표도서가 뜨고, 7권의 추천 도서가 같이 소개된다. 모두 어린이와 부모를 대상으로 쓰인 책이었고, 익사를 방지하기 위한 기초적인 내용부터 담겨 있었다. 8권 중 2권의 표지에는 그림이 그려져 있었는데, 하나는 개구리, 다른 하나는 오리 그림이었다. 그리고 나머지 6권의 표지에는 사진이나 삽화가 실려 있었다. 사진이든 삽화든, 표지에 나온 어린이들은 모두 백인이었다. 이보다 더 잘 할 수는 없는 것일까? 수영 교육에 관련된 부분은 꼭 개선되어야만 하고, 아마 결국 그렇게 될 것이다.

영국에서는 2012년부터 수영 교육을 국가 정규 교육과정에 포함시켰다. 모든 11세 학생들은 다양한 상황에서 생존 수영을 할 수 있어야만 초등학교를 졸업할 수 있고, 길이 25미터의 수영장에서 멈추지 않고 끝까지 헤엄쳐 가야 하며, 하나 이상의 영법으로 능숙하게 헤엄칠 수 있어야 한다. 영국 수영 관리 당국인 스윔 잉글랜드Swim England에 따르면, 전체 학생 중 절반 이상이 아직 그 수준에 도달하지 못했다고 한다. 다른 커리큘럼과 마찬가지로 비용 문제가 있고 시설도 부족하다. 하지만 국가적 차원에서 시도를 했다는 것에 의의가 있다. 이렇듯 결점이 있긴 하지만, 이러한 노력은 영국의 익사 사망률이 세계에서 가장 낮은 축에 속하는 이유를 잘 설명해준다. 영국 익사 사망률은 미국 대비 3분의 1 수준에 그친다.

내가 10학년 때 40여 명에 이르는 급우들과 함께 홀딱 벗은 채로 수영장 옆에서 기다리게 했었던 학교는 치욕스럽지만 꼭 필요했던 그 수영 테스트를 아주 오래전 그만두었다. 뉴욕 시에서는 짐 드와이어Jim Dwyer가《뉴욕 타임즈》칼럼에서 지적했듯, "몇몇 고등학교에서는 (여전히) 수영 테스트를 요구하거나 수업을 제공하고 있지만, 적절한 콘돔 사용법 교육과는 달리, 시에서 필수적으로 수영 교육을 요구하지는 않는다." 생명 구하기와 원치 않는 임신 방지하기라는 두 가지는 반드시 배워야 할 과정같이 들리는 데 말이다.

그렇다면 무엇을 어떻게 해야 할까? 나의 고향에서는 두 기관이 밀접하게 연계해 변화를 이끌고 있다. 학교와 지역 YMCA 그리고 미국소년소녀클럽Boys & Girls Clubs of America이 연합을 맺어 지역의 모든 초등학교에서 2학년 학생들에게 의무적으로 수영을 가르치기로 계획했고, 2022년까지는 지역 13개 초등학교에서 모두 시행할 것을 목표로 하고 있다. 한편, 활동적인 체육 교사 수지 홀루벡Suzie Holubek은

맥켄지 고등학교의 수영팀을 부활시켰는데, 그녀가 팀을 이끈 첫해에 22명이던 회원이 이듬해 34명이 되었고, 최초로 대회 우승도 이끌었다.

홀루백은 위의 두 계획을 결합하는 방안을 추진하고 있다. 그녀가 가르치는 학생들이 마을 공동체의 8세 이상 12세 이하 아이들에게 일주일씩 생존 수영을 가르친다. 저녁마다 한 시간씩 팀 구성원들은 18명의 어린이에게 수상 안전, 물에서 배로 뜨는 법, 등을 돌려 뜨는 법, 물에서 발을 굴리고 팔을 젓는 법 등을 가르친다. 모두 기본적인 내용이지만 루이지애나 슈리브포트에서 물에 빠져 죽은 흑인 아이들 6명 중 누구라도 이런 수업을 배울 기회를 미리 얻었더라면, 몇 명이든 더 살 수 있지 않았을까?

통계적으로 볼 때, 홀루백이 이끄는 팀이 교내 수영팀의 인종 분리 문제를 개선하는 데 크게 일조한 것은 아니다. 그녀의 팀원들은 전체 학생 비율에 비하면 백인이 더 많았고, 2018-2019학기에는 수영을 가르치지 않는 다른 학교(기독교 학교와 사립학교)의 학생 8명도 포함되어 있었다. 하지만 수영을 배울 기회가 거의 없다시피 한 어린 학생들과 자유롭게 교류하면서, 팀원들은 여러 세대에 수영을 가르치고 지역의 롤모델이 되었다. 그것은 공공 보건 측면(낮은 익사 사망률)에서도 중요하고, 기본적으로 어린이들의 성격 발달에도 도움이 된다.

수영 경기는 굉장히 힘든 스포츠다. 선수들은 자신의 한계에 도전하기 위해 헤엄쳐야 한다. 따라서 수영은 다른 어떤 스포츠보다도 자립심을 기르기 좋은 운동일 것이다. 장거리를 계속해서 헤엄쳐 가는 수영인들은 발을 구르고 팔을 휘젓는 소리 외에는 아무것도 듣지 못한 채 오롯이 혼자만의 경기를 펼치며 앞으로 나아간다. 헤엄칠 때 보이는 것은 수영장 바닥에 그어진 검은색 라인뿐이고, 배영을 할 때는 천장의 타일 그리고 야외에서 배영을 할 때는 흘러가는 구름만 보일 뿐이다. 간혹 "조금만 더!"라고 적힌 깃발이 보이기도 한다. 그러나 그 어떠한 상황에서도 자기 자신 말고는 의존할 대상이 없다.

홀루백은 나에게 다음과 같이 말했다. "수영부 학생들은 아주 믿음직하고 의젓해요. 계속해서 헤엄치고, 돌아서 또 헤엄치고 하는 건 아무나 할 수 있는 게 아니거든요. 전적으로 자신만의 의지로 해나가야 하지요." 스포츠 기자이자 작가 겸 미국마스터스수영US Masters Swimming 소속 회원인 존 파인스타인John Feinstein도 다음과 같이 말한 바 있다.

성공적인 수영 선수가 되려면 단련이 중요합니다. PTA를 기꺼이 감당할 수 있어야 하죠. 그것은 Pain(고통), Torture(고문) 그리고 Agony(괴로움)입니다. 부모들도 큰 희생을 치를 준비가 되어야 합니다. 대회도 고통스럽지만, 날마다 새벽 5시부터 아이를 연습시키는 게 훨씬 더 힘든 일입니다. 물론 이것은 닭이 먼저냐 달걀이 먼저냐 하는 문제일 수도 있습니다. 수영하면서 의지가 강해져 성공적인 삶을 살아가는 데도 영향을 주는 것인지, 아니면 원래부터 의지가 강해서 수영도 잘하고 성공적인 인생을 살아가는지 말입니다. 정답은 모르겠지만, 제가 본 성공한 수영 선수들은 대개 성공적인 인생을 살았습니다.

14

성장통

만일 최초의 근대 올림픽이 아테네가 아닌
도쿄에서 열렸다면, 오늘날 올림픽 수영 선수들은
아마 갑옷을 입고 등에 칼을 찬 채로
물에 뛰어들었지도 모른다.

아주 옛날 일반 백성들에게 행해진 수영 교육에서는 영법 같은 것은 다루지 않았으며 속도, 인내력 같은 가치도 가르치지 않았다. 수영 교육의 목표는 단순했다. 바로 생존이었다. 사람들은 언제나 바다에 나갔고 호숫가나 해안가에서 배를 타고 짧은 여유를 가지기도 했다. 그러나 배를 타고 나가는 일은 매우 위험하다. 선박들은 미쳐 보지 못한 모래톱에 부딪혀 파손되기도 하고, 증기선의 보일러가 폭발하기도 했다. 150년 전에는 이러한 사고가 일어나면 살아날 길이 거의 없었다. 루이지애나 슈리브포트에서 불행하게도 물에 빠져 죽었던 6명의 흑인 아이들처럼, 당시 사람들도 물에 빠지면 그대로 익사하고 말았다.

바다나 호수에 나가 일을 해서 먹고사는 사람들도 나을 것이 없었다. 1838년, 뉴욕 시의 미국 선원의 친구 협회American Seaman's Friends Society에서 발행한 《선원의 잡지》에서는 뱃사람들에게 수영을 배울 것을 촉구했다. "이 기술을 몰라서 매년 수천 명이 희생을 당한다. 새로운 희생자가 생겨날 때마다 상관들에게 이 기술을 배우는 것이 얼마나 중요한지 그리고 물에 뜨는 것과 수영하는 것이 그리 어렵지 않다는 점을 강력하게 호소해야 한다."

반세기가 지나고 나서도, 미국 해군정보국의 창립자이자 첫 책임자였던 테오도러스 B. M. 메이슨 장교는 여전히 뒤처진 미국의 수영 교육 현실을 한탄했다. "대부분 사람이 수영을 할 줄 모른다. 이상해 보이겠지만, 심지어 직업으로 바다의 일을 선택하는 이들도 헤엄치는 법을 모른다." 메이슨은 우선 모교인 미국 해군사관학교 신입생들에게 수영을 배우자고 제안했다. 거의 같은 시기에 영국의 구명정협회에서 안전요원들의 수영 교육 필요성을 주창한 내용을 보면, 안전요원 중에도 수영할 줄 아는 사람이 많이 없으며, 이는 임무를 수행하는 데 심각한 지상을 순다고 말하고 있다. 혹여나 대중의 관심에서 멀어질까 걱정한 영국과 미국 신문에서는 꾸준히 수영 교육 강화의 필요성을 어필했다. 물에 빠져 익사한 끔찍한 사건들을 보도하면서 말이다.

1878년 9월 3일, 아름다운 증기선 프린세스 앨리스Princess Alice 호가 템스 강 부두에서 바다를 향해 당일치기 여행을 나섰다. 2실링이라는 저렴한 금액으로 맑고 화창한 날 바다를 즐길 수 있는 기회였다. 승선 기록을 찾아볼 수는 없지만, 대략 750명의 승객이 프린세스 앨리스 호를 타고 바다에 나갔다가 그날 저녁 런던으로 돌아오고 있었다. 저녁 7시 40분경, 거대한 석탄 운반선인 바이웰 캐슬Bywell Castle(프린세스 앨리스의 거의 세 배에 달하는 크기였다)이 프린세스 앨리스 호로 접근해 오더니 이내 프린세스 앨리스 호의 우현을 들이받았고, 증기선은 순식간에 거의 두 동강이 나버렸다.

당시 배에 탑승해 있던 승객은 "갑판은 순식간에 난장판이 되었습니다. 여성들과 아이들이 소리를 지르며 물에 빠지지 않으려고 함교로 몰려갔습니다. 나는 바로 선장에게 달려가 어떻게 해야 할지 물었습니다. 그는 '배가 금방 가라앉을 거요. 행운을 빕니다'라고 말했습니다"라고 회상했다.

증기선은 순식간에 가라앉았다. 배에서 물로 뛰어든 승객 중 수영을 할 줄 아는 이는 거의 없었고, 설령 수영할 수 있다 하더라도 옷과 신발이 너무 무거워 가라앉았으며, 충돌지점 부근에서 흘러나오는 엄청난 양의 오물 때문에 수영을 하기 힘들었다. 결국 650명이 사망했고, 그중 여성은 400명이었다. 이는 영국 역사에서 강에서 발생한 선박 사고 중 최악의 기록으로 남게 되었다. 물론 충돌로 인해 즉사한 승객들도 있었지만, 조금만 헤엄쳤다면 닿을 수 있을 만큼 강둑이 가까이 있었는데도 대부분 익사로 사망했다. 겨우 살아남은 이들도 썩은 오수를 들이마셔서 천천히 고통스럽게 죽어갔다.*

그로부터 25년 후인 1904년 6월 15일, 제너럴 슬로컴General Slo-cum 호가 오전 9시 뉴욕 이스트 강에서 출발해 롱아일랜드 북부 해안으로 여행을 떠났을 때도 비슷한 일이 일어났다. 프린세스 앨리스 호와 마찬가지로, 제너럴 슬로컴 호의 표도 굉장히 저렴했다. 뉴욕의 성 마르코 루터 교회에서 배를 350달러에 전세를 내 1,358명의 신도를 태우고 소풍을 떠난 것이었으니 한 명당 25센트 정도를 낸 셈이었다. 날씨는 화창했고, 승객의 대부분은 여성과 어린이였다. 강에서 출발한 지 30분도 채 지나지 않아, 제너럴 슬로컴 호에 불길이 일었다. 화재를 피하려면 바다로 뛰어들 수밖에 없었다. 이번에도 역시 빅토리아 시대

---

* 유일한 여성 생존자는 소프Thorpe 양이라고 알려진 18세 여성이었다. 그녀는 물에 뛰어들자마자 바로 강변으로 헤엄쳐 왔다. 각각 17세와 9세였던 그녀의 남동생들도 구명정이 올 때까지 헤엄을 치다 구조되었다. 이러한 재앙에도 불구하고, 이 사건을 담당했던 배심원단은 수영 교육을 강조하는 규칙을 만들어야 한다는 제안을 거부했다.

후반의 거추장스러운 의상들 때문에 수영을 하기 힘들었다. 강둑이 아슬아슬하게 닿을 만큼 가까운 위치에 있었지만, 안타깝게도 20세기 초반 수영 교육을 거의 받지 않았던 여성과 아이들이 많이 죽고 말았다. 이 사건이 앞서 소개한 사건과 다른 점은 정확한 사망자 수가 남았다는 것뿐이다. 이 사고로 1,021명이라는 엄청난 인명피해가 발생했지만, 미국 역사상 최악의 선박 사고는 따로 있었다.

1등의 영예는 사실 거의 잊히다시피 한 사건으로, 미시시피 강에서 일어난 사고이며, 사상자가 거의 남성이었다. 1865년 4월 24일 밤 10시, 설태너Sultana 호가 미시시피 강에서 빅스버그 시를 향해 출발했다. 당시 설태너 호가 수용가능한 탑승인원은 376명이었지만, 실제로는 약 2,500명의 승객이 탑승하고 있었다. 정확한 승객 명단은 남지 않았지만, 아마도 그중 2,300명 정도는 군인이었을 것이다. 그리고 그들 중 다수는 앤더스빌, 조지아, 카하바 그리고 셀마, 앨라배마에 있는 남북 전쟁 교도소 캠프에서 석방된 군인들이었다. 남북 전쟁이 끝나고, 잡혀 있던 군인들은 이제 오하이오에 있는 캠프 체이스로 가서 제대한 뒤, 집으로 갈 참이었다. 배에 오른 군인들은 대부분 결국 집으로 가지 못했지만 말이다.

4월 27일, 설태너 호가 멤피스 북부 약 14킬로미터 지점에서 방향을 전환하려는 순간 배의 보일러가 폭발했다. 여러 대의 보일러가 동시다발적으로 폭발하면서 선체에 큰 구멍이 났고, 목재 갑판에 불이 붙었다. 그러자 배에 탑승하고 있던 수천 명의 남자들은 강물에 뛰어들었다. 설태너 호가 침몰한 곳의 강폭은 6.4킬로미터에 이르렀고, 수온은 섭씨 15도였다. 그리고 이들은 남북 전쟁이 끝날 무렵 교도소 캠

프의 열악한 환경에서 굶주림에 시달리던 남자들이었다.

설태너 호가 난파되자 미시시피 강은 온통 잔해로 가득했다. 아주 기본적인 수영 실력이 있거나 물에 뜨는 방법만 알았더라도 생존할 수 있었을 것이었다. 그런데 심지어 그 정도의 수영 실력도 갖추지 못한 이들이 대부분이었다. 멤피스 강가에는 이후 몇 주에 걸쳐 시체들이 떠밀려왔다.

설태너 호의 승객 명단이 정확하지 않았으므로 사망자 수는 추정에 의존할 뿐이다. 누구는 1,800여 명이라고 하고, 누구는 2,200명이라고 주장했다. 누구의 주장이 맞든 설태너 호 폭발 사고는 미국에서 일어난 선박 사고 중 가장 많은 사망자를 냈다. 남북 전쟁 중 그보다 더 많은 연합군이 사망한 전투는 단 네 번뿐이었다.

하지만 프린세스 앨리스 호와 제너럴 슬로컴 호 참사와는 달리 (그리고 사망자를 많이 낸 남북 전쟁과도 달리) 설태너 호의 참사는 너무나도 빨리 잊혔다. 설태너 호가 폭발한 지 6시간이 지난 뒤, 에드윈 스탠턴Edwin Stanton 전쟁장관은 링컨을 암살한 존 윌크스 부스John Wilkes Booth가 버지니아 포트 로열의 어느 불타는 헛간에서 머리에 총을 맞아 죽었다고 발표했다. 그렇게 설태너 호 참사는 물에 가라앉는 돌멩이처럼 신문 1면에서 사라져버렸다.

이 같은 익사 사고들로 경각심이 생겨나자 대중을 대상으로 한 수영 교육 단체를 구성하려는 노력이 최초로 생겨났다. 사람들은 불이 나면 본능적으로 불을 피해 달아나듯이, 바다나 강에 빠지는 사고가 닥치면 해안이나 어딘가로 헤엄쳐 가야 하는데도 그러지 못한다. 지금껏 살펴봤듯이, 대부분의 사람은 도움의 손길이 도착할 때까지 떠 있는 것조차도 하지 못한다. 첫 번째로 가르쳐야 할 사항은 바다든, 호수든, 강이든, 연못이든, 어떤 물에 빠지더라도 살아 있도록 하는 방법이다. 영법은 그 다음에 배우는 것이고, 장거리든 단거리든, 수영 경기는 영법을 배우고 나서 시작해도 된다.

스웨덴의 웁살라수영협회Uppsala Swimming Society는 그러한 진전을 전형적으로 실천한 곳이다. 1796년 웁살라대학교에서 설립한 이 협회는(그 자체로는 1477년에 세워져 수영협회로는 전 세계 최초라고 주장하고 있다) 초반에는 대중들의 경계하는 시선을 감내해야 했다. 한 역사가는 "스웨덴 대중은 수영을 받아들이지 않는다. 오직 러시아 죄수들만 수영할 줄 알았으며, 스웨덴 사람들은 그들이 개헤엄을 치는 모습만 보고도 놀라움을 금치 못했다"라고 기록했다.

하지만 웁살라수영협회는 그에 굴하지 않고 19세기 중후반에 전국으로 퍼져나가 "앞으로 헤엄치기, 옷 입고 헤엄치기, 등으로 헤엄치기, 물에 뜨기, 물에서 걷기, 사람 데리고 나오기, 무거운 돌 운반하기, 먼 거리 헤엄치기, 다이빙 그리고 높은 곳에서 뛰어내리기" 등을 대중에게 가르쳤다. 처음에는 강에서 교육하다가, 1841년부터는 스박트백스툴렌에 처음 생긴 수영장에서 교육을 진행했다.

웁살라수영협회의 일부 강사들은 점차 유럽과 미국 전역으로 임무를 수행하러 나섰다. 1890년대 에릭 헬스텐Eric Helsten은 미국 전역에 자신의 교육 방법에 관한 신문 광고를 냈다. 그는 1850년대 웁살라에서 활발히 수영을 가르친 인물의 아들이었다. 그는 자신의 방법을 간단하고 분명하게 홍보했다. "알아야 할 가치가 있는 기술로, 생명을 구해줍니다. 이 시대의 놀라운 발견이라고 할 수 있습니다. 익사하는 대신 물에 뜨게 해주는 방법에 관련된 모든 것을 자세히 가르쳐 드립니다." 이 모든 것을 아주 약간의 수강료만 내면 배울 수 있었다. 이처럼 20세기 초반이 되기 전까지만 해도 웁살라수영협회는 수영 대회를 준비시키는 곳은 아니었다.

수영 종목의 아주 놀라운 점은, 고대부터 행해진 스포츠임에도 불구하고 놀라울 정도로 새롭고 계속해서 진화하고 있다는 사실이다. 운동장에서 트랙을 뛰는 '육상 경기'는 고대 올림픽과도 유사하며, 최초의 근대 올림피아드 때와 거의 변하지 않았다. 1896년, 남자 (오직 남자 선수들만 참가했다) 육상선수들은 100, 400, 800, 1,500미터 그리고 마라톤 경기, 이렇게 다섯 종목에서 경쟁했고, 추가로 110미터 허들 이벤트가 있었다. 2016년 리우 올림픽에 포함된 육상 경기 종목은 릴레이, 경보 그리고 거리별 장애물 달리기와 그냥 달리기 등으로 종목이 두 배 이상 다양화되었고, 여성 선수들이 참가한 지도 오래되었다. 하지만 기본적인 경기 자체는 한발을 땅에 딛고, 또 다른 발을 땅에 디디며 가능한 빠르게 앞으로 나아가 정해진 거리를 달리는 방식으로, 원시인들이 검치호랑이를 보고 달아날 때와 크게 달라진 점이 없었다.

반면에 수영 경기는 이제야 정착해가고 있는 수준이다. 에드워드 A. 콘Edward A. Cone이라는 뉴욕 출신의 수영 선수는 불과 150년 전에 경기 내내 머리를 밖으로 내지 않는 방법으로 횡영 경기를 완주했다(콘은 사실 선택의 여지가 없었다. 그는 팔이 한쪽뿐이었기에 자신의 장애에 맞는 영법에 적응해야만 했다). 시카고의 신문기자였던 잼 핸디Jam Handy는 149센티미터라는 작은 키를 극복하고 아주 재빠르게 평영으로 헤엄쳐 1904년 올림픽 440야드(402미터) 경기에서 동메달을 땄다. 핸디는 수영장 바닥에 선을 그어 선수들이 계속해서 방향을 확인하지 않고도 전속력으로 헤엄칠 수 있도록 하는 아이디어를 내기도 했다.

접영의 경우 여러 사람이 함께 만들어낸 작품이었다. 사실 접영은 다양한 국가의 사람들이 거의 동시에 개발했다고 볼 수 있다. 두 팔을 동시에 젓는 것은 호주인 시드니 카빌Sydney Cavill의 업적이자, 미국인 헨리 마이어스Henry Myers, 독일인 에리히 라데마처Erich Rademacher의 공로이기도 했다.

접영 돌핀킥dolphin kick의 창시자는 볼니 윌슨Volney Wilson이라는 젊은 물리학자이자 수영인으로, 그는 이후 미국 육군의 원자탄 개발 계획인 맨해튼계획Manhattan Project의 일원이 되기도 했다. 2016년 8월 11일, 마리 도제마Marie Doezema가 〈뉴요커〉에서 말했듯, 윌슨은 1934년 여름 시카고의 쉐드 수족관을 관람하던 중 물고기들이 지느러미를 좌우로 흔들며 물속에서 추진하지만 돌고래(를 비롯한 고래류)들은 수평 지느러미를 위아래로 흔들며 파도 모양으로 앞으로 나아간다는 사실을 알아챘다. 수중 포유류가 그렇게 추진한다면, 수중 인간도 그렇게 못하란 법이 없지 않을까 하고 생각한 윌슨은 시카고 애틀래틱클럽 수영장에서 곧바로 두 발을 붙이고 아래위로 흔들며 돌고래처럼 앞으로 나아가는 방법을 터득했다.

돌핀킥 창시자로 1917년부터 거의 40년간 아이오와대학교에서 수영 코치로 활약한 데이비드 앰브루스터David Armbruster를 지목하는 이들도 있었다. 누가 창시했든 당시의 영법에는 문제가 있었다. 수영선수들은 두 팔을 동시에 뻗는 영법에 평영 발차기를 접목했는데, 결과는 뻔했다. 접영 스트로크와 평영 발차기가 초반에는 힘찬 스트로크 덕분에 앞섰지만, 스트로크와 발차기의 부조화로 에너지가 크게 손실돼 오래 유지하기가 힘들었던 것이다. 1936년 베를린 올림픽의 200미터 평영 결승전 자료화면을 보면 '접영' 스트로크로 출발한 미국 선수가 처음 100미터에서는 앞서가지만, 이내 지쳐서 기존의 영법으로 팔을 저었고 결국 처음부터 정통 평영으로 헤엄친 세 명이(1, 3위는 일본, 2위는 독일) 올림픽 수영 경기장에서 메달을 차지하고 말았다.*

볼니 윌슨은 자신이 연구한 새로운 돌핀킥과 정통적인 평영의 팔 동작을 접목해보았다. 기존의 방식보다 조금 더 낫긴 했지만, 팔과 다리의 동작은 여전히 잘 연결되지 않았다. 어찌 됐든 간에, 경기 결정자들이 이 조합을 인정하지 않았으니 윌슨의 방식은 수영 경기에서 쓰이지 않았다. 그렇다면 누가 접영의 팔 동작과 돌핀킥을 조합해 효과적으로 적용했을까? 국제수영 명예의 전당 박물관에 가보면 그 공을 일본 수영 선수 지로 나가사와^{Jiro Nagasawa}에게 돌리고 있다. 그는 원래 평영 선수였지만 1950년대 관절염에 걸린 무릎을 보호하기 위해 돌핀킥을 하며 동시에 팔을 앞으로 뻗는 방식으로 수영하게 되었고,

---

*   1936년 올림픽 수영 대회는 경기 참가를 거부한 한 여성 때문에 더욱 유명해졌다. 그녀의 이름은 주디스 하스펠^{Judith Haspel}이다. 1918면 8월 비엔나에서 태어난 하스펠은 지역 유대인 스포츠 클럽에서 수영을 시작했다. 다른 스포츠 클럽에서는 유대인과 개를 받아주지 않을 때였다. 그녀는 1935년 오스트리아에서 열린 여자 자유형 중거리와 장거리 대회를 휩쓸었다. 이듬해 그녀는 베를린 올림픽에 참가할 대표팀 선수로 선발되었다. 하지만 히틀러가 보는 앞에서 경기에 참가하길 거부한 그녀는 오스트리아 수영 경기에도 참여할 수 없게 되었으며, 팔레스타인으로 이민갈 때는 모든 경기 기록과 이름이 제명되고 삭제되었다. 하스펠의 이야기를 비롯한 나른 유대인 팀원들의 이야기는 2004년 〈워터마크^{Watermarks}〉라는 다큐멘터리 영화로 세상에 알려졌다.

그렇게 탄생한 접영은 제한받지 않고 하나의 영법으로 인정을 받았다. 1956년 멜버른 올림픽에서 최초로 공식 종목으로 인정받은 접영은 속도 면에서도 우월했다. 미국 수영 선수 윌리엄 요직William Yorzyk의 200미터 접영경기 기록은 같은 거리 평영 경기에서 우승한 선수의 기록보다 15초나 빨랐다.

4년마다 열리는 국제 대회에서는 표준화된 수영 대회를 기대했겠지만, 적어도 초기 올림픽 경기에서는 온갖 규칙들을 되는 대로 따르며 경기를 했다. 1896년 아테네 올림픽에서 열린 수영 경기는 다음과 같이 운영되었다. 세 번의 자유형 경기에는 누구든 참여할 수 있었고, 다른 한 번의 자유형 경기에는 그리스 선원들만 참가할 수 있었으며, 모든 경기는 제아Zea 만에서 열렸다. 당시 19명의 선수가 참가했는데, 미국 1명, 헝가리 1명, 오스트리아 2명 그리고 나머지 15명은 모두 그리스 선수였다. 미국과 헝가리 선수만 빼고 모두가 알몸으로 경기에 참가했다. 사실 미국 선구는 경기에 나갔다고 할 수도 없었다. 그는 경기 시작과 함께 물에 뛰어들었다가 곧장 물 밖으로 튀어나왔다. 그는 물이 너무 심하게 차가웠다고 설명했다.

1900년 파리에서 열린 두 번째 올림픽의 수영 경기는 센 강에서 열렸으며, 수영 성기라기보다는 오히려 수중 축제 같은 느낌이었다. 올림픽 주최측은 배영과 4천 미터 자유형 경기 그리고 자유형 릴레이를 추가했고, 200미터 장애물 수영이라는 새로운 경기를 마련해 장대에 올랐다가 내려와 보트 위를 넘고, 다시 보트 아래로 헤엄치는 경기를 열었다. 200미터 자유형에서 2분 52.2초의 기록으로 금메달을 딴 프레데릭 레인Frederick Lane이 장애물 수영에서도 3분 4초로 금메달을 차지했다. 잠영 경기도 있었는데, 프랑스 선수인 샤를 드번빌Charles Devendeville이 숨을 참고 60미터를 헤엄쳐 우승을 차지했다.

뭐든지 하면 된다는 정신으로 1900년 올림픽에서는 수구water polo 경기도 열었는데 그것은 올림픽 최초의 단체 경기였다. 스코틀랜드에서 19세기 중반에 창시한 수구는 원래 수영 자체와는 거의 연관이 없었다. 경기가 강이나 호수에서 열렸어도 규칙은 수영을 기반으로 하는 경기라기보다는 럭비 경기와 훨씬 가까웠다. 선수들은 고무공을 잡기 위해 상대 팀을 물속에서 붙들고 있기도 했다. 산소가 부족한 것 이외에는 미식축구와 비슷했다. 선수들이 공을 미식축구의 엔드존 격인 수영장 끝으로 가져가면 되는 경기였다. 그러한 이유로 1870년대에는 '수중 미식축구'라고 불리기도 했다.*

이 스포츠가 영국, 캐나다, 미국 그리고 유럽 전역으로 전해지면서 규칙이 만들어지고 경기 방법도 개선되었지만, 최초의 올림픽 수구 경기는 공(미국인들은 반쯤 뜨는 고무 공을, 유럽인들은 가죽 공을 선호했다)을 가지고 서로 붙들고 싸우는 경기에 불과했다. 그로부터 수십 년간 전반적인 수영 능력이 개선되고 완전히 물에 뜨는 고무 공이 발명되면서, 수구 경기도 발전하게 되었다. 1928년 헝가리 수구 코치 벨라 콤마디Béla Komjádi가 공을 물에 떨어뜨리지 않고 손에서 손으로 패스하는 규칙을 만들어내면서, 수구는 오늘날 우리가 아는 형태인 빠르게 공

---

* '폴로polo'라는 단어의 어원은 티베트-카슈미르어 단어인 풀루pulu로, '공ball'을 의미한다. 말을 타고 공을 치는 경기의 이름이 이미 '폴로'였기에, 여기에 '수중water'이라는 단어를 결합해 '수중 폴로', 즉 '수구'가 되었다.

을 주고받아 골인을 시키는 경기로 발전했으며, 헝가리는 올림픽에서 9개의 금메달을 따며 수구의 거인이 되었다(여기서 '거인'이라는 단어는 문자 그대로 받아들여도 된다. 2018년 헝가리 수구 대표팀 13명 중 키가 가장 작은 5명의 신장은 193센티미터였다).

수구는 특이한 수중 경기였지만 올림픽 경기로 인정을 받았다. 그러나 1904년 미국 세인트루이스 올림픽에서 최초로 소개된 플런지 plunge는 그런 운이 없었다. 플런지는 올림픽에 소개된 수영 경기 중 가장 이상한 경기였을 것이다. 기술적인 관점에서 보면 수영이 전혀 허용되지 않은 경기였으니 말이다.

플런지 경기는 18인치(45.7센티미터) 높이에서 수영장에 입수해 1분 동안 미동도 하지 않고 떠서 갈 수 있는 만큼 앞으로 나아가는 경기였다. 그게 다였다. 한 번 하고 없어진 이 올림픽 플런지 경기에서 미국 선수 윌리엄 딕키William Dickey는 19.05미터 기록으로 우승을 차지했다. 현재 세계기록은 26.3미터로, 1933년 영국의 프란시스 패링턴 Francis Parrington이 세웠다. 여자 최고 기록은 21.6미터로, 1925년에 힐다 댄드Hilda Dand가 세웠다. 두 기록 모두 오늘날까지도 깨지지 않고 있는데, 이 경기는 스포츠 세계에서는 거의 잊혀진 듯하다.

1908년 런던에서 남자 선수들만 참가한 수영 경기는 근대식 올림픽 수영 경기의 모습을 띠었다. 수중 장거리 장애물 경마와 잠영은 플런지 경기와 함께 역사 속으로 사라졌고, 100미터 배영과 200미터 평영이 공식 경기로 추가되었다. 평영의 시초라고 주장하는 영국인답게, 영국의 프레데릭 홀맨Frederick Holman과 윌리엄 로빈슨William Robinson이 평영 경기에서 나란히 1, 2등으로 들어왔지만, '영국식 스트로크'는 오래가지 못하고 금세 빛을 잃었다. 이후 64년이 지나서야 영국은 다시금 평영 경기에서 메달을 손에 넣을 수 있었다. 또한 올림픽 최초로 100미터 수영장이 도입되었다. 거대한 트랙 경기장 중앙에 만들어진 이 수영장에서 미국은 진정한 수영 영웅이자, 세계에서 가장 빠른 인물을 탄생시켰다.

뉴욕경기클럽New York Athletic Club 소속인 찰스 대니얼스Charlie Daniels는 스쿼시와 브리지 챔피언이기도 했는데, 1904년 올림픽에서 220야드와 440야드 자유형 경기에 나가 우승을 했고, 50야드와 100야드 자유형 경기에서는 헝가리 출신의 단거리 수영 선수 졸탄 할마이Zoltán Halmay에게 패했다. 1908년 대회에서는 호수 수영 선수 버나드 키에란Bernard Kieran에게 강습을 받은 뒤, 100미터 자유형에서 1분 5.6초라는 놀라운 기록을 세우며 우승했다.

1912년 올림픽에서는 다시 바다에 나가 경기를 해야 했다. 스톡홀름 항구의 6월 평균 수온은 섭씨 13도였다. 하지만 그즈음부터 국제 수영 대회의 규칙이 표준화되기 시작했고, 점차 정확한 거리가 측정된 경기장이 요구되었다. 올림픽 수영은 지금까지도 진화하고, 조정되고, 변화해가고 있다. 2008년 베이징 올림픽에서는 10킬로미터 남녀 마라톤 수영이 야외코스에서 최초로 열렸다. 우리가 알고 있는 혼계영(배영, 평영, 접영, 자유형)은 접영이 공식적으로 인정받지 못한 1960년까지는 존재하지 않았다. 400미터 개인 혼영도 접영, 배영, 평영, 자유형 순으로 진행되는데, 접영이 허가받기 전까지는 올림픽 종목이 될 수 없었다. 1964년이 되어서야 올림픽 공식 종목으로 조건을 갖추었고, 1968년에는 200미터 개인 혼영이 잠깐 등장했다가 다시 사

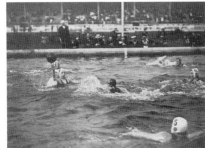

1908년 런던 올림픽의 한 장면이다. 200미터 평영 경기에 출전한 선수들이 미끄러지지 않게 깔아둔 수건에서 출발하고 있다. (좌측 상단) 수구가 처음 올림픽 경기로 도입된 것은 1900년이었다. 당시 수구의 규칙은 오늘날 우리가 알고 있는 것과 달랐다. 공은 반만 팽창해 있었고, 선수들은 공을 쥐고 물속에 들어갈 수도 있었다. (좌측 하단) 말쑥한 모습의 이 미국인은 찰스 대니얼스로, 100미터 자유형 챔피언이자 세계에서 가장 빠른 수영 선수로 새롭게 떠오른 인물이었다. (우측) (대니얼스 사진: 의회 도서관 제공)

라졌고, 이후 1984년 LA 올림픽에서 다시 모습을 드러냈다. 300미터 혼계영과 비슷한 거리의 개인 혼영 경기가 접영 없이 국제 대회에서 열렸지만, 두 경기의 세계기록들도 의미 없이 사라져갔다.

미국에서 20야드 수영장을 기준으로 구성된 경기 기록들도 한때는 일반화되었다가 이제는 아무런 의미가 없게 되었다. (야드로 측정하는) 미국에는 (미터법을 쓰는) 유럽의 경기에 해당하는 220야드, 440야드 그리고 880야드 자유형 경기가 있었다. 20야드 수영장이 사라지고 나서도 한동안 미국인들은 수영장 한가운데 결승선을 만들어놓고 경기를 했다. 한편 다른 수영장들은 점점 규격화되어갔다. 나는 유소년 시절에 35야드 수영장에서 50회를 왕복해 1,500미터 장거리 수영의 '야드' 버전인 1,750야드를 헤엄쳤는데, 약 1,600미터에 해당하는 거리였다.

이와 동시에 벤자민 프랭클린이 사랑했던 기교 수영을 19세기의 다양한 수영 '교수'들이 체조 및 무용과 접목해 수중 발레를 만들었는데, 1984년 올림픽에서 공식 종목이 되었다. 수중 발레가 오늘날의 형태(듀엣과 단체 경기는 있지만 개인 경기는 없다)로 정착되기 시작한 것은 2000년 시드니 올림픽에서 수중 종목을 관리하는 국제수영연맹의 허가를 받은 뒤였다.*

---

*   잘 알려지지 않았으나 국제수영연맹에서는 싱크로나이즈드 스위밍을 '아티스틱 스위밍', 또는 '수중 발레'로 명명했고, 두 사람이 다이빙하는 경기는 여전히 '싱크로나이즈드 다이빙' 혹은 '혼합 싱크로나이즈드'라고 부른다. 다이빙은 예술적인 스포츠라는 인식이 있기 때문일 것이다.

당시 국제 외교 무대에서 탁구 대신 수영과 국제수영연맹이 주인공으로 떠오를 뻔했지만, 국제수영연맹은 주인공의 자리를 마다했다. '핑퐁외교'는 미국 대통령 보안담당 특별 보좌관이었던 헨리 키신저Henry Kissinger와 중국의 주언라이Zhou Enlai 수상이 1973년, 파리에서 했던 문화 교류를 이르는 말이다. 하지만 마오 주석은 수영을 즐기는 수영인이었고, 그가 교류하고자 했던 미국 스포츠 종목은 탁구가 아닌 수영과 다이빙이었다. 미 국무부는 이에 적극적이었지만, 당시 국제수영연맹의 입장은 그렇지 않았다.

유엔에서도 중화인민공화국을 인정했는데 국제수영연맹과 다른 스포츠 연맹에서는 여전히 중화인민공화국이 아닌 대만을 공식적으로 인정하는 분위기였다. 국제수영연맹은 결국 미국과 중화인민공화국의 공식 경기를 금지했다. 이것은 올림픽 참가 거부와도 같았는데, 사건은 여기서 끝나지 않았다. 스탠퍼드의 수석 코치인 짐 고그란Jim Gaughran과 《스위밍 월드》 잡지사의 창립자이자 편집자인 알 쉔필드Al Schoenfield 그리고 몇몇 은퇴한 미국 대표 수영 선수와 다이빙 선수가 팀을 만들었는데, 그들은 베이징으로 가서 마오 주석의 부인에게 성대한 환영을 받으면서 수영 실력을 선보였다. 하지만 미국에 돌아온 그들을 맞이하는 분위기는 냉랭했다. 중국과의 냉전 기운을 조금이나마 녹이고 돌아온 수영팀을 맞이한 국제수영연맹은 그들을 연맹에서 퇴출했다.

근대 올림픽 역사의 초반 50년 이상은 수영 영법과 경기 방식이 새롭게 진화하고 변화하는 과정이었다. 이것을 이해하기 위해서는 수영 경기 자체에 대한 기본적인 이해부터 수반되어야 한다. 영국뿐 아니라 일본도 섬나라의 특징을 잘 드러내는데, 일본에서는 기원전부터 수영 경주를 해왔고(정확한 기록이 남아 있다) 적어도 17세기 초기부터는 사무라이의 전투 기술로 수영이 발전해왔으며, 그것은 주로 무기를 들고 물을 건너거나, 가까운 거리에서 적군과 싸우는 기술이었다.

타치-오요기-샤케키Tachi-Oyogi-Shageki(선 자세로 헤엄치며 사격하는 영법-역자 주)는 물속에서 발을 움직이며 서 있는 에그비터킥egg-beater-type을 연마해야 했는데 이는 물속에서 활과 총을 정확히 쏘는 데 중요한 기술이었다. 이나토비Inatobi(숭어처럼 헤엄치는 영법-역자 주)는 헤엄치다 물 위로 뛰어올라 다가오는 파도 너머를 살피거나 해초에서 몸을 빼낼 수 있도록 해주었다. 카츄-고젠-오요기Katchu-Gozen-Oyogi(갑옷을 입고 헤엄치는 영법-역자 주)은 사무라이 영법 중에서도 가장 우아하고 존경받는 영법으로, 용사들은 거의 11킬로그램에 육박하는 투구와 갑옷을 갖춰 입고 팔을 앞뒤로 휘저으며 앞으로 나아가야 했다.

일본에서 옛날부터 사용되던 영법과 그 외 사무라이 영법은 올림픽 종목에도 영향을 미쳤다. 예를 들어, 에그비터킥과 점프 기술은 수구와 수중 발레에 사용된다. 수중에서 어려움에 맞서는 사무라이 영법은 서구 군사 수영에도 널리 적용되고 있다. 영국에서 특수부대 후보들은 전투복을 입은 채로 500미터 수영하기와 10미터 잠영으로 작은 무기 가져오기 테스트를 반드시 통과해야만 한다. 미국 해군의 엘리트 특수부대는 저자세로 (기본 수중 전투 훈련의 일환인) 매우 효과적인 전투 횡영을 배우고 마스터해야 하는데, 이는 사무라이의 카츄-고젠-오요기와 매우 유사하다.

일본은 1924년의 파리 올림픽에 6명의 남자 선수로만 구성된 수영 대표팀을 참가시켰는데, 매우 폐쇄적인 사회였던 일본은 사무라이 정신에 푹 빠져 다른 세계에서는 수영이라는 스포츠가 어떤 방식으로 이뤄지는지 아무것도 몰랐으며, 그에 대한 준비도 전혀 되어 있지 않았다. 하지만 일본 선수들은 서구 수영을 금세 배웠으며 수중 카메라를 사용해 영법을 익혔다. 1928년, 철도원인 요시유키 쓰루타Yoshi-yuki Tsuruta는 200미터 평영 경기에서 금메달을 차지하며 일본에 두 번째 올림픽 금메달을 안겼다. 4년 뒤 LA에서, 일본 수영 선수들은 남자 수영 경기를 장악했다. 11개 경기에서 금메달 5개, 은메달 5개 그리고 동메달 2개를 땄다. 1936년 베를린에서도 마찬가지였다. 4개의 금메달을 비롯해 총 11개의 메달을 따면서, 남녀 통틀어 전체 수영 종목 메달의 반 이상을 일본 선수가 차지했다.

1940년 올림픽은 일본 수영 역사에서 최고의 순간이 될 수도 있었다. 프로그램도 유리했을 뿐 아니라 올림픽이 열릴 곳도 도쿄였기 때문에 홈그라운드라는 이점이 있었기 때문이다. 하지만 중일 전쟁이 끝나지 않았고, 국제 정세가 불안정했으며, 일본의 상황도 올림픽을 개최하기에 여의치 않았다. 1938년 7월, 결국 2년 남은 하계 올림픽 일정이 취소되었고, 세계대전 때문에 다른 어디에서도 열릴 수 없는 상황이 되었다. 도쿄는 이후 올림픽을 개최하기 위해 24년을 더 기다려야만 했다.

그래도 어찌 됐든 일본은 올림픽에 겨우 두 번 출전했을 때 이미 서구 수영을 마스터했다. 누군가는 이런 의문을 품을지도 모른다. 1896년, 올림픽 수영이 앞으로 어떤 모습이 될지 선보인 첫 주자는 그리스였고, 경기에는 유럽 영법들을 비롯한 서구의 방식이 적용되었다.

만일 최초 근대 올림픽이 아테네가 아닌 도쿄에서 열렸다면, 오늘날 올림픽 수영 대회 선수들은 아마 갑옷을 입고 등에 칼을 찬 채로 물에 뛰어들지도 모를 일이다. 사실 진짜로 그랬다면, 근대 올림픽 종목에 재밌는 볼거리가 추가되었을 텐데 말이다!

15

가장 빠른
수영 선수

100년 후엔 대체 얼마나 빨라져 있을까요?
50야드를 12초에 돌파할 날이 오겠죠?
만일 그렇게 된다 하더라도
전혀 놀랍지 않을 것 같네요.

– 로디 게인스

자랑하려는 것은 아니지만, 나는 언젠가 한 번 100야드(91.5미터) 자유형 경기에 나가 3위 안에 들지 못했는데도 미국 신기록을 앞선 적이 있었다. 꽤 정확히 기억하고 있는 그날은 1961년 9월 2일 토요일, 노동절 주말이었다. 펜실베이니아 해리스버그에서 열린 키포나Kipona 축제의 수영 대회였다.

당시 수영 대회가 열린 곳은 수영장이 아니라 서스케하나Susquehanna 강이었는데, 100야드 간격으로 부두를 띄워두고 경주가 열렸다. 수영장은 아니었지만 시간 기록은 정확히 측정되었고 적절한 절차에 따라 진행되었으며 지역신문 스포츠란에도 실렸다. 당시 스티브 클라크Steve Clark의 미국 100야드 기록은 46.8초였는데, 순위 안에도 들지 못한 내가 그 기록을 깬 것이었다. 사실 기록을 깨는 것은 당연했다. 그해 강물이 불어 있었고, 우리는 빠른 물살을 타고 헤엄쳤기 때문이었다. 여기서 교훈은 가장 빠른 기록과 '가장 빠른 수영 선수'를 판단하려면 전후 문맥을 따져봐야 한다는 점이다.

좋은 예로, 2000년 시드니 하계 올림픽이 열리던 기간에 캐딜락Cadillac 사에서 개최한 20세기 최고의 남자 수영 선수를 뽑는 가상 수영 대회를 들 수 있을 것이다. 5명의 출전자는 80년에 걸친 올림픽 역사에서 이름을 남긴 미국 수영 선수들이었다.

첫 번째 선수는 1924년과 1928년 올림픽에 출전했고, 50개의 세계기록 보유자이며, 이후 영화 〈타잔〉으로도 이름을 알린 조니 와이즈뮬러였다. 그리고 1932년 올림픽에 출전했던 버스터 크래브는 TV 쇼에서 타잔으로 출연했고, 이후 〈플래쉬 고든Flash Gordon〉과 〈벅 로저스Buck Rogers〉에도 출연했다. 산타클라라 수영클럽과 예일대학교의 신화인 돈 숄랜더Don Schollander는 1964년 올해의 수영 선수로 이름을 빛냈다. 마크 스피츠Mark Spitz는 1972년 올림픽 7개 종목에서 금메달을 땄을 뿐 아니라, 경기 모두에서 세계신기록을 수립했다. 매트 비욘디Matt Biondi는 올림픽에 세 번 출전하여 11개의 메달을 땄으며 1992년에 은퇴했다.

오래된 필름을 텔레비전 자료화면에 갖다 붙인 듯한 이 가상 대회의 진행은, 올림픽 수영 금메달 3관왕에 빛나는 또 다른 선수 로디 게인스Rowdy Gaines가 맡았다. '캐딜락 대회'에 출전한 선수들은 스타일, 기술, 심지어 신체 조건과 외모도 확연히 달랐다. 숄랜더(신장 182센티미터, 몸무게 79킬로그램)와 스피츠(신장 182센티미터, 몸무게 73킬로그램)는 다부진 체격의 할리우드 스타 와이즈뮬러(신장 190센티미터, 몸무게 86킬로그램)와 거구의 비욘디(신장 200센티미터, 몸무게 95킬로그램)에 비하면 왜소한 체격이었다. 1960년대 중반, 삭발에 가까웠던 숄랜더의 헤어스타일은 풍성한 머리와 수염을 기른 스피츠의 스타일과 대조적이었다. 비욘디의 팔 동작은 오늘날 기준으로 볼 때 이상적이었다. 물속에서 팔을 젓고 나오면 팔꿈치가 일정 높이로 올라오는 식이었다. 그러나 와이즈뮬러의 자세는 따라 하기가 힘들었다. 머리는 말 그대로 물 밖으로 나와 있고, 어깨를 비롯한 거의 상체 전체가 높이 들려져 있으며, 팔은 앞쪽을 향해 때리다시피 하며 전진했다.

캐딜락 가상 수영 대회는 조금 진부해 보였으며 심지어 맹목적인 애국주의를 드러내기까지 했다. 수십 년간 주요 수영 대회는 8레인 수영장에서 열렸지만 이 가상 대회에는 단 5레인밖에 없었고, 모두 미국 선수만 출전했다. 나머지 3레인에 1990년대 중반 국제 수영 대회 단거리를 장악했던 '러시아 로켓' 알렉산드르 포포프Alexander Popov, 1980년대 자유형과 접영에서 12개의 세계신기록을 세운 독일의 '알바트로스' 미하엘 그로스Michael Gross 그리고 1950년대 멋진 외모를 자랑했던 호주 선수 머리 로즈Murray Rose가 출전했으면 어땠을까?

혹은 인종 다양성을 고려해 20세기 초반 100미터에서 10야드 모자란 구간에서 자유형 세계신기록을 세운 하와이 수영 선수 듀크 카하나모쿠를 경기에 포함했으면 어땠을까? 그가 1912년에 세운 신기록은 1922년 와이즈뮬러가 깨기 전까지 건재했다. 당시 하와이는 미국의 주가 아니었지만, 오늘날 미국 자치령인 푸에르토리코 선수들이 그러하듯 하와이 선수들도 미국 국기를 달고 국제무대에 출전했다. 가상 수영 경기에 카하나모쿠가 나갔었다면, 그가 전 세계에 서핑이라는 새로운 수상 스포츠를 소개했다는 사실을 되짚어 보는 데도 도움이 되었을 것이다.

20년 전만 해도 '가상'이라고 하는 것은 참으로 허술했다. 50미터의 올림픽 수영장을 왕복해서 100미터 경주를 하는 대회라고 설정했지만, 영상 편집자들은 너무나도 다른 5명의 자료화면으로 가상의 경기 장면을 만들어내야 했다. 화면을 이어붙인 부분들은 너무나도 조잡하여 마치 렌즈에 바세린을 바른 카메라로 찍은 화면을 보는 느낌이

들었다. 당시에는 디지털 조작 기술이 매우 미숙했다.

지난 20년간, 5번의 올림픽 경기가 치러지며 등장한 새로운 선수들 덕분에 이 가상 수영 대회는 완전히 과거의 유산이 되어버렸다. 지난 20년간 세계수영계를 장악한 마이클 펠프스는 2000년 15세의 나이에 미국 대표가 되었으며, 68년 만에 최연소 미국 남자 수영 대표가 되었다. 하지만 2000년에는 메달을 따지는 못했다. 2016년 올림픽에서 여자 수영 부문을 완전히 장악했던 케이티 러데키는 2000년 시드니 올림픽이 열릴 당시 3살에 불과했다. 당연히 이 두 사람 모두 캐딜락이 20세기 최고의 남자 수영 선수를 가리기 위해 개최한 가상의 수영 대회에는 나가지 못했다.

하지만 이 모든 사항을 고려하더라도 가상 대회의 결과를 도출한 알고리즘과 역학 관계는 매우 흥미로운 부분이 있다. 근육질 몸매의 매트 비욘디가 출발과 동시에 앞서 나가고, 그 뒤로 돈 숄랜더가 바짝 뒤쫓는다. 턴을 하고 난 뒤에는 마크 스피츠가 선두로 나서지만, 빠르게 쫓아온 조니 와이즈뮬러가 막판에 먼저 결승점을 터치한다. 이 모든 것이 정말 가능한 일일까? 적어도 비욘디와 숄랜더의 대결은 그럴듯해 보인다. 숄랜더는 1964년 올림픽 100미터 자유형에서 금메달을 땄지만, 사실 200미터 경기에서 더 뛰어난 기량을 선보였다. 그는 1962년부터 시작해 거의 10년간 신기록을 세우고 내주기도 하며 활약했지만, 1972년 마크 스피츠가 10분의 1초만큼 앞선 기록으로 신기록 보유자가 되었다. 반면 매트 비욘디는 50미터와 100미터 경기에 강한 단거리의 귀재였다.*

비욘디와 스피츠의 대결로 가면 조금 복잡해진다. 가상이 아닌 실제에서 비욘디의 100미터 자유형 기록은 마크 스피츠의 기록보다 2.8초 앞서지만, 그 기록은 스피츠보다 16년 뒤에 세워진 기록이었다. 100미터 자유형 세계신기록은 1922년 조니 와이즈뮬러가 처음으로 1분 장벽을 깬 후 2002년까지 80년 동안 매년 0.1345초씩 빨라졌다. 시대를 넘어선 가상의 경기에 이런 핸디캡을 준다고 하면, 스피츠의 기록은 16년간 더 빨라져 비욘디와 거의 동시에 결승점에 닿을 확률이 높지만, 그래도 비욘디가 아슬아슬하게 먼저 결승점을 찍게 된다.

스피츠와 와이즈뮬러의 대결도 복잡하긴 마찬가지다. 스피츠의 최고 기록은 와이즈뮬러의 기록보다 6.84초 앞서는데, 그 기록 간에는 48년이라는 시대 차이가 존재한다. 이 대결에도 같은 핸디캡을 적용한다고 치면 와이즈뮬러의 기록이 6.5초 줄어들고, 스피츠가 현대의 기준으로 볼 때 특이한 영법으로 헤엄을 치더라도 두 선수는 거의 막상막하가 된다.

그렇다면 이러한 핸디캡이 과연 정확하고 공정하다고 볼 수 있는가? 아마 그렇지 않을 것이다. 시대 차이가 있다 하더라도 스톱워치는 거짓말을 하지 않는다. 세대가 변함에 따라 시간 기록도 놀라우리만치 일관적으로 줄어들었다. 마크 스피츠와 조니 와이즈뮬러의 기록이 48년 사이에 6초 이상 차이가 벌어진 것은, 케일럽 드레슬Caeleb Dressel이 2018년 전미대학체육협회NCAA 챔피언십 100야드 자유형에

---

*   호주의 수영 선수 밥 윈들Bob Windle과 서독의 수영 선수 한스 요아킴 클라인Hans-Joachim Klein이 숄랜더의 200미터 기록을 몇 달간 뺏기도 했다. 윈들은 1963년에 3개월간, 한스도 이후 몇 달간 숄랜더 대신 신기록 보유자로 이름을 남겼다.

서 40초 장벽을 깨며 기록을 세운 것과 잭 존Zac Zorn이 1970년 경기에서 45.3초로 미국 기록을 세운 것을 비교하는 것과 일맥상통한다. 사실 단거리 경기에서 5.3초 늦게 결승점에 들어오는 것은 영원히 안 들어오는 것과 마찬가지다. 존 업다이크John Updike는 "어린 선수들이 빠르게 따라오고 있다. 그들은 앞으로 계속해서 당신을 밀어낼 것이다"라고 말한 적이 있다. 그렇다. 그들은 점점 더 빨라지기도 할 것이다. 훨씬 더 빨라질 것이다. 거의 기하급수적으로 빨라지고, 비교 기준에 따라 훨씬 능숙해지기도 할 것이다.

1,500미터 경기에서 (1956년 5월과 12월에) 두 번이나 세계신기록을 세운 조지 브린George Breen이 나에게 말하길, 국내외 1,500미터 경기에 수십 번 출전하면서 단 한 번 플립턴flip turn을 했는데, 미친놈 소리를 들었다고 한다. 하지만 요즘 활약하는 선수들은 오픈 턴open turn을 알기나 할까? 만일 안다고 하더라도 중요한 국제무대에서 오픈 턴을 할 가능성이 있을까? 내 생각엔 아마 없을 것이다. 물론 이미 60년이나 지난 일이다. 수영 경기에서 60년이면 매머드가 돌아다니고 사람들은 곤봉을 들고 바다에 뛰어든 고대라고 해도 이상할 것이 없을 만큼 오래전이다.

시간이 흐를수록 기록 갱신 속도는 믿기 어려울 정도로 빨라지고 있다. 2012년 NCAA 디비전 I 여자챔피언십에서 노스캐롤라이나 대학의 스테파니 피콕Stephanie Peacock은 여자 수영에서 가장 상징적인 기록을 깨뜨렸다. 그것은 재닛 에번스Janet Evans가 22년 전 NCAA 1,650야드 자유형 경기에서 세운 기록이었다. 피콕의 기록은 15분 38.79초로 에번스의 기록을 거의 1초가량 앞섰다. 5년 뒤, 케이티 러데키가 자신의 미국 신기록을 깨며 15분 3.31초로 피콕의 기록을 35초나 앞섰다. 그것은 수영 경기에서 50미터 이상을 앞서는 기록이었다. 이러한 추세라면 마크 스피츠가 100미터 접영에서 55초 장벽을 깬 54.72초의 기록을 세웠더라도, 30년 후에는 미국 올림픽 대표로도 선발되지 못할 것이다.

데이브 태너Dave Tanner는 인디아나대학교에서 스피츠와 함께 전설적인 코치 제임스 카운실맨에게 훈련을 받았다. 1972년 대학교를 졸업한 뒤, 태너는 2년간 카운실맨 코치의 보조를 했고, 코치로서 스페인에 갔다가 다시 인디애나의 에번즈빌Evansvile로 돌아와 블루밍턴 노스 고등학교의 수영 코치가 되었다. 그는 블루밍턴의 카운실맨 수영과학센터에서 연구 보조를 하기도 했다.

나는 태너에게 다음과 같은 질문을 던졌다. "시대를 넘어 수영 선수들을 비교하는 것이 가능할까요?" 그는 이렇게 대답했다. "아마도 불가능할 겁니다. 오늘날 수영 선수들은 훨씬 강합니다. 훈련 강도도 세고, 더 영리한 방법으로 훈련하니까요. 1970년대의 훈련은 그저 남들보다 더 많이 수영하는 것뿐이었습니다. 오늘날 단거리 선수들은 매우 구체적인 방식으로 훈련합니다. 과거에는 그런 방법이 없었죠. 요즘에는 수영장이 아닌 곳에서의 훈련도 많습니다."

그리고 식이요법도 철저히 관리한다. 무엇을 먹고, 체육관에서 어떤 단련을 하며, 언제 수영장에서 연습할지는 모두 밀접하게 연결된다. 세계 최고 수준의 수영 선수들은 다른 일을 할 시간이 거의 없다. 올림픽 평영 챔피언이자 세계기록 보유자인 영국의 애덤 피티Adam Peaty의 경우를 생각해보자. 《멘즈 헬스Men's Health》라는 잡지의 2019년

3월 기사에 따르면, 피티는 하루 평균 7,500킬로칼로리를 섭취한다고 한다. 식단은 홀그레인 시리얼과 닭고기, 야채, 현미, 흰살생선 등으로 구성되어 있다. 그는 그것을 "적극적인 연료 공급"이라 표현했는데, 몇 시간에 한 번씩 식단대로 먹고, 스포츠 영양제로 보충하는 식이었다. 피티는 경기일이 다가오면 칼로리 섭취를 반으로 줄이지만, 점진적으로 매우 조심스럽게 조절한다고 했다.* 그는 기자인 에드워드 쿠퍼Edward Cooper에게 "저는 영양학자의 도움을 받고 있습니다. 그전에는 칼로리 섭취를 갑자기 줄여 테스토스테론 수치가 급격히 떨어지기도 했습니다"라고 말했다.

그리고 체육관에서 훈련하는 시간도 많다. 바벨 백스쿼트, 바벨 벤치 프레스, 친업, 클랩 프레스업(푸시업을 하면서 상체를 들어올릴 때 박수를 치면, 평영할 때 힘을 쓰는 것과 유사하다), 익스텐디드 크런치 등을 하며 몸을 단련한다. 마지막으로 진짜 수영을 하는데, 하루에 두 번씩 나누어 수영하며 수분 정제를 서너 알 정도 먹으면서 전해질을 보충한다. "물속에서는 얼마나 땀을 흘리는지 알 수 없기 때문이며, 이 정제를 먹으면 전해질 대체에 도움이 됩니다." 이 정도로 관리하지 않고서는 세계신기록을 세우기 힘들 것이다.

예선부터 세계 죄고의 수영 선수들은, 일반적으로 동료들보다 비교적 골격이 우람한 편이었지만 예외도 있다. 재닛 에번스는 신장이 겨우 165센티미터였지만 1980년대 장거리 자유형을 장악했다. 그

---

* 미국인을 위한 식이 지침에 나오는 일반적인 20세 성인 남성 기준 하루 평균 권장 칼로리는 2,800킬로칼로리다.

녀는 비교적 작은 신장을 극복하기 위해 팔을 쭉 뻗고 아주 빠르게 휘젓는 스트로크로 헤엄쳤다. 그녀는 마치 물을 때리는 듯 보였다. 그러한 방법은 이론적으로는 장거리에서 불리하게 작용해야 했지만, 그녀는 사자의 심장을 갖고 있었고, 지칠 줄 모르는 에너지의 소유자였다. 레데키 또한 에번스에 버금가는 심장과 체력의 소유자인데, 신장이 183센티미터라 같은 거리를 헤엄치기 위해 에번스보다 팔을 덜 휘저어도 된다. 800미터와 1,500미터 경주에서 팔을 조금 더 휘저어야 하는 것은 큰 타격을 줄 수밖에 없다.

마이클 펠프스의 경우, 신장이 193센티미터에 이른다. 출발 신호가 울리자마자, 그는 자동으로 돈 숄랜더보다 12센티미터가량 앞서게 되는데, 그가 지닌 유리한 점은 여기서 그치지 않는다. 혹은 더 정확히 말하자면, 펠프스는 신체 조건 면에서 끝없이 유리하다. 두 팔을 활짝 펼친 길이는 보통 신장과 같은데, 펠프스의 경우 양팔을 벌린 폭이 201센티미터이며 길게 늘인 상체의 길이는 신장이 203센티미터인 사람과 맞먹는다. 상체와 팔 길이 그리고 커다란 손 덕분에 그는 물속에서 무적의 추진력을 자랑한다. 펠프스의 발 사이즈는 305밀리미터로, 그가 어떤 스트로크로 헤엄쳐 가든 꾸준히 앞으로 나아가도록 돕는다. 그는 (적어도 최근까지는) 모든 면에서 세계 최고의 조건을 가진 수영 선수다.*

---

* 신체와 수영 실력에는 밀접한 연관성이 있기 마련이다. 호주의 수영 선수 이언 소프Ian Thorpe는 2000년 하계 올림픽 400미터 자유형에서 세계신기록을 세웠는데, 그의 신장은 펠프스와 거의 비슷하지만, 발 사이즈가 326밀리미터였다.

신체 조건만으로 충분하지 않았는지, 그는 남들보다 젖산 분비량도 적었다. 격렬한 신체 활동 후에는 혈류의 포도당이 사용되면서 피로물질인 젖산을 분비하는데, 젖산은 근육에 축적되고 몸을 피로하게 만든다. 마이클 펠프스도 그러한 자연스러운 작용에서 완전히 예외는 아니지만, 연구에 의하면 그의 신체는 같은 스트레스 조건에서 일반인보다 50퍼센트 적은 젖산을 분비했고, 그마저도 그는 매우 신경을 써서 관리했다.**

완벽한 수영 선수의 신체를 만든다면, 아마 펠프스와 거의 비슷할 것이다. 우선 신장이 커야 출발부터 앞서 나갈 수 있기 때문이다. 어떤 사람은 펠프스 대신 케일럽 드레슬의 신체를 떠올릴지도 모르겠다. 드레슬은 펠프스보다 신장이 1인치 작고 양팔 길이는 더 짧다(사실, 신장 190센티미터에 86킬로그램의 드레슬은 신체 조건이 조니 와이즈뮬러와 거의 일치한다). 하지만 신장에서 부족한 부분을 그는 순수한 운동 능력으로 보완한다. 버지니아대학교의 수석 코치 토드 데소르보Todd DeSorbo는 다음과 같이 말했다. "드레슬은 펠프스처럼 신체 조건이 완벽하진 않지만, 그는 운동신경이 가장 뛰어난 수영 선수 중 한 명입니다. 소문에 의하면, 어느 날 그가 플로리다대학교 체력 단련실에서 박스 위로 뛰어오르는 점프 운동을 하는데, 미식축구팀 코치가 '저 친구 누구야?

** 2016년 올림픽 수영 경기를 지켜보던 텔레비전 시청자들은 펠프스 어깨 쪽에 있던 동그란 자국을 기억할 것이다. 그것은 '부항'이라고 알려진 한의학 요법에 의해 생긴 자국으로 혈류에서 젖산을 분해하고 근육을 푸는 데 도움을 준다고 한다. 다른 수영 선수들도 부항을 사용하지만, 펠프스에게 더욱 효과적인 것으로 보인다.

우리 팀으로 데려오고 싶어!'라고 말했다고 합니다. 드레슬의 몸놀림은 수영 선수 같다기보다는 전문 육상 경기 선수에 더 가깝습니다. 그는 출발 신호와 동시에 폭발적으로 나아가죠."

드레슬의 폭발력은 한 번에 그치지 않는다. 초기 수영 세대에게 드레슬의 50야드 자유형 미국 신기록(2018년 NCAA 챔피언십)은 믿기 어려운 수준이다. 50야드 경기 역사상 처음으로 18초 미만인 17.63초 기록을 세워 2008년 세운 기록에서 0.84초를 앞당겼다. 이는 같은 대회에서 세워진 지난 기록을 5퍼센트나 앞당긴 것이었다. 이에 비해 우사인 볼트는 2009년 8월에 100미터 달리기 경주에서 9.58초라는 기록으로 '세계에서 가장 빠른 사나이'가 되었는데, 이 기록은 11개월 전 같은 자메이카 선수인 아사파 포웰Asafa Powell이 세운 기록을 1.4퍼센트 앞선 것으로, 드레슬이 앞당긴 비율의 3분의 1 정도밖에 되지 않는다. 그리고 볼트는 빠르게 달리는 동안 계속 호흡을 했지만, 드레슬은 50야드를 헤엄치는 동안 단 한 번도 호흡하지 않았다.

신체 사이즈도 중요하고 운동신경 또한 중요하다. 근육도 활력도 중요하다. 그리고 루이 암스트롱에 버금갈 정도의 폐활량도 중요하다. 이 모든 것에는 논란의 여지가 없지만, 순수한 수영 능력, 팔길이 그리고 젖산 분비보다 기술과 공학 그리고 단순히 시간을 단축하는 문제와 더 연관이 있는 조금 미묘한 문제에 관해 잠깐 생각해보자.

가장 기본적인 것은 바로 수영복이다. 마크 스피츠는 1972년 베를린 올림픽 100미터 자유형 경기에서 51.22초로 세계신기록을 세웠을 때, 물을 흡수하지 않는 초경량 합성섬유로 제작된 꽤 괜찮은 경기 수영복을 입었었다. 그보다 50년 전, 조니 와이즈뮬러는 최초로

100미터 수영에서 1분 장벽을 허문 선수가 되었는데, 그는 탄력이 전혀 없어 몸에 달라붙지 않는 레슬링복처럼 생긴 수영복을 입고 있었다. 와이즈뮬러의 수영복을 보관하고 있는 국제수영 명예의 전당 박물관의 전 대표 브루스 위고Bruce Wigo는 그의 수영복이 오늘날 입는 수영복과는 달리 추진력을 지연시켰을 것이라고 추측했다.

버지니아대학교의 토드 교수는 수영복에 따른 차이에 대해 다음과 같이 말했다. "선수들이 훈련할 때 그런 헐렁한 수영복을 입기도 합니다. 헐렁한 수영복은 약 0.5~1킬로그램 정도의 물을 주변에 두른 효과를 내고, 자유형 경기에서 최고 속도로 헤엄친다고 가정했을 때 50미터당 0.5초를 지연시키는 결과를 초래합니다. 100미터가 넘어가면 그 차이는 엄청나지요." 얼마나 엄청나다는 것일까? 2초? 3초? 그 결과는 오직 추측만 해볼 수 있겠지만, 100미터 경기에서 마크 스피츠의 최고 기록이 와이즈뮬러의 최고 기록보다 7초나 줄어들었음을 떠올려보자.

1970년대 초반까지 여자 선수들은 몸을 가리기 위해 (가슴과 성기를 잘 가리고, 음모가 안 빠져나오게 하기 위해) 나일론을 두 겹씩 댄 수영복을 입어야 했다. 1964년 올림픽 금메달리스트인 도나 드 바로나 Donna de Varona는 "물이 두 겹으로 된 수영복 틈으로 그대로 들어왔습니다"라고 회상하며, "미국 수영 선수들은 1973년 세계수영선수권 대회에서 동독 선수들이 몸에 딱 들러붙는 라이크라 소재의 수영복을 입고 등장하자 항의할 수밖에 없었습니다"라고 말했다.

드 바로나와 스피츠가 활동할 당시(1960~1970년대)의 수영 선수들은 오늘날의 선수들이 세운 기록과 비교되면 수영복이 달랐기 때문이라고 주장할 수 있을 것이다. 예를 들어, 마크 스피츠의 1972년 100미터 세계신기록(51.22초)과 2009년 세계 수영선수권 대회에서 세자르 시엘루^{César Cielo}가 세운 신기록(46.91초)을 비교해보자. 스피츠의 기록은 약 3년간 유지되었고, 시엘루의 기록은 거의 10년간 유지되었다. 세계기록이 끊임없이 단축되는 데 반해 엄청난 성취라고 할 수 있었다. 단지 시엘루가 손바닥만 한 수영복을 입는 대신 기능성 전신 수영복에 온몸을 욱여넣고 (공기도 함께 넣고) 헤엄쳤다는 사실만 뺀다면 말이다. 덕분에 그는 유선형의 튜브에 몸을 넣는 것처럼 부력을 강화하고 저항력을 줄여, 엄청난 세계신기록을 세울 수 있었다. 이후 남자 수영 선수들은 2010년 경기부터 기능성 경기 수영복(스피도의 LZR, 제이키드^{Jaked}, 아레나 엑스 글라이드^{Arena X-Glide})을 입는 것이 금지되었다.*

기능성 수영복이 수영 선수들에게 미친 영향은 스테로이드 약물이 야구 선수들의 홈런에 미치는 영향과 비슷하다. 스포츠 해설자이자 미국 수영 선수였던 존 파인스타인은 기능성 수영복 덕분에 스트로크 횟수가 12퍼센트 줄었다는 사실을 밝혀냈다. 위대한 마스터스 수영 선수였던 리치 번스는 기능성 수영복을 입으면 "슈퍼맨 옷을 입은 것 같습니다. 몸이 재정비되고 전신을 단단히 붙들어 주죠. 수영복 하나만으로도 100미터 경기에서 2초를 앞당길 수 있습니다"라고 말했다.

---

* 2019년 기준 세계수영연맹 기록을 보면, 남자 장거리 수영 세계기록 20개 중 13개가 기능성 수영복 금지 조치 이전에 세워졌다. 반면, 여자 세계기록 중에는 3개만이 금지 조치 이전에 세워진 것이었다. 그 차이는 어디에서 오는 것일까? 남성 수영복과 달리 상체까지 오는 여성 수영복은 이미 공기를 더 가두는 기능이 있을 것이다. 그리고 여성은 남성보다 지방조직이 발달해 있어서, 무슨 수영복을 입든 자연적으로 부력이 높다.

50초 수영 경기에서 2초를 단축하는 것은 야구 경기에서 공중으로 날아오는 볼을 4퍼센트 더 멀리 던져 우익수 뒤로 홈런을 날리는 것과 같다. 같은 조건에서 누가 더 빨리 헤엄치는지를 다투는 비교 종목에서 어떻게 그 기록을 신뢰할 수 있겠는가? 따라서 기능성 수영복은 퇴출하는 게 옳다! 게다가 2012년 《스위밍 월드》의 초청 편집위원이었던 존 크레이그John Craig는 기능성 수영복의 이점이 일관되게 적용되지 않았다는 점을 지적했다. 기능성 수영복이 매 100야드당 0.7초 정도 기록을 줄여주지만, 처음 몇백 야드에서만 효과가 있다. 헤엄치는 거리가 멀어질수록 기능성 수영복의 영향은 줄고, 1,500미터 자유형 경기에서는 거의 의미가 없다고 봐도 무방하다는 것이다. 크레이그의 주장에 따르면, 중요한 점은 "똑같은 조건에서 같은 기능성 전신 수영복을 입은 선수라도, 타고난 신체와 부력에 따라 기능성 수영복의 이점을 각기 다르게 누린다는 사실이다." 그리고 기능성 전신 수영복이 합법이던 시절, 모든 세계기록을 전신 수영복을 입은 선수가 세운 것은 아니었다. 레깅스만 입은 선수들도 있었다. 그렇다면 그럴 때는 어떤 핸디캡을 적용해야 할까? 100야드당 20분의 7초가 줄어든다고 감안하여 적용해야 할까? 그러나 세상에는 반만 임신한 경우 같은 것은 존재하지 않는다.

세대별로 수영 선수들을 비교하는 데 있어 또 다른 어려운 문제는 바로 체모다. 만일 누군가가 조니 와이즈뮬러에게 경기에 나가기 전에 털을 밀라고 제안했다면, 그는 아주 어이없어 했을 것이다. 하지만 1956년 멜버른 올림픽에서, 호수 남자 수영팀은 '완전히 면도'를 하고 경기에 출전했고, 그 이후로 계속해서 그렇게 하고 있다. 1972년 올림픽에 출전한 스피츠의 수염은 선명했지만, 그도 아기처럼 보드랍게 전신 제모를 하고 경기에 출전했고, 그것은 눈에 띄는 차이를 만들어냈다. 누구도 명확한 이유를 설명할 수는 없다. 아마 면도를 해서 저항력이 줄었거나 물을 더 잘 느낄 수 있어서 생기는 단순하고 일시적인 신경학적 감각의 변화가 있었을 수도 있다. 하지만 그렇게 함으로써 운동능력은 4퍼센트 정도 증가하는 것으로 나타났다. 와이즈뮬러도 제모를 했더라면 최고 기록을 2초나 줄일 수 있었을 것이다.

또한 작은 도구가 결과를 좌우하기도 한다. 바로 수경이다. 1960년대 후반까지만 해도 선수들은 대부분 수경을 착용하지 않았다. 따라서 호수 같은 데서 훈련을 하지 않는 이상, 염소 소독을 한 수영장에서 머무는 시간은 한 번에 3천 야드 정도로 제한되었다. 눈이 그 이상의 시간 동안 염소를 감당할 수가 없었기 때문이다. 가늘고 눈에 딱 들어맞는 수경이 상용화된 덕분에 수영 훈련은 큰 변화를 맞았다. 마크 스피츠를 비롯한 많은 수영 선수들이 처음에는 대회에 나갈 때 수경 착용을 거부했다. 수경이 입수나 턴을 할 때 잘 벗겨졌기 때문이다. 하지만 어느 순간부터는 학생들도 수경을 착용하게 되었다. 그 이후로는 수영장에서 끊임없이 오전 왕복 수영을 하고 난 뒤에도 수업에서 칠판을 보는 데 문제가 없게 되었고, 오후에 또 수영을 하더라도 저녁에 숙제를 하는 데 아무 지장이 없었다.

속도 향상을 이뤄내려는 집념으로 수영 경기장 또한 진화했다. 다음 장에서는 수영장에서의 유동체 역학에 관해 더 자세히 들여다볼 것이다. 지금은 와이즈뮬러가 처음으로 100미터에서 1분 장벽을 허물었던 캘리포니아의 앨러미다Alameda 수영장이 단순한 물탱크에 지나지 않았다는 점에 주목하려 한다. 수영장의 벽은 수영 선수가 일으키는 물살을 되받아쳤다. 레인을 구분하는 선이 있긴 했지만, 밧줄에 코르크를 달아놓은 것에 불과했다. 1950년대 내가 다녔던 YMCA 수영장과 별다를 게 없는 시설이었다. 당시의 구분선은 선수가 일으킨 파동을 흡수하는 역할을 전혀 하지 못했다.

오늘날 세계 최고의 수영 선수들은 이처럼 불리한 조건에서 수영하지 않는다. 그들은 과거와 비교하면 수면이 마치 유리 같은 수영장에서 경기를 펼친다. 훌륭한 탄성을 자랑하는 출발대에는 조절 가능한 손잡이도 달려 있고, 추진력이 최대화되도록 발바닥을 단단히 받쳐준다. 오늘날 세계대회에서 경쟁하는 최고의 수영 선수들과 심판 및 개최자들은 대회 장소가 영국이든, 중국이든, 브라질이든, 혹은 그곳이 아프리카든 상관없이, 국제수영연맹에서 발행한 18쪽짜리 규정을 확인해야 하고, 특히 다양한 영법과 관련된 사항을 정한 23가지 규칙을 따라야 한다. 수년간 기능성 수영복이 금지된 것만 제외하면 규정은 속도를 더 빠르게 하는 방법 및 일반적인 상식에 걸맞게 변화되었다.

내가 어렸을 때나 이후 코치로 활동하게 되었을 때만 해도, 레인 심판들은 평영 선수가 턴을 한 이후에 돌핀킥을 하거나, 반쯤 돌핀킥을 하거나, 가끔 평영 발차기가 아닌 돌핀킥 비슷한 것을 해도 화를 내곤 했다. 그러나 이제 그 문제는 사라졌다. 평영 선수들은 이제 턴을 한 뒤 돌핀킥을 한 번 할 수 있게 되었다. 벽을 치고 나갈 때 가장 빠른 방법은 돌핀킥이라는 것이 증명되었기 때문이다.

얼마나 빨라졌을까? 누가 알겠느냐마는, 내 생각에는 적어도 0.5초는 빠를 것 같다. 200미터 경기에서 턴을 3번 한다고 가정하면,

총 1.5초가 빨라지는 것이다. 2018년 호주에서 개최된 코먼웰스 게임 Commonwealth Games 남자 200미터 평영에서 1등과 3등의 기록 차이는 1초 이내였다. 200미터 자유형 경기에서는 그 차이가 3분의 1초에 불과했다. 여자 200미터 평영 경기에서는 1등과 3등까지 선수 간 각각 1.4초의 차이가 났다. 200미터 배영에서는 1위인 캐나다의 타일러 매스Tyler Masse와 2위인 테일러 럭Taylor Ruck 그리고 3위였던 호주의 에밀리 시봄Emily Seebohm의 기록 차이는 각각 0.44초와 0.4초였다. 이처럼 미세한 차이가 순위를 결정짓기 때문에, 작은 규정의 변화는 매우 중요하다. 수영 경기에서 100분의 1초 차도 측정할 수 있는 전자 터치패드를 사용하는 이유도 바로 이 때문이다.

하지만 시대를 넘어서 수영 선수들의 기량을 비교할 때는, 아무리 최첨단 기술을 활용한다고 해도 기량과 대회 조건에 영향을 미치는 다양한 요소들을 감안할 때 시간 차이만이 중요하다고 할 수는 없을 것이다. 어린 선수들은 계속 따라오기만 하는 것이 아니다. 그들은 점점 더 강해지고, 더 영리하게 훈련하며, 출발대에서 입수할 때도, 턴을 할 때도 폭발적인 속도로 나아간다. 케일럽 드레슬이 50야드 자유형에서 17초대 기록을 세웠을 때, 나는 그야말로 할 말을 잃고 말았다. 어떻게 그렇게 빠른 속도로 헤엄칠 수 있는 것일까? 그런데 한때 세계에서 가장 빠른 수영 선수였던 로디 게인스는 그 정도로 놀라지는 않았다고 말했다. "100년 후엔 대체 얼마나 빨라져 있을까요? 50야드를 12초에 돌파할 날이 오겠죠? 만일 그렇게 된다 하더라도 전혀 놀랍지 않을 것 같네요."

열심히 따라오는 미래의 케일럽 드레슬이 앞으로 50야드 자유형 시간 기록을 반 토막 낼 것을 생각하면 어쩐지 설렌다. 하지만 더욱 중요한 측정 기준은 남성이든 여성이든 자신의 잠재력 안에서 그리고 시간과 상황의 틀 안에서, 얼마나 좋은 수영 선수였는가 (혹은 선수인가, 선수가 될 것인가) 하는 점이다. 캐딜락에서 주최한 20세기 최고의 수영 선수를 선발하는 가상 수영 대회에서 우승자가 된 마크 스피츠를 다시 떠올려 보자. 신장 185센티미터에 깡마른 소년은 어떻게 1970년대 내내 수영 세계를 장악할 수 있었던 것일까? 그와 같이 훈련했던 데이브 태너는 스피츠에게 설명하기 힘든 무언가가 있었다고 설명한다.

> 마크는 물에 대한 감각이 남달랐다. 뭐라 정의 내리긴 어렵지만, 그가 가진 힘은 물속에서 최대화되었다. 우리 훈련을 이끌었던 카운실맨 코치는 그의 능력을 두고 두 손을 내던져 추진력을 최대화하는 능력이라고 말했다. 특정한 물리의 법칙이 여기에 적용된다. 손이 동작 방향과 이루는 각도가 90도가 되면 힘의 최대치가 나온다. 손의 감각과 신경 말단이 압력을 느끼고 압력을 최대화할 수 있도록 강도를 조절한다. 머리로 생각하면서 조절하는 것이 아니다. 그냥 감각으로 하는 것이고, 이러한 능력은 가르칠 수도 없다.

누군가는 이런 능력을 타고났고, 누군가는 타고나지 못했다. 이런 능력을 타고난 이들 중에서도 극소수만이 지식과 훈련 방법을 실전에 적용하고, 타고난 신체 조건을 고려해 이 능력을 최대화한다. 우리는 이 장에서 그들 중 일부를 살펴보았다. 그 영웅들을 시간 측정계 앞에 한 줄로 늘어선 경쟁하는 대상들로 여기기보다는, 서로를 더 강하게 하는 연속체로 생각해보는 것은 어떨까? 데이브 태너는 다음과 같이 말했다. "1990년대만 해도, 사람들은 오늘날의 수영 선수들이 왜 그렇게 빠른지, 심지어 마크 스피츠가 활약하던 때보다도 어떻게 그렇게 빨라졌는지 묻곤 했습니다. 그러면 카운실맨은 '기대치가 다르니까요'라고 대답했지요. 기대치가 높아지면, 그 기대치를 넘어설 방법을 찾게 됩니다."

피터 케네디Peter Kennedy는 1964년 미국 아웃도어 내셔널스US Outdoor Nationals에서 머리 로즈 옆에 앉았었던 때를 회상했다. 호주 대표로 두 번이나 올림픽에 출전했던 로즈는 영화 촬영 일정 때문에 호주 대표팀 선발 경기에 출전하지 못해, 다음 올림픽 출전권을 얻지 못했다. 로즈는 미국 대회에서 17분 20초 기록을 깨고, 그 다음에는 캐나다에서 880야드 자유형 경기를 성공적으로 마치며 호주가 결정을 뒤집길 바라고 있었는데, 미국 대회 예선전에서 그의 기록은 예상치를 더 앞섰다. 케네디는 다음과 같이 말했다. "그는 전략을 완전히 바꿔야 했다. 로즈가 벽에 손을 닿자마자, 타이머는 '와우, 지금 당신이 어떤 일을 해냈는지 알기나 해요?'라고 말하는 듯했다. 로즈는 '17분 2초라고?'라고 물었으나 사실 더 정확한 기록은 17분 1.8초였다. 자신의 예상치보다 0.2초 더 앞선 것이었다!" 로즈는 그날 자신의 기대치를 넘어섰을 뿐만 아니라 세계신기록을 세웠고, 8년 전 자신의 기록을 거의 1분 앞섰다.*

---

*   세계기록을 세웠음에도, 로즈는 1964년 호주 올림픽 대표팀에 참가하지 못했다.

하와이 수영 챔피언이자 서핑의 아버지인 듀크 카하나모쿠(좌)와 영화 〈타잔〉으로 잘 알려진 조니 와이즈뮬러(우). 두 선수는 1912년부터 시작해 22년간이나 100미터 자유형 세계기록을 보유했다. (의회 도서관 제공)

세계기록의 변화를 살펴보면 어떤 패턴을 발견할 수 있을 것이다. 듀크 카하나모쿠와 조니 와이즈뮬러는 100미터 자유형 기록을 다 합해 22년이나 보유하고 있었다. 이후 세계기록은 폭발적으로 빨리 갱신되었다. 재닛 에번스와 케이티 러데키 그리고 메리 T. 미거Mary T. Meagher의 경우를 보자. 1981년 8월 16일, 미거는 자신이 갖고 있던 100미터 접영 세계기록을 1.33초 갱신하는 신기록을 세웠고 18년간 유지해 왔지만, 18년 1주일 뒤 미국 선수 제니 톰슨Jenny Thompson이 0.05초 앞선 기록으로 신기록을 갈아치웠다.

대부분의 경우 신기록의 변화는 점진적이고 때로는 거의 눈에 띄지도 않는다. 기록들은 다수의 선수에 의해 변화하고 전진하기 때문이다. 널리 알려진 세계신기록들은 스포츠계의 찬란한 순간들을 보여주지만, 그것을 이루어낸 작은 변화들은 사실 이름이 알려지지도 않은 많은 선수에 의해 세워졌고, 그 덕분에 다음 돌파구를 향해 나아가는 것도 가능하다는 것을 알게 해준다.*

사회학자 대니얼 챔블리스Daniel Chambliss가 말한 '탁월함의 일상성the Mundanity of Excellence'을 재차 생각하게 된다. 세계기록이 점진적으로 짧아지고, 이렇게 만들어진 모든 새로운 기준들이 다음 세대의 수영 선수들에게 새로운 기대치를 갖게 되듯, 개별 기록들도 대부분 갑작스레 변화하지 않는다(외부 세계에서 보면 그렇게 보일지도 모르겠다). 대신 집중력과 훈련 그리고 세세한 부분에 주의를 기울여 점진적으로 변화를 이끌어내는 것이다.

1983년 1월부터 1984년 8월까지 챔블리스는 미국 내 중요한 수영 대회에 거의 다 참석했다. 실내외 전국 챔피언십부터 1984년 올림픽 대표팀 예선과 대회까지 참석해 약 120명의 세계적인 수영 선수들과 코치들을 인터뷰했다. 그러다가 뉴욕으로 돌아와서는 지역 수영 클럽에서 6세부터 17세까지로 이뤄진 지역팀 코치를 맡았다. 그 과정

---

* 1902년 이후 신뢰할 만한 기록이 남겨진 이후부터, 남자 200미터 자유형 부문에서 세계기록을 세운 선수는 63명에 이른다. 비교적 역사가 짧은 여자 200미터 접영의 경우, 1958년 미국 수영 선수 낸시 레이미Nancy Ramey가 첫 기록을 세운 이후 23명의 선수가 세계기록을 갈아 치웠다. 기록은 계속해서 상승하며, 이 흐름을 모든 수영 선수들이 만들어낸 것은 아니었지만, 선수들에게 계속 자극을 주고 동기를 부여했다.

을 통해 챔블리스가 배운 점은 작지만 기본적인 것들이 중요하다는 사실이었다. "최상의 성과는 세세한 기술들과 활동들이 융합해서 나오는 것이다. 작은 것 하나를 배우고 발을 헛디디기도 하며, 조심스레 연마하다 보면 습관이 되고, 그런 것들이 모여 통합된다. 여기에 비상함이나 초인적인 능력은 중요하지 않다. 그저 꾸준히 올바른 방법으로 연습을 거듭하면, 그것들이 모여 탁월함을 발휘하게 된다."

챔블리스는 구체적으로 설명하기 위해 메리 T. 미거와 인터뷰한 내용을 공개했다. 내셔널 챔피언십에 출전해 200미터 접영에서 세계신기록을 세웠던 미거는 당시 불과 13세였다. 이제 청소년이 된 소녀에게 세계신기록은 아주 큰 꿈이었고, 그것을 달성하기 위해 미거는 훈련에 양적인 변화가 아닌 질적인 변화를 주었다. 우선 그녀는 정해진 시간에 맞춰 연습을 시작했다. 방과후 훈련에 늦지 않으려고 운전하는 어머니에게 속도를 높이라고 재촉하기까지 하면서 말이다. "하루하루의 연습을 중요하게 여기는 습관과 훈련방식은 매순간이 중요하다는 감각을 기르는 데 도움이 되었다고 그녀는 회상했다." 또한 그녀는 모든 훈련에 있어 최고의 성과를 내는 데 집중했다. "주변의 다른 학생들보다 항상 한 발짝 앞서려고 말이다."

그게 다였지만 그 정도면 충분했다. 미거는 푸에르토리코 산후안에서 200미터 접영 세계신기록을 세웠고, 1981년에는 세 번이나 더 기록을 깼으며, 20년간 기록을 유지했다. 올바른 방법으로, 날마다 연습에 연습을 거듭하는 것은 너무나 일상적이고, 심지어 지루하기까지 하지만 매우 중요한 일이다.

스포츠 저널리스트 존 파인스타인도 같은 취지의 발언을 한 적이 있다. "만일 당신이 골프, 테니스, 혹은 다른 스포츠에 뛰어난 재능이 있다면, 연습하지 않고도 잘하는 척할 수 있을 것입니다. 물론 집 앞에 나가 농구 연습을 많이 하면 좋은 농구선수가 될 수도 있지만, 타고난 점프 재능만으로도 성공적인 경기를 펼칠 수 있죠. 그러나 연습 없이 수영을 잘하는 척하는 것은 불가능한 일입니다."

메리 T. 미거는 챔블리스에게 "사람들은 평범한 성공이 어떤 건지 잘 모릅니다"라고 말했다. 그런데 세세한 사항에 하나하나 신경을 쓰는 것도 엄청나게 중요하지만, 때로 올림픽의 신들이 끼어들어 최상으로 준비된 선수를 방해하기도 한다.

도나 드 바로나는 1960년대 초반에 미국에서 그리고 세계에서도 가장 잘 알려진 수영 선수로, 14세에 (그리고 17세에도)《스포츠 일러스트레이티드》표지를 장식했고, 구독자 수가 엄청난 잡지《라이프》와《새터데이 이브닝 포스트》의 표지 모델이 되기도 했다. 드 바로나는 13세였던 1960년에 400미터 개인 혼영에서 세계신기록을 세웠고, 이후 4년간 3번이나 기록을 갱신했다. 그녀는 200미터 개인 혼영 기록도 보유하고 있었다. 그녀는 이 경기에서 누구에게도 기록을 내어준 적이 없지만, 올림픽 개인 종목에서 금메달을 딴 적은 단 한 번뿐이다.

어떻게 그럴 수 있을까? 바로나가 금메달을 딴 종목은 여자 400미터 개인 혼영이었고, 이 종목은 1964년 처음으로 올림픽 종목이 되었던 것이다. 200미터 개인 혼영은 1968년에서야 올림픽 공식 종목이 되었다. 드 바로나는 당시 은퇴하여 ABC-TV의 스포츠 해설자로서 전설적인 저널리스트 짐 맥케이와 함께 해당 경기를 중계했다.

"나는 17세에 은퇴했습니다. 당시에는 대학수영도 없었고, 여학생을 위한 장학금도 없었습니다. 대학에 진학하고 싶으면 돈을 벌어야 했습니다. 나는 운이 좋았지요. 많이 알려졌고, 수영계에 인맥도 많았으니까요. 하지만 그 시대에는 한번 돈을 벌기 시작하면 스포츠계에 다시 발을 들일 수 없었습니다."

릭 데몬트Rick DeMont의 사례도 빠질 수 없다. 데몬트는 겨우 16세에 1972년 베를린 올림픽 남자 400미터 자유형에서 우승했지만, 경기 이후 소변 검사에서 에페드린ephedrine이 검출되며 실격처리되었다. 에페드린은 데몬트가 먹던 천식약의 기본 성분이었지만 올림픽 금지 약물이었다. 데몬트는 올림픽 규정에 따라 올림픽 이전 복용 약물 내역을 제출했는데, 미국 올림픽 위원회가 국제 올림픽 위원회에 약물 사용 이유에 관해 제대로 전달하지 못했던 것이 문제였다. 데몬트는 다른 여러 대회에도 출전하지 못하는 등 불이익을 겪었으나, 이후 1,500미터 자유형에서 세계신기록을 세우면서 1973년 올해의 수영 선수로 뽑혔다. 하지만 올림픽 메달은 하나도 없었다.

8년 뒤인 1980년, 로디 게인스는 200미터 자유형에서 세계신기록을 세우고 곧이어 100미터 자유형에서도 신기록을 세웠다. 2회 계주 경기의 최종주자로 나설 경우 모스크바 올림픽에서 4관왕을 노려볼 수도 있는 상황이었다. 하지만 지미 카터 대통령이 미국 대표팀을 모스크바 올림픽에 참가시키지 않기로 결정하면서, 기회를 놓치고 말았다.*

게인스는 "당시 정말 마음이 아팠습니다. 저만 그런 게 아니었죠. 1976년에 대회에 나가지 못했던 대표팀 363명은 4년 후에도 나가지 못하게 되었습니다. 그들에게는 마지막 기회였던 거죠. 저는 4년 뒤인 1984년 LA에서 100미터 자유형 경기에 출전할 수 있었는데, 결승전 출발대에 선 선수들 중에 5~6위 정도였을 겁니다. 도저히 그들을 이길 방법이 없어 보였죠"라고 당시를 회상했다. 하지만 게인스는 완벽한 스타트를 선보이며 금메달을 땄고, 계주에서도 2번이나 우승을 차지했다. 올림픽 신들도 가끔은 이렇게 관대함을 베풀곤 한다.

수영 경주는 대체로 예상 가능하다. 중요한 대회에서는 예선전을 거치면서 선수들을 잘 추려내 결승전으로 보낸다. 결승전에서는 4번 5번 레인 그리고 3번 레인 순서로 가장 우수한 선수들을 배치하므로, 그쪽을 잘 보면 된다. 대략 80퍼센트 정도의 확률로 그 셋 중에서 우승자가 나온다. 이처럼 수영 경기의 결과는 뻔한 것처럼 보이기 때문에, 기자들에게 지금까지 가장 인상 깊었던 수영 경기에 대해 물어보면 대부분 2008년 마이클 펠프스의 8관왕 달성 경기 같은 크지만 예상 가능한 경기보다 예상을 깬 결과가 나온 경기를 꼽곤 한다. 도나 드 바로나는 1976년 몬트리올 하계 올림픽의 중계 부스에서 여자 400미터 계영 결승전을 지켜보던 순간을 떠올렸다.

"우리 여자팀 선수들은 언론에서 엄청난 비난을 듣고 있었습니다. 동독 선수들이 20개의 금메달 중 이미 11개를 차지했고, 이번 경기에서도 그들이 유리했기 때문이었죠. 우리 선수들은 동독 선수들이

---

* 1980년 올림픽에서 200미터 자유형 우승자의 기록은 게인스가 세운 세계기록보다 0.65초 느렸으며, 100미터 자유형 우승자의 기록은 게인스가 1981년 4월에 세운 신기록보다 1초 이상 느렸다. 수영 경기에서 1초가 벌어졌다는 것은 거의 몸 전체 길이만큼의 거리가 차이 났다는 뜻이다.

운동능력을 향상시키는 약물을 복용했다는 사실을 알고 있었지만 침착하게 대응했습니다. 마지막 계영 경주에서, 그들은 동독 선수들을 0.68초 차이로 제치고 세계신기록을 세웠습니다. 아마 그 장면은 제가 그때까지 본 수영 경기 중 가장 놀라운 장면이었을 것입니다."

존 파인스타인은 1984년 그가 처음으로 취재한 올림픽에서 본 200미터 접영 결승전을 회고했다.

200미터 접영 경기에 출전한 독일의 '알바트로스' 미하엘 그로스와 우리 선수 파블로 모랄레스Pablo Morales의 대결을 잊을 수 없다. 그들은 100미터 접영경기에서 각각 1위와 2위를 차지했다. 하지만 결승전에서 150미터 정도 왔을 때, 그들은 거의 녹초가 되어 있었다. 두 선수의 스타트가 엄청나긴 했지만, 1번 레인에서 헤엄치던 호주 선수 존 시벤John Sieben이 갑자기 튀어나와 선두로 나서기 시작했다. 나는 그가 누군지도 알지 못했는데, 갑자기 바로 내 뒤에 앉아 있던 호주 기자가 일어서서 "존! 바로 그거야! 할 수 있어!"라고 외치는 바람에 그가 누군지 알게 되었다. 1번 레인의 존은 확실한 우승 후보 두 명을 제치고 세계신기록을 세우며 금메달을 목에 걸었다.

로디 게인스도 전혀 예상 못했던 결과를 낸 경기를 최고의 경기로 손꼽았다.

지금껏 봐온 경기중 가장 위대하다고 생각하는 경기는 2008년 베이징 올림픽 남자 400미터 자유형 계영이다. 최종주자였던 제이슨 리잭

Jason Lezak은 놀라운 정신력을 보여주었다. 리잭은 일반적인 단거리 수영 선수였고, 좋은 계영 선수였다. 2008년 미국 대표팀에 뽑혔지만, 사실 100미터 자유형에서 공동 3위였고, 그의 기록은 기복이 심했으며, 단 한 번도 47초 장벽을 깬 적이 없었는데, 이 경기의 최종주자로 나서 46.06초의 기록을 내면서 100미터 자유형 세계기록 보유자인 알랭 베르나르를 제치고 팀을 우승으로 이끌었다. 제이슨은 이후 다시는 그 기록 가까이에도 가지 못했다.

나는 이 경기에 관해 제이슨과 오랜 대화를 나누었다. 그는 자신이 더 이상 지는 것에 지쳤다는 사실 외에는 정확히 어떻게 그러한 결과를 냈는지 알지 못했다. 그는 2000년과 2004년에도 같은 경기에 나갔었고, 두 번 모두 우승을 차지하지 못했다. 2000년에는 호주팀에게, 2004년에는 남아공팀과 네덜란드팀에게 졌다. 2008년 경기에 나섰을 때도 미국팀은 지고 있었지만, 더 이상은 질 수 없다고 생각했던 그는 화가 났고, 완벽한 파란을 일으켰다.

제이슨이 만일 그 경기에 1천 번 나갔다면, 아마 999번은 졌을 것이다. 하지만 역사에서 중요한 것은, 그가 이겼던 바로 그 신비로운 한순간뿐이다. 물론 당시 제이슨은 돈과 과학이 만들어낸 최적의 조건을 갖춘 수영장의 도움을 받기도 했다. 그래도 베이징에서는 모든 선수들이 같은 조건이었다.

16

얼마나 더 해야
만족할까?

수영 연습을 하며 리듬을 타기 시작하면
수면을 스치듯 가벼우면서도 힘이 느껴져요.
힘을 많이 들이지 않고도 강한 스트로크로
빠르게 나아갈 것을 알기에 흥분되기 시작하죠.

– 릴리 크로건, 16세

인간은 헤엄을 칠 수밖에 없다. 무엇보다 우리가 사는 땅은 광대한 바다에 둘러싸여 있고, 육지 사이사이마다 강이 흐르며, 호수와 웅덩이도 있다. 물은 언제 어디서나 우리를 부른다. 1만 년 전, 물은 심지어 사하라에서도 손짓했다.

그런데 어떠한 방식으로 헤엄치도록 타고났는지는 또 다른 문제다. 강도 높은 훈련은 어떤 영법을 사용하느냐에 따라 어깨와 무릎, 정강이와 발에 큰 무리를 주고, 자연적으로는 발생하지 않았을 충격을 인간의 신체에 가한다. 자유형과 접영은 특히 어깨를 상하게 한다. 평영 선수들은 헤엄을 치며 발차기를 할 때마다 무릎이 망가지고 있다는 사실을 잘 알고 있다. 배영은 그나마 신체에 무리를 덜 주지만, 어떤 식으로든 고통에서 자유롭지는 않다.

뉴질랜드의 정형외과 전문의 매리 홀든Mary Holden에 따르면 "자유형과 접영을 분석해본 결과, 극상근과 상완 이두근 힘줄에 필요 이상의 무리가 가해진다"고 한다(극상근 힘줄과 상완 이두근은 각각 어깨 회전건판의 상부와 하부를 말한다). 팔을 최대한 뻗을 때 극상근 힘줄은 지속적으로 상완골두(어깨 연결부에 있는 둥근 상완골 머리 부분)로부터 압박을 받게 되는데, 물속에서는 힘줄의 무맥관 부위를 자극해, 세포사로 인한 염증이 유발된다. 즉, 자유형과 접영 선수들의 상당수는 힘줄염, 활액낭염, 회선건판 손상 등의 위험에 노출되는 것이다.

평영은 과거의 위풍당당한 개구리 발차기에서 휩킥으로 변화하며 더 효과적으로 힘을 발휘하도록 발전했지만, 해부학적으로는 엄청난 대가를 치러야 했다. 무릎을 빠르게 뻗었다 구부리는 과정에서 인대를 혹사했으며, 정강이뼈와 무릎 그리고 발을 회전하는 과정에서 큰 무리가 갔다. 200미터 평영 대회에서 우승한다면, 다음날은 목발을 짚고 다녀야 하는 상황이 연출될 수도 있는 것이다.

배영 경기에서 턴을 할 때 몸을 뒤집을 수 있다는 규칙이 도입되기 전에는 선수들의 허리가 삐끗하거나 어깨가 빠지는 일이 잦았다. 어깨를 중심축으로 엄청난 회전력을 가진 쭉 뻗은 팔을 휘저으며 벽을 향해 헤엄치다 보면 위험을 감지하지 못할 수도 있었기 때문이다. 매리 홀든의 의견에 따르면, 오늘날 배영선수들은 발바닥을 심하게 구부리고 발차기를 하다 보니 정형외과적 위험에 많이 노출된다고 한다. (자유형 선수들도 마찬가지지만) 그런 식으로 힘줄을 과하게 늘리면 부종, 염증 그리고 유착을 유발할 수 있다.

그나마 다행인 것은 이러한 문제들은 유소년 선수보다는 성인 수영 선수들에게 더 많이 발생한다는 사실이다. 나이가 어릴수록 근골격, 관절, 힘줄 능이 모두 성인보다 더 유연하기 때문이다. 하지만 유소년과 대학수영 선수들도 팔다리의 회전 관절을 과하게 사용하면 위험에서 자유롭지 않다.

어린이 선수들의 근골격 부상에 관한 《영국 의학 저널》 기사를 보면, 리버풀대학교 정형외과 교수인 레슬리 클레너먼Leslie Klenerman은 회선건판 힘줄에 가해진 충격이 불안정한 어깨 상태를 유발할 수 있으며, 특히 유소년 접영 선수들은 주의해야 한다는 사실에 주목했다. 간단히 말해, 어느 시점에 이르면 어깨에 더 이상 무리를 가해서는 안 된다는 것이다. 《공중보건 보고서Public Health Report》라는 학술지에 실린 또 다른 논문에 따르면, 수영 선수의 반 정도는 선수 생활 중 어깨에 부상을 입는다고 한다. 심각한 경우에는 부상을 극복하지 못하기도 했다.

미시 프랭클린Missy Franklin은 배영과 자유형에서 올림픽 5관왕이자 200미터 배영 세계신기록 보유자였다. 그야말로 타고난 수영 선수였다. 하지만 메사 프로 시리즈Mesa Pro Series 경기에서 부상을 당하면서 그녀의 앞길에 장애물이 생기고 말았다. 그녀는 2018년 12월 공식 은퇴 선언을 하며 다음과 같이 회상했다. "몸을 풀 때 부상을 입었던 것이 경기 중 갑작스럽게 어깨 통증으로 이어지자 경기를 중단할 수밖에 없었습니다. 한번도 느껴보지 못한 심한 통증이었기에 정신력으로도 버틸 수 없었죠. 올림픽 경기가 겨우 4개월 남은 시점이었고, 선수 인생에서 아주 중요한 순간이 다가오고 있었기 때문에 다들 저에게 많은 기대를 걸고 있었습니다. 런던 올림픽 우승에 이어, 다음 올림픽을 더 위대한 순간으로 만들고 싶었으니까요."

프랭클린은 리우 올림픽에 출전하긴 했지만, 자신의 최고 기록에도 미치지 못하는 성적을 냈다. 이듬해인 2017년 초, 그녀는 양쪽 어깨 수술을 받았다. 그리고 그해 가을, 그녀는 다시 훈련에 돌입했고, 연습 대신 다양한 재활 훈련을 했다. 그러나 좋아지지 않는 어깨 통증으로 좌절한 그녀는 북부 캘리포니아에서 조지아의 아테네로 훈련 장소를 옮겨 조지아대학교의 잭 바우얼Jack Bauerle 코치에게 훈련을 받았다.

그녀는 그의 훈련방식이 매우 훌륭했으며 분위기도 좋았다고 회상했다. 하지만 프랭클린의 어깨 통증은 계속 악화되고 있었다.

"훈련하지 않을 때는 얼음찜질도 하고 휴식을 취하며 어깨를 회복하는 데 집중했습니다. 다음 연습을 준비하기 위해서 말이죠. 하지만 어떤 것도 효과가 없었습니다. 코르티손cortisone 주사를 세 차례나 맞았고, 9월 말에는 상완 이두근 힘줄에 초음파 주사도 맞았습니다. 하지만 효과가 없었고, 마지막으로 할 수 있는 것은 또 다시 수술을 받는 것뿐이었습니다. 승산이 없는 모험이긴 했지만요."

그렇게 미시 프랭클린은 은퇴를 선언했다. 세계 최고의 수영 선수에게 일어난 극단적인 사례라 조심스럽긴 하지만, 확실한 것은 수개월 동안 반복적으로 수영 훈련을 하고 체력단련을 하는 것은 잘 단련된 신체에도 무리를 가할 수 있으며, 특히 엄청난 속도로 반복적인 동작을 하면 인간의 근골격은 그런 훈련을 하도록 설계되지 않았기에 위험할 수도 있다는 점이다.

수영 선수들에게 더욱 흔하게 발견되는 문제는 일명 '둥근 어깨의 저주'라 불리는 것이다. 월밍턴에 있는 노스캐롤라이나대학교에서 팀 닥터를 맡았고, 정형외과 의사이기도 한 제임스 헌들리James Hundley는 수십 년간 수영 선수들과 다른 운동선수들을 지켜보았다. 그는 어떻게 수영 선수들이 특정 모양의 어깨를 갖게 되는지 설명해주었다.

문제는 앞 가슴 근육인 흉근이 뒤쪽 근육에 비해서 과도하게 강화된다는 데 있다. 특히 크롤 영법이나 접영으로 헤엄치면 흉근이 발달하게 되고, 많은 수영 선수들의 어깨가 둥근 형태로 발달하게 된다. 근육 발달이 균형을 잃고, 어깻죽지를 앞으로 당기는 흉근이 뒤로 당기는 근육보다 훨씬 더 발달하게 된다.

그의 주장에 따르면, 둥근 어깨는 외관상 보이는 문제가 전부가 아니라고 한다.

어깨 바깥쪽을 향하는 빗장뼈를 손으로 만져보면, 견갑골 외측으로 튀어나온 어깨뼈 봉우리인 견봉이 만져질 것이다. 견봉의 평소 위치는 뒤쪽을 향해 있어서 뒤쪽보다는 앞쪽이 더 열려 있다. 덕분에 회선건판이 많이 붙은 위팔뼈의 꼭대기는 바깥쪽으로 돌출될 가능성이 높고 팔을 위로 들면 견봉 아래쪽으로 움직인다. 흉근이 견갑골을 앞쪽으로 당긴다면 이는 공간을 줄여 견봉의 위치를 납작하게 만들고 두 뼈 사이의 연조직에 충격을 주게 된다. 수영 선수는 이에 대응하기 위해 어깨를 뒤로 당겨주는 근육을 발달시키고, 힘과 기능의 균형을 잡아 견봉의 위치를 바로잡아야 한다.

물론 둥근 어깨는 건강한 신체를 얻기 위해 지불한 비용으로는 적다고도 말할 수 있다. 수영을 많이 할수록 건강에 좋고, 특히나 노년의 신체 건강에 도움을 주기 때문이다. 리치 번스Rich Burns는 약 40년 동안 수영이 힘과 운동능력을 유지하는 데 얼마나 영향을 주는지 자신이 직접 실험했다.

1960년대 인디아나대학교에서 수영 선수로 활약하다가 은퇴했던 번스는 1981년, 30대 중반에 다시 선수 생활을 시작해 캘리포니

아주 산타클라라에서 열린 미국 마스터스 챔피언십에 출전했다. 그 때부터 매년 같은 대회에 출전한 그는 마리 맥스위니^{Marie Mcsweeney}에게 훈련을 받으면서, 매번 출전할 때마다 거의 같은 방식으로 칼로리 섭취를 줄이는 식이요법을 했다. 같은 방식의 훈련을 40년 동안 일관되게 진행한 번스는 다음과 같이 말했다. "처음에는 몇백 분의 1초, 그 다음에는 몇십 분의 1초 그리고 지금은 몇 초씩 느려지고 있다." 나이가 들면서 물리적으로는 확실히 느려졌지만, 한꺼번에 수초씩 느려지지는 않았다.

"처음 다시 수영을 시작하고 10년간은 (25야드 수영장에서 열리는) 숏코스 대회에 나가 계영 2회, 개인 1회, 총 3회의 배영 대회에 나갔습니다. 10년간 총 30회 배영 경기에 출전한 셈인데, 당시 기록 차는 모두 1초 내외로 비슷했습니다. 예외 없이 모든 경기에서 말이죠. 거의 40년이 흐른 지금은, 50야드 기록이 약 3초 정도 느려져 100야드 기준으로는 6~7초 느려졌습니다. 40년간 경기 능력이 11퍼센트 정도 하락한 것이죠." 만일 35세에 18홀 골프경기에서 70타를 기록한 선수가 있다면, 아마 40년 후에도 비슷한 수준을 유지할 가능성이 있겠지만, 수영처럼 에너지를 많이 소모하는 육상 경기 등에서 40년 후에도 비슷한 경기력을 유지하는 것이 가능할지 의문이다. 리치 번스가 연구한 사례처럼 40년간 종적인 연구가 가능할지조차도 모르겠다. 그러니 번스의 사례는 매우 예외적인 경우라고 할 수 있다.

2014년 가을, 그는 방광암 수술을 받고 인공 방광으로 대체했다. 이 과정에서 6주간 그는 몸무게가 9킬로그램이나 줄었다. 이듬해 그는 다시 대회에 참가했고, 우승을 거두었다. 마스터스 수영 대회에

40년간 참가하면서, 그는 연령별 신기록을 111번이나 세웠고, 2019년 봄 기준으로 여전히 그중 23개나 보유하고 있다.

물론 다른 많은 분야와 마찬가지로 수영에도 공짜는 없다. 오래도록 건강을 유지하는 데 운동이 중요하다는 사실에는 모두가 동의하지만, 사우스캐롤라이나 의대에서 연구를 통해 밝힌 새로운 사실에 따르면, 운동을 많이 해서 건강을 유지하는 데는 한계가 있다고 한다. 미국 마스터스 수영 대회 출신인 60대 이상의 수영 선수 70여 명을 상대로 조사한 결과, 리치 번스를 비롯해 매주 11킬로미터 이상의 거리를 헤엄치며 훈련한 선수 중 26퍼센트가 심방성 부정박동 증상을 앓고 있으며, 일반인들에 비하면 그 비율이 5배나 높았다. 연구가 계속 진행되고 있지만, 연구 결과는 일류 마라톤 선수들을 대상으로 한 결과와 거의 일치한다.

간단히 말해 수영을 너무 많이 해도 문제, 안 해도 문제라는 의미다. 그런데 무중력의 환경에서 계속 운동을 할 때 상승하는 엔돌핀은 노년기의 수영 선수들로 하여금 계속해서 수영을 하게 만든다. 심방성 부정박동의 위험도가 증가해도 끝없이 왕복 수영하는 즐거움을 포기하지 못하는 것이다. 나도 그중 하나다.

16세의 유소년팀 수영 선수 릴리 크로건Lilli Croghan은 "수영 연습을 하며 리듬을 타기 시작하면 수면을 스치듯 날아가는 것처럼 가벼우면서도 힘이 느껴져요. 힘을 많이 들이지 않고도 강한 스트로크로 빠르게 나아갈 것을 알기에 흥분되기 시작하죠"라고 말했다. 왕복 수영에 푹 빠진 이들은, 유소년이든 노인이든, 허리띠에 다수의 마스터스 수영 대회 기록을 새기고 다니는 90대 중반의 톰 메인Tom Maine이든 그리고 거의 불가능하게 들리겠지만 2014년 100~104세 50미터 배영 대회에서 15초로 신기록을 세운 영국의 존 해리슨이든, 바로 그 느낌 때문에 계속해서 수영을 한다.*

만일 아주 어릴 적부터 수영을 시작했다면, 가볍게 물을 헤치고 나가던 그 순간을 근육이 기억하고 있을지도 모른다. 하지만 나이가 들수록 물속에서 몸이 무겁게 느껴지기 마련이다. 스치듯 헤엄치는 느낌도 사라지고, 공기보다 밀도가 800배나 높고 저항력이 4배나 높은 물속에서는 힘겹게 나가야 한다.** 하지만 그럼에도 불구하고 우리는 수영이 주는 즐거움 때문에 인간의 신체가 물에서 빠르게 움직이는 데 형태학적 결함이 있다는 사실조차 신경 쓰지 않는다. 예를 들어, 큰돌고래와 같이 아주 빠른 속도로 헤엄칠 수 있는 포유류는 빠르게 헤엄치도록 유선형으로 진화했다. 그들은 양력 기반 추진력이라고 알려진 힘으로 헤엄치는데, 즉 물결 모양으로 헤엄치며 발생하는 엄청난 유산소 효과 덕분에 아주 오랜 시간 물에 머무를 수 있다. 본질적으로 물속에서는 '이동에 필요한 에너지'가 극적으로 줄어드는데, 이는 A 지점에서 B 지점으로 이동하는 데 있어 굉장히 매력적인 요소다.

---

*   미국 마스터스 수영 대회의 90~94세 대회는 18개의 기록을 보유하고 있는데, 톰 메인은 그중 3분의 1을 보유하고 있다. 2000야드 평영을 비롯해 100, 200야드 접영과 100, 200 그리고 4000야드 개인 혼영 기록도 보유하고 있다.

**   물의 저항력이 4배라는 이론은 수영 선수 겸 유명한 통계학자인 하워드 웨이너Howard Wainer가 주장했다. 정확히 말하면, 이론상 수영과 달리기에 모두 능한 남자 선수는 달리기에서 3.75배 빠르고, 여자 선수는 3.5배 빠르다는 이론이다. 동일한 시간을 기준으로, 수영 선수는 달리기 선수보다 칼로리 소모가 25퍼센트 더 많은 것으로 나타났다.

수영 경기장에서 인간들은 출발할 때와 턴을 할 때 돌고래를 따라할 수 있고, 실제로도 따라하고 있다. 하지만 국제수영연맹에서는 산소 결핍의 위험을 이유로 15미터가 지나면 수면으로 얼굴을 내밀도록 규정하고 있다. 수면으로 올라오는 순간 '이동에 필요한 에너지'가 급격히 상승하고 유산소 효과는 훨씬 낮아진다. 왜 그럴까? 그 이유는 팔과 다리를 저어 몸을 추진하는 것은 '저항력에 기반한' 수영 방식이기 때문이다. 그리고 수면에서는 물속에서와는 달리 '헐 스피드hull speed' 원리가 작용하게 된다. 주로 선박의 최대 속도 산정에 활용되는 헐 스피드는 선체 디자인을 기초로 최대 속도를 산정한다. 이 이론은 수면에서 수영하는 인간의 속도에도 적용된다. 충격파가 몸의 길이와 같을 때, 몸이 파장에 갇히면서 최대 속도를 낼 수 있고, 턴을 할 때 파동이 무너졌다가 다시 파장에 갇혀 최대 속도를 낼 수 있는 상황이 반복되는 것이다.

그럼에도 불구하고, 우리는 계속해서 돌고래처럼 헤엄치려고 시도하고 아마 언젠가는 그 경지에 이르게 될 것이다. 이름도 그럴듯한 프랭크 E. 피시Frank E. Fish는《미국 동물학자》라는 학술지에 실은 논문에서 "육상 운동에서 아주 미세한 신경운동 패턴의 변화만 준다면 양력 기반 추진을 할 수 있게 될 것이다"라고 말했다.

1960년부터 2010년 직전까지 네 가지 영법의 세계기록 변화 추이를 살펴보면, 남자 수영이든 여자 수영이든 놀라울 정도로 그 변화가 일관적이다. 물론 기능성 전신 수영복과 유사 제품 때문에 일정 기간의 기록은 이 종적 연구에서 쓸모없게 되었지만 말이다. 1975년이든 1985년, 1995년 혹은 2005년이든 100미터 평영에서 남녀 세계신기록 차이는 거의 7초로 유사하다. 100미터 자유형에서는 5.6초, 배영에서는 6.5초로 마찬가지 양상을 보인다. 200미터 경기를 살펴보면, 차이는 조금 벌어지지만 놀라울 정도로 일관됨을 알 수 있다. 50미터 경기에서도 차이는 좁아지지만, 수십 년에 걸친 기록을 보면 그 차이가 일관적이다.

그런데 가장 흥미로운 점은 바로 이것이다. 남녀 기록의 변화 곡선이 놀랍도록 일치하는 만큼, 최근으로 올수록 변화 곡선의 각도가 줄어드는 것도 일치한다는 점이다. 1960년대 돈 숄랜더가 국제무대에서 200미터 자유형을 휩쓸 때, 그는 거의 7년 동안 11번이나 세계신기록을 세웠고, 자신의 기록을 6초나 줄였다. 2019년 여름 영국의 애덤 피티는 100미터 평영에서 4년간 5번의 신기록을 세웠지만, 기록은 총 1.04초 줄였을 뿐이었다. 매년 눈 두 번 깜빡할 정도의 시간인 100분의 26초씩만 단축한 셈이다. 그렇다면 피티는 돈 숄랜더보다 덜 훌륭한 선수라고 해야 할까? 절대 아니다. 그는 단연코 역사상 가장 빠른 평영 단거리 선수이지만, 시간 단축의 여지가 점점 더 줄었을 뿐이다.

다른 관점으로 살펴보면, 영국의 수영 선수들은 올림픽 200미터 평영 경기에서 2회 금메달을 획득했는데, 첫 금메달은 1908년 프레데릭 홀맨이 3분 9.2초의 기록으로 그리고 두 번째는 1976년 데이빗 윌키David Wilkie가 당시의 세계신기록인 2분 15.11초의 기록으로 금메달을 목에 걸었다. 우아했던 세기말 수준의 평영은 60년 세월 동안 굉장한 스피드를 자랑하는 평영으로 발전했다. 매년 평균 0.8초가 빨라진 셈이었다. 그로부터 40년이 흐르고 2016년 리우 올림픽 200미터 평영에서 카자흐스탄의 드미트리 발란딘Dmitriy Balandin은 2분 7.46초,

즉 윌키보다 8초 빠른 기록으로 우승을 차지했다. 다른 경기와 마찬가지로 200미터 평영도 터보를 단 듯 빠르게 진화했지만, 윌키와 발란딘 사이의 매년 평균 기록은 0.19초만 줄어들었을 뿐이었다. 홀맨과 윌키 사이의 평균 기록 변화에 비하면 4분의 1 정도에 불과하다. 즉, 수영은 스포츠로서 성숙기에 접어들었다고 볼 수도 있다. 세계기록이 점점 짧아지려면, 수영 자체가 계속해서 진화하든지 뭔가 혁신적인 방법을 찾아내야 한다.

1980년대 후반까지만 해도 가능한 물속에서 오래 헤엄침으로써 수면 저항을 피해야겠다는 생각을 한 사람은 없어 보였다. 그러다 하버드 출신의 배영선수 데이비드 버코프David Berkoff가 배영 돌핀킥으로 30미터나 헤엄친 뒤 수면으로 올라오는 혁명적인 방식을 시도했고, 1988년 올림픽에서는 100미터 배영 결승전에 출전한 8명의 선수 중 5명이 같은 방식으로 경기를 치렀다. 그중 3명이 1~3위를 차지했다.

국제수영연맹의 규정 위원회는 '버코프'의 방식으로 최대 15미터만 헤엄치고 수면으로 올라와야 한다고 정했고, 자유형과 접영에서도 같은 규정을 적용했다. 하지만 이 규정을 적용해서 숏코스 경기를 할 경우, 겨우 40퍼센트만 수면에서 경기를 펼치는 꼴이 되었다. 마스터스 최고 수영 선수 중 한 명은 톰 쉴즈Tom Shields의 경기를 관람한 일화를 들려주었다. 톰은 2016년 올림픽 접영경기에서 은메달을 땄으며, 2019년 캘리포니아에서 열린 대회의 200미터 접영경기에도 출전한 선수였다.

"숏코스에서 8번 헤엄쳐야 했는데, 총 32번의 스트로크로 마무리되었습니다. 첫 회에는 물속에서 헤엄치다 나와서 3번, 그 다음에

앞서 소개한 영국 평영 선수들과 그들의 신체 변화를 살펴보자. 좌측 상단의 사진에서 코치와 함께 서 있는 프레데릭 홀맨은 1908년 올림픽 평영 200미터 경기에서 금메달을 땄다. 홀맨은 신장 177센티미터, 몸무게 79킬로그램으로 견고하고 다부진 체격을 자랑했다. 우측 상단의 데이빗 윌키는 1976년 올림픽 200미터 평영에서 금메달을 땄다. 신장이 182센티미터였던 그는 홀맨보다 5센티미터가 더 컸지만, 몸무게는 76킬로그램으로 비교적 마른 편이었다. 아래 사진은 새롭게 떠오른 영국 평영 금메달리스트인 애덤 피티로, 2016년 리우 올림픽 100미터 평영에서 우승했다. 신장 190센티미터에 몸무게가 86킬로그램인 그는 이 사진에서도 알 수 있듯, 꾸준히 잘 다듬은 근육질 몸매를 자랑한다. (피티 사진: 페르난도 프레조Fernando Frazão, 흑백사진으로 변환)

는 물속에 있다가 나와서 4번 스트로크를 했죠. 그리고 마지막에는 물속에서 헤엄치다 나와서 6번 정도 했습니다. 그렇게 보면 이건 완전히 다른 경기가 된 것이죠." 이제 분명 더 많은 혁신이 따를 것이다. 수영은 고대부터 해오던 행위임에도, 비교적 신생 경기에 속한다. 새로운 경기 방식이 생겨날 가능성이 충분히 열려 있는 것이다.*

　　과학자와 공학자들 또한 달성 가능한 수준에서 속도를 높이는 법을 오랜 기간 연구하고 있다. 수영장 깊이를 예로 들어 보자. 수년 동안 세계 최고의 수영 선수들이 경기를 펼치는 수영장은 올림픽 수영 경기장을 비롯해 모두 깊이 7피트(213센티미터)로 맞춰져 있었다. 모두가 그 정도면 딱 알맞다고 생각하고 동의했다. 그러다 2008년 베이징 하계 올림픽이 열렸고, 베이징의 최첨단 수영 경기장에서 세계신기록이 쏟아졌다. 왜 그랬을까? 아마 기능성 전신 수영복도 중요한 역할을 했겠지만, 7피트가 아닌 10피트(304센티미터)로 변화된 수영장 깊이도 많은 역할을 했을 것이다. 게다가 10레인으로 구성된 수영장은 양 끝의 두 레인을 사용하지 않는데, 덕분에 8명의 선수 중 바깥쪽 레인에서 헤엄치는 선수들에게 유리하게 작용하기도 했다.

　　파동 메커니즘을 분석한 결과, 10피트 깊이 수영장이 선수들의 발차기로 인해 발생한 물결을 더욱 효과적으로 흡수하는 것으로 나타

---

*　　1968년 여름 높이뛰기 선수 딕 포스버리Dick Fosbury가 높이뛰기 바를 향에 뛰어가더니 갑자기 뒤로 돌아 등으로 높이뛰기 바를 넘었다. 높이뛰기를 뒤로 하다니? 정말 이상하다고 생각했다. 한 달 뒤, 포스버리는 멕시코에서 열린 올림픽에 나가 금메달을 땄고, 높이뛰기 방식을 영원히 바꿔놓았다. 스포츠에서 혁신은 언제 어디서든 일어난다.

났다. 발차기뿐 아니라 턴을 한 뒤 돌핀킥을 할 때 일어나는 충격을 흡수하는 데도 더욱 효과적이었다. 그렇다면 10피트에서 멈출 이유가 없지 않을까? 12피드, 더 나아가 20피트 깊이의 수영장은 어떨까? 로디 게인스는 한 인터뷰에서 선수들이 헤엄칠 때 바닥을 보면서 가야 자신의 위치를 가늠할 수 있는데, 바닥 깊이가 10피트보다 더 깊으면 바닥에 그어진 선들이 흐려서 잘 보이지 않을 수 있다고 밝힌 바 있다.

그렇다면 레인 구분선은 얼마나 중요할까? 앞서도 언급했지만, 한때 레인 구분선은 레인을 구분하고 선수들이 경기 중에 서로 부딪치지 않도록 하는 것 이외의 기능은 갖지 못했다. 하지만 오늘날 사용되는 레인 구분선은 파동을 조절할 수 있게 디자인되어, 말 그대로 수영할 때 발생하는 파동을 다 먹어준다(실제로, 미국의 수영 및 수영장 장비 공급업체인 키퍼Kiefer에서는 최고 성능의 레인 구분선 제품의 명칭을 '파동 먹는 장치Wave Eater'라고 지었으며, 길이 50미터당 1천 달러 이상의 가격을 책정했다). 레인 구분선 또한 수력학 연구에 따라 지속적으로 성능이 개선되고 있다. 계수 연구에 따라 두께를 조정하고, 물리학 개념인 프루드 수Froude Number(흐름의 중력에 대한 관성력의 비 혹은 흐름의 평균 유속에 대한 표면파의 전파속도의 비-역자 주)나 다른 측정 방식을 연구해 깊이에 따른 복잡하고 혁신적인 제품이 개발되고 있다.

스웨덴 룬드대학교Lund University 교수 나딤-피에르 리즈크Nadim-Pierre Rizk의 연구에 따르면, 올림픽 등 여러 대회에 레인 구분선을 공급하는 스웨덴 기업 맘스텐 컴퍼니Malmsten Company에서 출시한 두 가지 제품을 두고 분석을 시도했다고 한다. 연구진은 카메라를 사용해 파동을 분석하면서 여러 수영 선수들이 네 가지의 영법을 사용해 수영하는 장면을 촬영한 다음 맘스텐 사의 일반 제품과 '고급' 제품을 비교했다. 국제 경기에서 사용되는 레인 구분선은 '고급' 제품인데, 그 제품이 단연 성능이 좋은 것으로 밝혀졌고, 자세한 사항을 파헤쳐 보니 아주 많은 사실을 알 수 있었다고 한다.

예를 들어, 섭씨 20도 환경에서 물의 점도는 동일 온도의 공기 점도보다 55배가 높다. 혹은 '표면 마찰 항력'이라고도 불리는 그것은 두 구간으로 나뉜다. (매우 강한 점도 때문에) 물이 사실상 피부에 달라붙어 몸과 거의 같은 속도로 움직이는 경계막 구간과, 그 바깥쪽으로 파동과 2차 경계막이 생성되는 구간이 있다. 하지만 여기서 가장 중요한 것은 다음과 같다.

- '고급' 레인 구분선이 비싼 데는 다 이유가 있다. 일반 레인 구분선보다 세계 최고의 수영 선수들이 일으키는 파동을 약화하는 기능이 두 배 이상 우수하다.

- 레인 구분선을 팽팽하게 설치하는 것 또한 중요하며, 이는 수영 속도와 반비례한다. 선수가 빠르게 헤엄치면 레인 구분선이 느슨할수록 더 많은 파동을 약화하는 능력이 있다. 반면 느린 속도로 헤엄치는 선수는 레인 구분선이 너무 느슨하면 자신이 일으킨 파동의 영향을 주고받게 된다.

- 영법도 중요하다. 가장 많은 에너지를 요구하는 접영이 가장 높은 파동을 일으킨다. 즉, 접영 선수들이 최고급 레인 구분선의 덕을 가장 많이 본다고 할 수 있다. 그 다음으로는 크롤 영법과 배영 그리고 평영 순으로 덕을 본다. 하지만 파동의 물마루와 골의 빈도를 감

안할 때 속도도 큰 영향을 준다. 결과적으로 속도가 가장 빠른 크롤영법, 다음으로 접영, 배영 그리고 평영 순으로 레인 구분선의 덕을 보는 것이다.

- 마지막으로 가장 크게 영향을 미치는 것은 레인 구분선의 둘레다. 레인 구분선이 두꺼울수록 파동을 많이 흡수할 수 있기 때문이다.

마지막 특징은 예측 가능한 것임으로 그리 놀랍지 않다. 아마 수년 내로 작은 드럼통 수준으로 두껍게 제작된 레인 구분선이 등장할지도 모르겠다. 그렇게 되면 국제수영연맹에서도 레인 구분선에 관한 규정을 복잡하게 만들 것이다. 지금은 레인 구분선에 관한 규정이 대부분 색상과 최대 최소 지름에 관한 것에 그치고 있지만, 머지않은 미래에는 출발대에 관한 규정만큼이나 복잡하고 구체적인 규정이 나올 것으로 예상된다.

국제수영연맹 규정은 수경에 관해서도 간략히 다루고 있다. "수경은 물로부터 안구를 보호하고 시야를 확보하는 기능을 가진다. 수경의 디자인이나 구조는 위의 기능을 수행해야 하며, (안구 보호와 시야 확보 기능 이외의 기능으로) 수중역학의 이점을 활용하려고 해서는 안 된다." 하지만 이렇듯 모호한 규정 때문에 한편에서는 새로운 형태의 수경으로 물속에서 인간의 속도를 높이기 위한 엄청난 노력이 이루어지고 있다.

미국 특허번호 747535 B2는 오리건 주의 수경 개발자 네 명이 특허를 내고 나이키에 위임한 것으로 2009년 1월, 향후 개발이 가능함을 시사했다. 특허를 받은 수경은 기존에 우리가 아는 형태의 수경이 아니다. 코 위쪽으로 양쪽 안경을 연결하는 부위가 없을뿐더러, 머리에 고정하는 끈도 없었다. 대신 이 새로운 형태의 수경은 두 개로 분리되어 안구에 딱 들러붙은 단안경 두 개로 이뤄졌으며, 뒷면에 접착력이 있어 각 눈 위에 부착시키거나, 아니면 (특허 개발자들의 말에 따르면) "눈둘레근이 수축해 프레임을 고정하는" 형태였다.

세계 최고의 선수들이 수영 경기에 출전할 때 안 그래도 근육을 많이 사용해야 하는데, 굳이 왜 눈둘레근까지 수축해가며 헤엄쳐야 한다는 것일까? 답은 간단하다. 바로 속도 때문이다.

단안경 한 쌍으로 이뤄진 수경은 콧등의 연결 부위와 머리끈을 제거함으로써 수력학적 저항을 줄인다. 돌출부가 없다 보니 안면의 부드러운 곡선으로 물이 더 쉽게 스친다. 마지막으로 가장 중요한 점은, 단독으로 부착된 단안경 한 쌍 덕분에 움푹 들어간 눈 부위로 인한 수중 저항력이 줄게 된다. 결과적으로, 단안경 수경은 머리 전체를 유선형 곡선으로 만들어 돌고래처럼 나아갈 수 있게 하는 것이다.

새로운 디자인의 수경을 테스트하기 위해 나이키의 개발자들은 실물 크기의 마네킹을 수중 탱크에 넣고, 얼굴을 아래쪽으로, 팔은 쭉 뻗게 한 뒤 다양한 속도로 물이 흐르게 했다. 테스트의 기준 비교군은 수경을 착용하지 않은 마네킹이었다. 비교 결과, (스웨덴에서 상용화된) 'B 수경'을 착용한 마네킹은 0.408킬로그램의 저항을 더 받았고, 100미터 자유형 기준으로 0.816초 정도 속도가 느렸다. 기존에 선수용으로 많이 사용되는 'A 수경'을 착용한 마네킹의 경우, 0.266킬로그램의 저항을 더 받고 0.5초 느렸다. 반면 특허 단안경 수경을 착용한 마네킹은 수경 미착용 마네킹보다 저항도 덜 받았으며, 100미터 자유

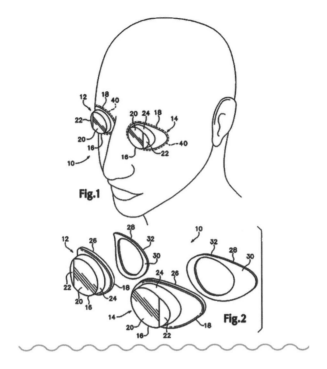

놀라운 수영 세계의 과학: 나이키 수경 특허의 일부인 끈 없는 단안경 수경의 모습. 특허 내용에서는 이 단안경 수경이 100미터 자유형 기록을 0.146초 줄여준다고 주장한다.

형에서 0.146초 정도 시간 기록이 줄었다.

　이해를 돕기 위해 실제 사례를 제시하자면, 2016년 리우 올림픽 남자 100미터 자유형에서 1위와 2위 선수의 기록 차이는 0.22초였다. 여자 선수의 경우 1위와 3위 선수의 기록 차이는 0.29초에 불과했다. 수영 경기에서는 0.14초 차이로도 꿈이 이뤄지거나 깨질 수 있는 것이다. 하지만 그런 사실만으로 기존에 사용하던 수경을 버리고 고정

끈도 없고 연결 부위도 없는 (완전히 새로운) 수경을 착용하고 저항력이 센 환경에서 시속 8킬로미터의 속도로 추진을 하는 것은 매우 힘든 일이다. 게다가 국제수영연맹의 규정 문제도 있다. 안구 보호와 시야 확보 이외의 역학적 이점을 이용한 기능을 제한하고 있기 때문이다(나이키 특허의 주장을 보면 특히 속도의 이점을 강조하고 있다). 이유가 무엇이든 그 새로운 형태의 수경은 아직 생산이나 유통된 적이 없다. 하지만 특허를 받아놓고 생산될 날을 차분히 기다리고 있다.

놀라운 수영 세계에서는 속도에 관한 연구도 지속되고 있다. 일류 수영 연구 센터인 인디애나대학교의 카운실맨 수영과학센터에서는 현재 다양한 프로젝트를 진행 중이다. 수영의 에너지 소모량을 측정하기 위해 전방향 가속도계를 설치했는데, 이는 최적의 수영 훈련 거리와 속도를 수량화하기 위한 연구의 일환이다. 네 가지 영법의 저항력과 속도 사이의 관계도 연구하고, 전신 제모가 피부 감각에 미치는 영향도 조사한 뒤, 이러한 변화가 실제로 근 기능 향상을 가져오는지 지켜본다. 그리고 조금 재미있는 실험으로는 초코 우유가 맛이 더 좋을 뿐 아니라 기능 면에서도 최첨단 수분 보충 음료나 이온 음료를 대체할 수 있는지 등도 연구한다. 결론부터 밝히자면, 초코 우유도 확실한 기능을 자랑한다.

이 모든 것을 지켜보며 한 가지 의문이 든다. 얼마나 더 해야 만족할 수 있을까? 얼마나 더 해야 수영 선수들은 충돌시험용 마네킹처럼 과학과 공학 연구의 실험 대상이 되어 속도에 제한이 있을 수밖에 없는 스포츠에서 끊임없이 기록을 줄이기 위해 애쓰는 것을 멈추게 될까? 이에 대한 정답은 (내 생각에는) 그럴 일은 절대 없다는 것이다. 훈련의 어려움과 기대치를 달성하지 못했다는 실망감보다 경쟁에서 얻는 즐거움이 더 크기 때문이다. 사람들은 육지에서든, 학교에서든, 일터에서든 그리고 물에서든 자기 자신에게 도전하며 성장한다.

하지만 모든 위대한 수영 성과가 시간 기록 그 자체, 혹은 수영과 관련한 기술의 발전, 엄청난 거리의 해협 횡단이나 불가능해 보이는 바다 수영과 관련된 것만은 아니다. 때로 최고의 수영 이야기는 결국 그 모든 이야기가 야기하는 것, 바로 인간이 가진 불굴의 기상과 연관이 있다. 세 가지 사례를 전하려고 하는데, 그중 두 가지는 그 주인공과 이야기를 나누면서 알게 되었고, 다른 하나는 내가 가까이서 지켜본 사례다.

1960년 여름 제프 패럴Jeff Farrell이 디트로이트에 도착했다. 그는 100미터 자유형 경기에 출전할 예정이었고, 승리를 예감하고 있었다. 이미 미국 아마추어경기연맹 숏코스 대회에서 금메달을 딴 그는 다가오는 로마 올림픽에서도 금메달을 확신하고 있었다. 그런데 선발전이 열리기 6일 전, 맹장이 터지고 말았다.

그는 대학을 졸업했지만 여전히 예일대 코치 밥 키퍼스에게 훈련을 받았는데, 코치는 수술 담당 의사에게 복근을 그냥 가르지 말고 맹장 복근 부위의 결에 따라 절개해달라고 부탁했다. 수술은 잘 됐지만, 그래도 절개 부위는 12센티미터가 넘었고, 회복할 시간은 부족했다. 수술 후 첫째 날, 패럴은 병원 복도를 걸어다니며 시간을 보냈다. 셋째 날에 그는 병원 지하에 있는 작은 수영장에서 수영을 해보려고 했는데 개헤엄도 제대로 칠 수 없었다. 넷째 날에 수영장에서 개헤엄을 치기 시작한 패럴은 다른 영법도 시도해보았다. 다섯째 날 저녁, 다

1960년 올림픽 선발전을 6일 앞두고, 단거리 선수 제프 패럴은 맹장 수술을 받았다. 사진 속 그는 수술 후 일주일 도 지나지 않은 시점에 100야드 자유형 출발대에 섰다. 절개 부위를 감싼 붕대가 수영복 위로 조금 삐져나온 모 습이 인상적이다. (제프 패럴 제공)

음날 선발전을 앞둔 그는 키퍼스 감독에게 제발 선발전에 나가게 해달 라고 애원했다. 입수할 수 있을지조차 확신할 수 없는 상황이었는데도 말이다.

　　다음 날 아침, 패럴이 50미터 자유형을 완주하는 것을 지켜본 키퍼스는 결국 그가 선발전에 나가도록 허락했다. 패럴은 그 순간을 두고 "수영 인생에서 가장 기억에 남는 순간"이라고 회상했다. 선발전 출발대에 선 그의 모습은 수영복 위로 조금 삐져나온 붕대만으로도 극적인 드라마를 연출하게 되었다.

"자랑하려고 하는 이야기는 아니지만, 다음날 나는 예선에서 2등으로 준결승에 나가게 됩니다. 준결승전에서 출발대 위에 올라서자, 경기장에 모인 3천 명의 관중이 응원을 보내기 시작했어요. 제 기억으로는 거의 5분 정도 함성이 들려왔던 것 같습니다. 그 소리에 힘을 얻었는지 저는 준결승에서 1등을 해 결승전에 진출했습니다. 그런데 결승전에 나가서는 레인 구분선과 부딪쳤어요. 부주의했던 거죠. 내가 정말 멍청했어요. 원래도 일자로 수영하진 않았지만, 레인 구분선을 치는 바람에 거의 1초 정도를 낭비했죠."

앞서 여러 번 언급했듯이, 수영 경기는 100분의 1초로도 승부가 갈린다. 레인 구분선에 충돌한 제프 패럴은 대표팀의 꿈도, 올림픽 개인 금메달의 꿈도 포기해야 했지만, 이 이야기는 여기서 끝나지 않았고, 하나도 아닌 두 개의 해피엔딩으로 끝났다. 패럴이 결승전을 엉망으로 치른 다음 날, 결승전에서 2위를 한 브루스 헌터Bruce Hunter가 찾아와 자신이 전날 밤 발을 다쳤으니 팀 경기에는 패럴이 대신 출전해 달라고 한 것이다. 패럴은 그 부탁을 처음에는 거절했다. 너무나도 좋은 기회지만, 말도 안 된다고 생각했기 때문이었다. 하지만 패럴은 결국 계영 팀원으로 선출되었고, 로마 올림픽에서 금메달을 두 개나 목에 걸고 미국으로 돌아왔다.

브래드 스나이더Brad Snyder도 금메달리스트였지만, 그의 길은 더욱 힘겨웠다. 2011년 9월, 미국 해군 중위였던 스나이더는 아프가니스탄에서 폭발물 처리 요원으로 특수부대와 함께 복무하다 사제폭탄 폭발 사고로 눈을 잃었다. 그해 가을, 미국으로 돌아온 그는 참전군인 프로그램의 일환으로 세인트피터즈버그 근처의 탬파Tampa로 가게 되었다. 얼마 지나지 않아 예전 수영 코치인 프레드 루이스Fred Lewis가 찾아와 이전 팀과 함께 훈련해보지 않겠냐고 제안했다. 해군사관학교에서도 수영팀 주장이었던 스나이더는 코치의 제안을 받아들였고, 그렇게 두 사람은 혁신을 시작했다.

수영장 끝이 어디쯤인지 예상할 수 없었던 스나이더를 위해, 루이스는 긴 막대기 끝에 테니스공을 달아 스나이더가 턴을 해야 할 시점에 등을 톡톡 두드렸다. 수영을 하다 보면 어느 시점에서는 팔보다 머리가 앞서가는데, 스나이더는 머리가 앞서가는 것을 방지하기 위해서 위로 올라간 팔을 반대 팔이 올라올 때까지 내리지 않는 방식을 연습해야 했다.

이 모든 노력이 더해져, 마침내 기적과도 같은 일이 벌어졌다.

다시 수영을 시작하고 얼마 지나지 않아, 누군가가 "이봐, 패럴림픽에 나가보는 게 어때? 시각장애인 수영 경기도 있는데"라고 말했습니다. 올림픽은 오래전부터 꿈의 무대였습니다. 어릴 때는 모자 안쪽에 올림픽 출전에 요구되는 기록을 써놓고 다닐 정도였죠. 곧바로 패럴림픽 참가 조건을 알아보기 시작했고, 2012년 런던 패럴림픽 신청 기한이 다가온다는 사실을 알게 되었습니다. 그때가 1월이었는데, 2월까지 선발 기준을 충족해야 했죠. 거의 불가능해 보였지만, 많은 도움의 손길이 있었습니다.

시각장애인 선수 연합에서는 제가 대표 선발 경기에 도전하겠다고 하니 올림픽 훈련센터에 가는 비용을 대주었습니다. 일반 수영 선수로 활약했던 저는 시각장애인 선수들 틈에서 혜성처럼 등장해 엄청난 속도로 우승을 차지했고, 런던에 왔다는 사실을 실감하기도 전에 패럴림픽에서 금메달을 목에 걸었습니다. 눈을 잃은 지 정확히 1년 되는 날이었죠.

수영의 세계에서 그리고 실제 세계에서, 그런 우연은 때로 동시에 일어나기도 한다. 매리 델라쉬무트Mary DeLashmutt는 올림픽에 출전한 적은 없지만, 1962년 고등학생이던 시절 베스페르 보트클럽Vesper Boat Club의 일원으로 400미터 자유형 계주에서 미국 신기록을 세운 바 있다. 앞으로 이어질 그녀의 이야기는 인내에 관한 가르침을 준다. 3년 뒤 그녀가 메리 워싱턴 대학Mary Washington College에서 거의 남학생만 있는 버지니아대학교 간호학 프로그램으로 옮겼을 때 그 이야기는 시작된다.

당시 메리는 베스페르 대회에 여름마다 참가하고 있었지만, 이전 대학에는 수영팀도 연습할 기회도 없었다. 버지니아대학교에는 수영팀이 있었지만 모두 남학생으로만 구성된 팀이었다. 코치였던 랠프 로Ralph Law의 도움으로, 그녀는 남자로만 구성된 수영팀에 합류할 수 있었지만, 많은 문제에 봉착하게 되었다.

가장 먼저, 탈의실이 문제였다. 대학 내 체육관에는 여자 탈의실이 없었다. 구석에서 샤워커튼으로 가리고 옷을 갈아입느니, 차라리 옷 안

343

에 수영복을 입고 연습에 갔다가 그 위에 다시 옷을 입고 집으로 가는 편을 택했다. 추운 겨울에는 연습을 마치고 기숙사로 가는 길에 등에서 얼음이 어는 느낌이 들었다.

수영장으로 들어가는 길도 문제였다. 남자 샤워실을 지나지 않고는 수영장에 들어갈 방법이 없었다. 홀딱 벗은 남자들이 샤워하는 곳을 지나가야만 했다. 아주 다행히도 나는 6세 때부터 심각한 근시를 앓고 있었다. 그렇다고 해서 황당한 일을 겪지 않은 것은 아니지만, 나는 간호사가 되려면 이런 상황에도 익숙해져야 한다고 되뇌었다.

마지막으로 '지나친 관심'이 힘들었다. 페미니즘이라는 개념이 널리 퍼지기 훨씬 이전이었으므로, 벤치에 나만 여성이었고. 때로는 이 모든 것이 의미 없게 느껴졌다. 내가 출전하는 것을 반대하는 코치도 많았고, 내가 헤엄치면 '구경거리'가 되곤 했다. 솔직히 말해, 나는 팀원들이 내가 함께 수영하는 것에 대해 어떻게 생각하는지도 전혀 몰랐다.

메리가 공식적으로 대서양 연안 회의Atlantic Coast Conference에서 주최하는 대회에 나갈 기회를 얻게 된 것은 본부가 있는 노스캐롤라이나로 가던 길에 찾아왔다. 메리의 참가를 찬성하는 코치도 있었고, 반대하는 코치도 있었지만, 메리는 선수 명단에 올라 대서양 연안 회의에서 주최하는 남자 수영 경기에 출전한 최초이자, 마지막 여자 선수가 되었다. 한 가지 덧붙이자면, 그녀는 그해 대서양 연안 회의 챔피언십에는 출전하지 못했다.

마지막으로 현대 수영 문화에 대해 아일랜드 건축가인 에바 캔트웰Eva Cantwell이 '수영과 감각'이라는 제목으로 비평한 내용을 소개하려 한다.

오늘날의 수영장은 감각적인 즐거움보다는 신체 운동을 추구하는 기계처럼 발달했다. (……) 수영장 내부는 시계들이 장식하고 있고, 레인마다 레인 구분선이 가로막고 있다. 수영장에 온 사람들의 목적은 짧은 시간 안에 최대한 먼 거리를 헤엄치는 것이다. 공간을 효율적으로 활용하기 위해, 수영인들은 줄을 맞춰 계속해서 움직인다. 이 때문에 누구라도 멈춰 서서 옆 사람에게 말을 건네기가 힘들다.

이렇듯 산업화한 수영의 형태는, 처음 수영할 때의 느낌이 좋아서, 물이 살에 닿는 촉감이 좋아서, 햇살이 거의 발가벗은 몸에 와닿는 게 좋아서 수영을 시작한 열렬한 수영 애호가들도 그 모든 것을 잊게 만든다. 캔트웰은 "활기를 잃은 수영장 환경"이라고 말했는데, 이것은 아마 바다 수영의 인기가 높아지고 있다는 현실을 반증하고 있는지도 모른다. "언제나 변함없는 실내 수영장 환경과는 달리 바다 수영에서는 파도, 기후 그리고 지역별 조건 등을 이해하는 것이 필수다"라고 그녀는 설명한다. 또한 무엇보다도 사람들의 대화는 시간 기록에 관한 것보다는 수온이나 조수의 움직임에 대한 내용으로 채워질 것이다. 게다가 야외 수영은 그보다 훨씬 더 많은 것을 우리에게 전해준다.

나는 바다를 끼고 있는 더블린에 산다. 자전거를 타고 20분을 달리면 1920년대부터 물놀이하던 사람들이 옷을 갈아입던 피신처가 나온다.

거기서 옷을 갈아입어도 되고, 그냥 물에 들어가도 되는데, 나는 생에 어느 시점이었든 (심지어 임신했을 때도) 물에 들어가는 순간 완전히 다른 상태가 되었다.

아일랜드 바다는 항상 차갑다. 그래서 더 매력적이다. 차가운 물은 깨끗한 물이다. 박테리아가 거의 없다. 무엇보다도 자연을 가까이 느끼고 몸의 감각을 제대로 느껴볼 수 있다.

내가 수영을 하는 곳에서는 발이 바닥에 닿지 않으며, 발을 구를 때만 감각이 전해진다. 발아래에는 아무것도 없으며, 두려움만 있을 뿐이다. 마치 죽음을 맞이할 때의 두려움 같다. 특히 아일랜드 바다에서는 더 그렇다. 때로 세탁기에 들어간 느낌이 들 때도 있다. 파도가 너무 높아 한 치 앞도 볼 수 없을 때는 해안이 어디쯤인지도 모르니 겁에 질릴 수도 있다. 하지만 스릴이 넘치는 순간이기도 하다. 어딘지도 모르는 완전히 새로운 공간에서 눈을 뜨는 기분이다. 완전히 물에 의지한 채 새로운 관점으로 세상을 바라보게 된다. 공간과 시간이 분리되는 것 같으며, 새가 되어 날아갈 것 같은 힘이 느껴진다. 이는 정말 초자연적인 현상이 아닐 수 없다.

바다에서든 강에서든 경기는 다양한 형태로 열린다. 보스포루스 국제 수영대회Bosphorus International Swim라고 알려진 헬레스폰트 해협 수영 대회가 매년 열리고, 체서피크 만 횡단 대회는 아나폴리스와 켄트 섬 그리고 메릴랜드의 동부 해안을 연결하는 체서피크 다리를 따라 헤엄치는 대회다. 카리브 해에서도, 호주, 남아공에서도, 알프스의 취리히 호수에서도, 코펜하겐 운하에서도, 영국 등지의 다양한 해협에서도 그리고 심지어 2008년 올림픽에서도 바다와 강에서 다양한 수영 대회가 열렸다.

그중 가장 오래된 대회는 (오늘날까지도 이어지고 있다는 기준에서 본다면) 에바 캔트웰이 여러 번 참가한 경험이 있는 더블린 리피 수영 대회Liffey Swim다. 1920년부터 같은 경로에서 열린 이 대회의 참가자들은 더블린의 시작점인 기네스 공장에서 아일랜드 해까지 리피 강을 따라 헤엄친다. 리피 수영 대회는 올림픽 금메달과도 인연이 있었는데, 수영 선수를 배출한 것이 아니라, 대회 장면을 그림으로 그린 화가가 금메달을 받았다. 잭 버틀러 예이츠Jack Butler Yeats는 유명한 시인 윌리엄 버틀러 예이츠William Butler Yeats의 형제로, 1924년 올림픽에서 리피 수영 대회를 그림으로 그려 금메달을 받았다. 당시 올림픽 위원회는 건축, 문학, 음악, 조각 그리고 그림 같은 비 스포츠 종목에도 순위를 정해 메달을 수여할 때였다.

너무도 옛날 일처럼 느껴지지만, 참으로 순수한 시절이었다.

마치며

물과 함께한
나의 인생

이 책은 우연히 나오게 된 것이 아니다. 수영은 늘 내 삶의 중심에 있었다. 나는 다섯 살 때 처음으로 수영 대회에 나가 우승했다. 기술보다는 속도가 중요했다. 당시 다른 친구들은 물에 뛰어들어간 다음 최대한 빨리 출발했지만, 나는 입수와 동시에 바로 헤엄쳤다. 여덟 살 여름, 나는 처음으로 1마일 수영을 약 1시간 언저리의 기록으로 완주했고, 고생에 대한 보상으로 초코가 듬뿍 올려진 아이스크림을 먹었다. 아홉 살부터 열두 살까지는 지역 YMCA 소속으로 수영 대회에 나가곤 했다. 우리는 알몸으로 연습을 했고 대회에 나갈 때만 수영복을 입었다.

10대 초반 여름에는 당시 국내 수영계를 관장하던 아마추어경기연맹 지역 클럽 소속으로 수영 대회에 나가곤 했다. 중대서양 주 어딘가에서 열렸던 경기는 한창 퍼져나가던 지역 컨트리클럽에서 있었는데, 그곳은 내가 그동안 익숙해진 도심의 YMCA 수영장들과는 확연히 달랐다. 볼티모어의 한 수영장이 기억난다. 어느 초겨울, 경기가 열렸던 던독 YMCA 수영장과 커뮤니티 시설은 거의 무너지기 직전처럼 보였다. 나는 그곳에서 9킬로미터 떨어진 곳의 스패로우스 포인트 컨트리클럽Sparrows Point Country Club 내에 스테인리스강으로 설치된 수영장에서 연습했다. 거대한 철강회사 베들레헴 스틸Bethlehem Steel의 임원진들을 위해 만들어진 수영장이었다. 그러나 그 수영장에서는 턴을 하기가 거의 불가능했다. 턴을 하고 앞으로 나갈 때 발로 찰 만한 곳이 없었다.

수영을 통해 중요한 사실을 깨달을 수도 있었지만, 그렇지 못한 때도 있었다. 나는 언제나 내가 수영하고 안전요원으로 일하던 곳이 누구에게나 열려 있는 공공수영장이라고 생각했다. 입장료를 내거나 시즌권을 보여주면 누구나 들어갈 수 있는 곳 말이다. 호루라기와 의자 하나씩을 받고 여름 내내 수영장을 지키며 자기 생각만 하는 열여섯 살 소년이었다면 다들 그랬을 것이다. 하지만 내가 아무것도 모른 채 안전요원 의자를 지키는 동안, 그 수영장이 흑인들의 항의 및 법적 소송 대상이었다는 사실을 최근 알게 되었을 때, 나는 충격을 받았다. 백인과 흑인으로 구성된 시위자들은 번갈아 표를 사는 방식으로 항의했다. 먼저, 백인 '고객'이 입장표를 산다. 그런 다음 흑인이 표를 달라고 하지만, 매표소 직원은 신청서 따위를 내밀며 빈칸을 다 채운 뒤 잠깐 기다리라고 말한다. 그리고 그 잠깐은 영원히 끝나지 않는다.

나는 밖에서 이런 일이 벌어지고 있었다는 사실을 알고 있었을까? 몰랐다. 사실 평소 수영 연습을 하고 안전요원이 된 후로는 여름만 되면 일주일 내내 시간을 보냈던 컨트리클럽에서 흑인 도우미나 흑인 웨이터조차 허용하지 않았다는 사실에도 전혀 관심이 없었다.

    나는 고등학교 수영팀의 공동 주장이었고, 버지니아대학교 수영팀에서 신입생 공동 주장이었으며(당시 신입생은 대표팀 경기에 나가지 않았다), 대표팀에서도 공동 주장이었고, 졸업 후에도 200야드와 그 이상 거리 자유형 경기의 모든 기록을 보유하고 있었다. 그야말로 아주 작은 연못에서는 꽤나 유명한 물고기 같은 존재였던 것이다. 당시 수영 경쟁이 매우 심했던 대서양 연안 회의 소속 대학 중 버지니아대학교는 다소 뒤떨어진 축에 속했다. 물론 이제는 더 이상 그렇지 않으며, 내가 세운 기록들은 이미 오래전 먼지가 되어 사라지고 없다.

    내가 참가해 우승한 경기 중 가장 큰 관심을 받았던 경기는 고등학교 2학년 때 출전한 경기였는데, 그 엄청난 관심은 나의 수영 실력과는 크게 상관이 없었다. 그 경기는 200야드 자유형 경기였다. 나는 코츠빌스 고등학교 3학년이던 톰 스나이더와 경기를 펼쳤다. 우리 팀은 재능 있는 선수들이 많아 우승을 확신했지만, 톰은 나보다 빨랐다. 그런데 그날만큼은 아니었다.

    첫 100야드를 헤엄친 뒤 턴을 하고 톰을 뒤쫓아 가다가 그를 쳐다봤는데, 수영복이 있어야 할 자리에 허연 살이 드러나 있는 것이 아닌가. 이어지는 턴을 두 번 더 하면서 보니, 수영복이 벗겨져 살이 다 드러난 것 더 분명히 보였고, 마지막 턴에서는 그의 수영복이 거의 허벅지까지 내려간 장면을 목격하고 말았다. 그때는 수경이 없어 물속에서 선명하게 보지 못했을 때였다. 마지막 결승 구간에서 나는 그를 지나쳐 앞서 헤엄쳤다. 그는 다리에 걸린 수영복 때문에 제대로 발을 구르지 못하고 뒤처졌다. 결승점에 도착하자 상대 팀원 하나가 큰 수건을 들고 다가와 그의 몸을 감싸고 데려갔고, 다른 팀원이 물에 들어와 벗겨진 수영복을 건져갔던 기억이 난다. 규모는 적었어도 열정적이었던 관중들과 치어리더들은 난리가 났다. 나는 어떤 상황이었든 이겨서 우리 팀 점수에 5점을 추가할 수 있다는 사실이 뿌듯했다.

그 열정적이었던 치어리더 중에는 고등학교 3학년 축제 때 나의 파트너가 된 친구도 있었는데, 최근에 세상을 떠났다고 들었다. 졸업 선물로 받은 용돈으로 그녀는 하늘색 파스텔톤의 투피스 수영복을 샀는데, 깊게 파인 브이넥 때문에 가슴골이 훤히 드러나는 수영복이었다. 당시 마을 북부에는 버려진 채석장에 물을 채우고 수영장으로 이용하는 곳이 있었는데, 우리는 거기로 데이트를 갈 참이었다. 그런데 그녀가 수영복을 입기도 전에, 그녀의 어머니는 가슴골이 드러난 부분에 천을 덧대어 수선하게 했다. 그 수영장은 평생 최고의 데이트 장소로 아직도 기억에 남아 있다.

고등학교를 졸업하고 대학교에 가기 전 그 여름, 동네 수영장 안전요원이었던 나는 샬러츠빌 서부의 공동체 수영장 관리자로 가게 되었다. 블루리지 산맥 초입에 자리한 그림 같은 마을이었던 크로젯은 정말 아름답고 다정한 버지니아 주민들이 살던 곳이었다. 나는 수영 과외를 하고, 안전요원들을 교육하고, 여름 수중 쇼를 진행하고(물에 띄운 장식 배와 드라이아이스로 여기저기 특수 효과를 내며 예일의 밥 키퍼스가 진행한 수중 카니발을 흉내낸 수준이었다), 클럽 수영팀을 지도했고, 거의 항상 큰 승리를 거두었다. 딸의 수영 과외를 맡기며 자금이 조금 부족했던 어느 어머니는 과외비 대신 저녁에 고기 파이와 수박 껍질 절임을 대접해주시곤 했다. 나는 아직도 그녀가 해준 음식 맛을 떠올리며 수박 껍질 절임을 담가 먹곤 한다.

2년 내내 그렇게 지냈다. 이듬해 여름, 지역 공공수영장은 흑인과 백인이 함께 출입하라는 법원의 명령에 굴복하는 대신 문을 닫았다. 그로부터 수십 년 뒤에 같은 곳에 수영장이 다시 문을 열었다. 수영과 관련된 문제는 전 세계적인 사회 변화의 흐름과 분리할 수 없다.

학교를 졸업한 뒤, 나는 워싱턴 DC의 사립학교인 세인트 올번스 스쿨에서 영어를 가르치고 수영 감독을 하며 8년간을 보냈다. 그곳은 특권층들이 다니던 학교로 비교적 신식인 6레인 수영장이 햇살이 비추는 곳에 있었고, 감독들을 위한 플랫폼도 따로 마련되어 있었다. 당시 워싱턴 DC의 공립학교 두 곳(던바어, 카도조)에도 수영장이 있긴 했다. 카도조는 백인 엘리트 학교였고, 던바어는 흑인 엘리트 학교였다. 분리정책에 따라 구분되어 있었으니 이론적으로는 평등했다. 이제는 두 학교가 통합되었고 흑인 학생들이 대부분인 학교가 되었다고 한다. 언젠가 한 번, 나는 수영팀을 이끌고 던바어 수영장에 간 적이 있는데, 우리는 지하 4층까지 내려가야 했다. 한 층씩 내려갈 때마다 관리 아저씨가 와서 방화문에 채워진 잠금장치를 풀어줄 때까지 기다려야 했다. 당시 고등학교에는 범죄가 넘쳤고, 던바어 팀원들은 끔찍했다. 카도조 수영팀도 마찬가지였다. 우리는 경기 같은 것은 구경도 해보지 못한 것 같은 선수들과 싸웠고 그들을 완파했다. 그런데도 그리 기뻐하는 친구가 없었다.

우리 팀의 유일한 아프리카계 미국인 선수는 부모님이 두 분 다 의사였고, 현재는 그 친구도 의사가 되었다. 그는 의사가 된 1990년대부터 미식축구팀 라스베이거스 레이더스의 팀 닥터로 정형외과 수술을 담당하고 있다.

1980년대 중후반, 수영장에서 가족 3단 목마를 만들었다. 제일 아래 내가 있고, 그 위로 아들 나단과 딸 이리가 올라 앉아 있다. (캔디 민즈Candy Means 제공)

수영팀에서 코치를 하던 시절은 이제 아주 오래전 일이 되었지만, 수영인으로서의 나날들은 지금까지도 계속 이어지고 있다. 여름이든 겨울이든 나는 일주일에 몇 번씩 수영장에 가서 할 수 있는 한 최대한 열심히, 혹은 나이가 허락하는 한 최대한으로 수영을 한다. 몇 년 전 보디서핑을 하다 어깨를 다치기 전에는 일 년에 몇 번씩은 꼭 500야드 접영에 도전하곤 했다. 그것은 결코 아름다운 일도 쉬운 일도 아니었지만, 뭔가 알 수 없는 이유로 도전하는 게 정말 중요하게 느껴졌다. 이제 나의 어깨는 100야드 접영도 버텨내지 못한다. 아, 세월이여.

지금껏 살아오면서 나는 모르긴 몰라도 지구 둘레의 반, 아니 지구 전체 혹은 지구 몇 바퀴라도 돌 수 있을 만큼 헤엄을 쳤을 것이다. 내가 헤엄친 거리를 모두 합쳐볼 수는 없겠지만 수영장·바다·강·호수·연못 그리고 채석장까지, 물속에 뱀이 없을 것 같고 물가에서 쉬는 악어나 사람들에게 달려드는 거북만 없다면, 혹은 못된 상어만 없다면 나는 어디든 들어가 헤엄쳤다.

1983년, 나는 뉴욕의 쿠퍼스타운에서 미국 야구 명예의 전당 행사에 참여했다. 다음 날 아침 쿠퍼스타운을 떠나 남부로 운전해가던 나는 옷세고 호 남부 가장자리에서 서스케하나 강 초입 표지판을 발견했다. 그 길을 지나다 보니 고등학교 때 봄만 되면 친구들과 절벽에 올라 서스케하나 강으로 뛰어들어 한참을 헤엄치던 기억이 났다. 아마 오늘날의 원자력발전소 부근이었을 것이다. 그냥 지나칠 수 없던 나는 갓길에 차를 대고, 근처 숲으로 들어가, 속옷만 입은 채 물에 들어갔다. 그곳에는 겨우 몸을 담글 정도의 물만 남아 있었다.

훨씬 최근에는, 친한 친구와 함께 서펜타인 호수를 따라 걸었다. 런던 중심에 있는 인공 호수로, 과거 런던 사람들의 내기 수영이 한창 열리던 곳이었다. 가다 보니 밧줄로 주위를 두른 약 100야드 정도의 공공수영장이 설치되어 있었다. 5월 중순이었고, 햇살에 물이 반짝였으며, 수온도 수영하기에 적절해 보였다. 허나 나는 수영복이 없었고, 속옷만 입고 들어가기엔 조금 민망한 상황이었다. 나는 그날 물에 들어가지 않았던 게 아직도 너무 아쉽다.

　나이가 들어서는 주로 노스캐롤라이나 해안에서 낚시 부두 사이 1마일 정도를 코스로 정해두고 헤엄치곤 했다. 그러던 어느 날 해파리와 세게 부딪쳤는데, 초여름에 있어서는 안 될 해파리였기에 너무 당황했다. 이듬해 허리케인으로 부두 하나가 사라졌는데, 이 또한 아마 기후 변화의 영향이라고 생각한다. 지구가 더 뜨거워져서 좋은 점이라면, 10년 전 북해에서 수영할 기회가 있었던 것뿐이리라.

　아내와 함께 워싱턴 DC의 메릴랜드 교외에서 살던 21년 동안, 나는 베데스다 YMCA 야외 온수 수영장에 다녔다. 바닥에 얼음이 얼 때만 출입이 제한되던 곳이었다. 그렇지만 않으면, 팔을 휘저을 때마다 살짝 언 얼음을 느끼며, 숨 쉬러 얼굴을 내밀 때마다 볼에 진눈깨비가 들러붙어도 수영을 할 수 있었다. 1970년대에는 덴버의 스테이플턴 국제공항이 엄청난 눈으로 마비되었던 적이 있었는데, 근처 호텔 온수풀에 있다가 몰래 야외 수영장으로 나가 눈보라가 휘몰아치는 가운데서 수영을 즐긴 적도 있었다.

　또 기억나는 수영은 20대 초반, 버지니아에서 어느 마을 수영장 관리자로 있을 때, 사랑스럽고 햇살 가득한 어느 아침 클럽이 문을 열기 전, 물에 점프해 들어가 벽을 차고 약 75미터 거리를 잠영으로 왔다 갔다 했던 것이다. 65년 전 단 한 번 열렸던 올림픽 잠영 경기 우승자의 기록보다 25퍼센트나 더 멀리 간 기록이었다. 이런 것들은, 당신이 물과 함께일 때, 물을 거부하지 않고 함께 할 때만 경험할 수 있는 것들이다. 나는 숨이 막혀서 멈춘 게 아니라 계속 숨을 참고 수영하다가 혹시나 기절하게 될까 걱정이 돼서 물 밖으로 나왔다. 기절하기에

뉴햄프셔 북부의 크리스틴 호는 호수 끝에서 끝까지 헤엄치기 좋게 넓게 트여 있다. 호수 중심의 수심은 대략 30미터 정도라고 한다. (저자 제공)

물이 안전한 곳은 아니니까 말이다.

　요즘에는 작은 호수에 자주 간다. 특히 발아래 수심이 수십 미터인 곳에서 수영하는 것을 즐긴다. 2년 전 여름, 뉴햄프셔 북부의 크리스틴 호수 끝에서 끝으로 내가 헤엄쳐 가자, 아비새 한 마리가 비명을 지르듯이 울어대며 주위를 맴돌았다. 태양은 뜨거웠고, 물은 이가 저절로 딱딱거릴 만큼 차가웠다. 나는 오롯이 혼자였고, 내가 머물던 그곳과 완전하게 연결되어 있었다. 정말 완벽한 순간이었다.

감사의 말

이 책은 20년이 넘는 긴 시간 동안 모은 자료들을 한데 모은 성과물로, 책으로 집필하기가 거의 불가능할 정도의 기록이었다. 나는 1990년 대 중반, 찰스 스프로슨Charles Sprawson의 저서 《검은 안마사의 행락지 Haunts of the Black Masseur》를 읽고 감명을 받아, 수영과 관련된 잘 알려지지 않은 '역사'들을 모아보면 어떨까 하고 처음으로 생각했다. 여러 기사와 무작위로 기록해둔 자료들을 나의 아들 나단이 모아서 개략적인 개요에 따라 정리를 해주었다. 오래전 수영팀에서 함께 훈련했던 동료들(제프 알렉산더Jeff Alexander, 메리 델라쉬무트Mary DeLashmutt)은 고등학교와 대학 시절의 기억을 명확히 하는 데 도움을 주었다. 아주 어릴 적부터 최고의 수영 친구였던 닉 안데스Nick Andes는 정보 제공 도우미를 자처하고 자료를 모으는 데 있어 엄청나게 큰 도움을 주었다. 벤 램버튼Ben Lamberton과 딕 빅토리Dick Victory, 윈슬로 맥카그Winslow McCagg, 조 존스턴Joe Johnston, 내 동생 탐, 누이 메리 엘렌, 딸 이리 그리고 세상을 떠난

나의 사위 존 런던Jon London도 모두 내게 큰 의지가 되어주었다.

나의 대학 시절 코치였던 랠프 소니 로는 내가 책 집필을 막 시작하던 차에 세상을 떠났지만, 그의 목소리는 내가 이 책을 준비하는 내내 나의 귀를 맴돌았다. 국제 수영 명예의 전당의 전 CEO인 브루스 위고는 예상치 못한 부분에서까지 내게 도움을 주었다. 지나칠 정도로 친절한 이들이 바쁜 일정 중에도 시간을 내어 자신의 경험과 전문성을 공유해준 것에 무한한 감사의 마음을 전한다. 존 파인스타인, 도나 드 바로나, 로디 게인스, 토드 데소르보, 린 콕스, 데이브 태너, 피터 케네디, 조지 브린, 수지 홀루벡, 리치 번스, 릴리 크로건, 제프 파렐, 짐 헌들리, 제프 하리스, 브래드 스나이더, 탐 케니언, 에바 캔트웰, 잭 호윗 등, 그 이름을 다 열거하기 힘들 정도로 많은 이들에게 너무도 감사하다. 이러한 명단 작성의 문제점은, 실수로 포함되는 경우는 없어도 누락되는 경우는 있다는 것이다. 이름을 언급했든 하지 않았든, 감사의 마음이 전해지긴 바란다.

나는 또한 다른 작가들의 저서에서도 어마어마한 도움을 받았는데, 참조한 자료들을 제대로 언급했기를 바란다. 특별히, 세심한 역사학자 니콜라스 오메와 크리스토퍼 러브에게 크나큰 도움을 받았다고 말하고 싶다. 줄리 체코웨이Julie Checkoway의 저서《3년간의 수영 클럽The ThreeYear Swim Club》은 수영이라는 행위 자체가 주변 세계와 분리될 수 없는 것임을 상기해주었다. 린 셰르Lynn Sherr의 저서《수영》은 역사와 개인사를 혼합하면서도 양측에 해를 입히지 않을 수 있겠다는 점을 깨닫게 해주었다. 올리버 색스 제단의 대표 케이트 에드거Kate Edgar는 내가 이 책을 통해 말하고자 하는 본질을 올리버의 작품에서 인용해 책의 가장 첫머리에 넣을 수 있게 허락해주었다.

나의 에이전트인 데이비드 패터슨David Patterson에게도 이 책에 대해 믿음을 가져줘서 고맙다고 말하고 싶다. 편집자 밥 피전Bob Pigeon 에게도 기한을 넘긴 원고를 기다려주고 매번 책이 더 좋은 방향으로 갈 수 있도록 명확한 길을 잡아준 점에 대해 감사의 인사를 전한다. 실수가 있다면 모두 내 탓이지만, 밥과 출판사 팀원들은 실수를 최대한으로 줄여 나를 구원해주었다.

마지막으로 그리고 언제나처럼, 나의 사랑, 나의 아내 캔디에게 감사의 마음을 전하고 싶다. 책을 집필하는 것은 결코 쉬운 일이 아니다. 책을 집필하는 가족 옆에서 함께 고통받는 이들은 영웅 대접을 받아 마땅하다.

하워드 민즈
버지니아 밀우드에서.

한 권으로 읽는 수영 만 년의 역사

헤엄치는 인류

초판 1쇄 발행 2021년 8월 17일

지은이 하워드 민즈
옮긴이 이윤정
펴낸이 성의현
펴낸곳 (주)미래의창

편집주간 김성옥
책임편집 정보라
디자인 공미향

출판 신고 2019년 10월 28일 제2019-000291호
주소 서울시 마포구 잔다리로 62-1 미래의창빌딩(서교동 376-15, 5층)
전화 070-8693-1719 **팩스** 0507-1301-1585
홈페이지 www.miraebook.co.kr
ISBN 979-11-91464-45-0 03900

※ 책값은 뒤표지에 있습니다. 잘못된 책은 바꿔 드립니다.